HEINRICH HÜBSCH

1795–1863

HEINRICH HÜBSCH

1795–1863

Der große badische Baumeister der Romantik

Ausstellung
des
Stadtarchivs Karlsruhe
und des
Instituts für Baugeschichte
der Universität Karlsruhe

Prinz-Max-Palais
17. Dezember 1983 – 25. März 1984

Verlag C.F.Müller GmbH Karlsruhe

CIP-Kurztitelaufnahme der Deutschen Bibliothek

Heinrich Hübsch : 1795–1863 ; d. grosse bad. Baumeister d.
Romantik ; Ausstellung d. Stadtarchivs Karlsruhe u. d. Inst. für
Baugeschichte d. Univ. Karlsruhe, Prinz-Max-Palais, 17. Dezember 1983 –
25. März 1984 / [Katalog: Konzept u. Red.: Wulf Schirmer ...
Hrsg.: Stadt Karlsruhe]. – Karlsruhe : Müller, 1983.
   ISBN 3-7880-9694-2

NE: Hübsch, Heinrich [Ill.]; Stadtbibliothek, Archiv,
Sammlungen <Karlsruhe>

Ausstellung
Konzeption und Aufbau: Stadtarchiv Karlsruhe
Heinz Schmitt, Peter Pretsch, Erich Kaufmann

Katalog
Konzeption und Redaktion: Institut für Baugeschichte der Universität
Karlsruhe (TH)
Wulf Schirmer, Hanno Brockhoff, Werner Schnuchel
Herausgeber: Stadt Karlsruhe

Copyright 1983.
Verlag C.F. Müller GmbH, Karlsruhe
Stadtarchiv Karlsruhe
Institut für Baugeschichte der Universität Karlsruhe (TH)

Printed in Germany

Umschlag: Orangerie Karlsruhe, Vorentwurf zum „Torbogen"; vgl. Kat.-Nr. 86
Titelbild: Heinrich Hübsch, Portraitzeichnung von Carl Sandhas, 1837, Kat.-Nr. 1

Geleitworte

Der große badische Baumeister Heinrich Hübsch hatte als höchster Baubeamter des Großherzogtums um die Mitte des 19. Jahrhunderts entscheidenden Einfluß auf das gesamte Bauwesen, soweit es sich um staatliche oder kirchliche Bauten handelte. In Karlsruhe stehen einige wichtige, auch das Stadtbild bestimmende Gebäude, die er errichtet hat. Genannt seien das Regierungspräsidium, das Hauptgebäude der Universität, die Kunsthalle, die Orangerie und die Bulacher Kirche. Zum Bedauern vieler Karlsruher ist sein schöner Theaterbau am Schloßplatz nach dem Krieg nicht mehr wiedererstanden. Groß war auch die Bedeutung von Heinrich Hübsch als Architekturtheoretiker. Mit ihm wurde der Klassizismus Weinbrenners durch eine stärker konstruktiv bestimmte Architekturauffassung abgelöst.

Ich freue mich, daß wir diesem bedeutenden Karlsruher eine Ausstellung widmen und ihn dadurch unseren Bürgern besser bekannt machen können.

Daß die Ausstellung in Zusammenarbeit zwischen dem Institut für Baugeschichte der hiesigen Universität und unserem städtischen Amt Stadtbibliothek-Archiv-Sammlungen zustande kam, ist überdies ein Zeichen für die guten Beziehungen zwischen Stadt und Universität.

Otto Dullenkopf, Oberbürgermeister

Nach einer Ausstellung, die im Jahr des 150jährigen Bestehens der Universität den Architekturlehrern der „Fridericiana" gewidmet war (1975), und einer zweiten, die dem Werk des bedeutenden badischen Baumeisters Friedrich Weinbrenner, Mitbegründer der heutigen Universität, galt (1977–1978), hat jetzt das Institut für Baugeschichte gemeinsam mit dem Stadtarchiv Karlsruhe eine Ausstellung zum Wirken des großen badischen Architekten der Romantik, Heinrich Hübsch, erarbeitet. Dabei können auch zahlreiche Originale, Entwürfe und Skizzen, aus dem Bestand der Architektursammlung des Instituts für Baugeschichte gezeigt werden.

Wie Weinbrenner war auch Heinrich Hübsch nicht nur großherzoglich-badischer Baudirektor, sondern zugleich seit 1832 auch Leiter der Bauschule des durch Karl Friedrich Nebenius neu gegliederten Polytechnikums.

Auch verdankt die Universität Heinrich Hübsch ihr erstes eigenes Gebäude, in das die damalige polytechnische Schule 1836 einziehen konnte und das, 1864 durch Friedrich Theodor Fischer nach Osten erweitert, noch heute das Hauptgebäude der Universität ist.

Ich freue mich daher ganz besonders, daß es den Beteiligten gelungen ist, Leben und Werk dieses bedeutenden Mannes einer breiteren Öffentlichkeit vorzuführen. Den Veranwortlichen der Stadt möchte ich an dieser Stelle nochmals herzlich für die immer wieder gezeigte Bereitschaft zur Zusammenarbeit danken.

Professor Dr. Heinz Kunle, Rektor der Universität

Vorwort

Seitdem vor einigen Jahren mit den Planungen zum Neubau des vierten Flügels der Kunsthalle am westlichen Ende der Zirkelbauten in Karlsruhe begonnen wurde, eines Bauwerkes, dessen ersten Flügel Heinrich Hübsch in den Jahren 1837–1846 errichtet hatte, und seitdem vor kurzem dann in der östlichen Zirkelhälfte, deren Ende mit der ehemaligen Finanzkanzlei wiederum ein Bauwerk Hübschs bildet, ein Neubau für die Landeskreditbank errichtet wurde, ist der Name dieses Architekten in Karlsruhe immer wieder genannt worden. War er doch derjenige, der mit der Errichtung dieser Bauten sowie des neuen Theaters und der Orangerie die Mitte der badischen Hauptstadt in den 30er bis 50er Jahren des 19. Jahrhunderts wesentlich neu geformt hat.

Das 120. Jahr nach dem Tode von Heinrich Hübsch wollen die beiden veranstaltenden Institute zum Anlaß nehmen, in einer Ausstellung Einblick in sein umfangreiches Werk zu geben. Dies scheint umso wichtiger, als die vorhandene Literatur zum größten Teil älteren Datums und überdies auch nicht sehr umfangreich ist. Das Stadtarchiv Karlsruhe nahm sich der Konzeption der Ausstellung an und konnte den Ort, die Mittel und die vielfältig notwendige Organisation zu ihrem Aufbau bieten, das Institut für Baugeschichte konnte seinen Sachverstand zur Verfügung stellen und die Erarbeitung des Kataloges in die Hand nehmen. So entstand vor Jahresfrist eine Zusammenarbeit, die sich wie schon bei früheren Anlässen bewähren sollte.

Der hier vorliegende Katalog ist nach einzelnen Gruppen von Bauten und bestimmten Fragen zum Werk des Architekten gegliedert, und seine Abbildungen zeigen im wesentlichen originale Arbeiten: Skizzen und Zeichnungen. Aus dieser Gliederung wurde auch der Aufbau der Ausstellung entwickelt, die aber um manch informatives Material reicher ist. Insbesondere sei dabei auf die Monographien von Heinrich Hübsch hingewiesen, die im Katalog nur an verschiedenen Stellen zitiert und am Schluß in einer Bibliographie zusammengestellt sind. Denn neben seinen zahlreichen großen Bauten in Karlsruhe und anderen badischen Städten haben ihm gerade diese Schriften schon in seiner Zeit hohes Ansehen verschafft und ihn weit über die Grenzen des Großherzogtums Baden hinaus bekannt gemacht.

Es ist dieses die erste Ausstellung, die sich dem Architekten Heinrich Hübsch widmet, und wir hoffen, daß sie die vor einigen Jahren wieder in Gang gekommene Forschung zu seinem Werk beflügeln wird.

Wir danken allen, die zum Zustandekommen der Ausstellung beigetragen haben, insbesondere den Mitarbeitern der beiden veranstaltenden Institute und den Autoren des Kataloges. Die Großzügigkeit der Leihgeber hat es uns ermöglicht, zahlreiche bisher nicht publizierte Originale vorzustellen. Neben Beständen aus dem Stadtarchiv Karlsruhe und der Architektursammlung des Institutes für Baugeschichte der Universität Karlsruhe (= IfB) standen uns Werke aus folgenden öffentlichen Sammlungen zur Verfügung:

Stadtgeschichtliche Sammlungen Baden-Baden (Margot Fuss)

Hessisches Landesmuseum Darmstadt (Dr. Wolfgang Beeh, Dr. Klaus Wolbert)

Hamburger Kunsthalle (Prof. Dr. Werner Hofmann, Dr. Eckhard Schaar)

Kurpfälzisches Museum der Stadt Heidelberg (Dr. Jörn Bahns, Dr. Sigrid Wechssler)

Badisches Generallandesarchiv Karlsruhe (= GLA) (Dr. Hans-Georg Zier, Dr. Hansmartin Schwarzmeier)

Landesdenkmalamt Baden-Württemberg, Außenstelle Karlsruhe (Dr. Peter Anstett, Dr. Hans Huth)

Oberfinanzdirektion Karlsruhe (Ulrich Werkle, Meinrad Büche, Kurt Lupp)

Staatliche Kunsthalle Karlsruhe (= SKK) (Prof. Dr. Horst Vey, Dr. Johann E. von Borries, Dr. Rudolf Theilmann)

Stadtarchiv Weinheim und Heimatmuseum Weinheim (Michael Graupeter)

Auch haben uns mehrere private Leihgeber mit wertvollen Werken unterstützt, wofür wir besonders dankbar sind:

Krafft Hübsch, Weinheim

Dr. Peter und Hella Hübsch, Freiburg i. Br.

Dr. Eberhard Knittel, Karlsruhe

Lore Stehberger, Karlsruhe

Und schließlich gilt auch dem Verlag C. F. Müller unser Dank, der den Katalog in kurzer Frist verläßlich hergestellt hat.

Karlsruhe, im November 1983   Wulf Schirmer, Heinz Schmitt

Inhaltsverzeichnis

Heinrich Hübsch –
Ein biographischer Abriß

Sieht man von einigen verstreuten Nachrichten und Artikeln in Nachschlagewerken ab, so ist die biographische Literatur über Heinrich Hübsch äußerst spärlich. Unmittelbar nach Hübschs Tod verfaßte Karl Zell einen sehr ausführlichen, alle wichtigen Aspekte berührenden Nachruf[1]. Die umfassendste Biographie, die vor allem seine Werke würdigt, aber leider die Quellen nicht immer nennt, widmete ihm Arthur Valdenaire[2]. Einen kurzen, aber informativen Abriß gibt Joachim Göricke[3]. Der Beitrag von Alfred Woltmann in den Badischen Biographien stellt eher eine Auseinandersetzung mit Hübschs Werk denn eine biographische Würdigung dar[4]. Die vorliegende Abhandlung kann und soll nicht die noch fehlende moderne Biographie von Heinrich Hübsch ersetzen. Sie nennt nur die wichtigsten Daten, verweilt aber etwas länger bei privaten und familiären Aspekten und bei den Beziehungen, die Hübsch mit seiner Heimatstadt verbanden.

Es fällt auf, daß die Biographen Heinrich Hübschs über seine Kinder- und Schulzeit in Weinheim und Darmstadt kaum etwas zu berichten wissen. Hübsch selbst hatte von diesem frühen Lebensabschnitt geglaubt, daß er für ein breiteres Publikum nicht von Interesse sein könne. Am 16. April 1839 schrieb er an einen unbekannten Adressaten, der ihn offensichtlich würdigen wollte, unter anderem: „Jedenfalls bitte ich Sie, meine (gewiß für das Publicum unintereßanten) personalia möglichst kurz zu behandeln, und besonders von meiner früheren Jugend weiter nichts zu sagen, als etwa daß ich 1795 in Weinheim an der Bergstraße geboren und, nachdem ich mir auf der Universität Heidelberg die zur Architectur erforderl. Vorkenntniße erworben hatte, ins Atelier Weinbrenners 1815 eingetreten bin"[5]. Augenscheinlich haben sich alle Autoren an diesen Wunsch gehalten.

Heinrich Hübsch wurde am 9. Februar 1795 in Weinheim an der Bergstraße geboren und am Tage darauf getauft. In die Familienchronik trug sein Vater folgendes ein: „Anno 1795 den 9ten Februar ist meine Frau mit einem gesunden starken Jungen morgens zwischen 5 und 6 Uhr niedergekommen und wurde derselbe den 10ten getauft, seine Paten waren mein Herr Schwiegervater in Rimbach und meiner Frau Grosvater Herr Gottlieb Moter Heßen-Darmstädtischer Herr Forstrath zu Darmstadt, die ihm den Namen beylegten Gottlieb Heinrich Christian, die Taufe verrichtete Herr Inspektor Herrmann luth. Pfarrer dahier. Gott schüze diesen Jungen und erhalte mir ihn. Carl Samuel Hübsch."[6] Diese Notiz enthält einige Hinweise auf Verwandtschaft und Konfession von Heinrich Hübsch, auf die später noch eingegangen werden soll.

Er entstammte einer wohlhabenden Weinheimer Familie. Als deren erster erwarb der Schuhmacher und spätere Freiherrlich Schmidbergsche Keller (Verwalter) Peter Hübsch (1614–1674) aus Gemmingen 1636 das Bürgerrecht[7]. Dessen Sohn Johann Christoph (1661–1710), zunächst Offizier, wurde gegen Ende des 17. Jahrhunderts kaiserlicher Postverwalter in Weinheim. Dieses Amt blieb fünf Generationen lang bis 1848 in der Familie. Auch der Vater Heinrich Hübschs, Carl Samuel (1768–1842) war mit 24 Jahren kaiserlicher Postmeister geworden. Wie sein Vater Carl Ludwig Christian (1729–1792) hatte er in Marburg Jura studiert und nach dessen Tod seine Nachfolge angetreten. Am 26. Dezember 1793

H. Hübsch, Portrait von J. A. Ramboux, Rom um 1820

Kat.-Nr. 3

1 (Titelbild)
Heinrich Hübsch im Alter von 42 Jahren, Portrait von Carl Sandhaas, 1837, Bleistiftzeichnung, Papier, ca. 37,0 × 30,0 cm. Privatbesitz.

2
Friederike Hübsch, geb. Pagenstecher
(1773–1849), die Mutter des Künstlers
im Alter von 60 Jahren, Ölgemälde von
Joseph Weber, 1833, 74 × 66 cm, Familienbesitz Weinheim.

3
Carl Samuel Hübsch (1768–1842), der
Vater des Künstlers im Alter von 65
Jahren, Ölgemälde von Joseph Weber,
1833, 74 × 66 cm, Familienbesitz
Weinheim.

Ansicht der neuen Brücke und der sogen. Alten Post in Weinheim, Aquarell von Ph. v. Graimberg, 1865

heiratete er in Rimbach im Odenwald die Tochter Friederike (1773–1849) des dortigen gräflich erbachischen Konsistorialrats und lutherischen Pfarrers Heinrich Christian Pagenstecher.

Kat.-Nr. 2

Carl Samuel soll ein witziger und allseits beliebter Mann, Friederike Hübsch eine kluge und fromme Frau gewesen sein[8]. Heinrich Hübsch war das älteste von neun Kindern. Er wuchs in einer Zeit auf, die für Weinheim und die Bergstraße infolge der Französischen Revolutionskriege allerhand Unruhen und Bedrückungen durch Truppen und Räuberbanden brachte. Einschneidend waren auch die politischen Veränderungen. Während Heinrich Hübsch noch als Untertan des pfälzischen Kurfürsten Carl Theodor geboren wurde, gehörte Weinheim von 1803 an zum neuen Großherzogtum Baden.

Die Familie Hübsch bewohnte in Weinheim seit dem Anfang des 18. Jahrhunderts ein großes Haus an der Hauptstraße in der Nähe des Marktplatzes, das leider 1972 abgebrochen wurde, um einem evangelischen Gemeindezentrum Platz zu machen. Hier wurde Heinrich Hübsch geboren. Nachdem aber sein Vater 1797 die Einrichtung einer „ablösenden Post" beantragt hatte, verlegte die Familie ihren Wohnsitz an den damaligen Stadtrand in das Gasthaus zum Bock, ein geräumiges Ensemble von Fachwerkbauten, das heute noch als „Alte Post" bezeichnet wird. Dort hat Heinrich Hübsch seine Kindheit verbracht und sicherlich durch den lebhaften Postbetrieb vielerlei Eindrücke gewonnen. Nahe beim Haus führte

Weinheim, nach einer Lithographie von J. Naeher, 1861

die vielbefahrene Bergstraße mittels einer Furt über die Weschnitz. Das Flüßchen und die angrenzende Feldgemarkung boten genug Spielplätze für Heinrich und seine Geschwister.

Die Stadt Weinheim hatte um 1800 weniger als 4000 Einwohner, die sich vorwiegend von Wein- und Feldbau und von handwerklichen Tätigkeiten ernährten. Weit über die Hälfte davon gehörte dem reformierten Bekenntnis an. Mit knapp 20 % der Einwohner waren die Lutheraner, zu denen auch die Familie Hübsch zählte, etwas schwächer vertreten als die Katholiken. Seit 1686 besaßen sie eine Kirche. Für jede Konfession bestand eine eigene Schule. Die lutherische, die Heinrich Hübsch besuchte, befand sich in der Nähe der Kirche in zentraler Lage der Stadt. Das Schulwesen war oft in beklagenswertem Zustand, doch sollen die Lutheraner noch das beste Schulhaus besessen haben[9].

Es ist anzunehmen, daß Hübsch auch Privatunterricht erhielt, worauf eine Notiz von Fredegar Mone hinweisen könnte[10]. 1811 kam er für zwei Jahre an das Darmstädter Gymnasium, das von dem seinerzeit bekannten Theologen und Pädagogen J. G. Zimmermann geleitet wurde. Dieser äußerte sich sehr wohlwollend über die Fähigkeiten seines Schülers[11]. Heinrich Hübsch dürfte in dieser Zeit bei Verwandten seiner Mutter in Darmstadt gewohnt haben.

Im Frühjahr 1813 ging er an die Universität Heidelberg[12]. Seine Lehrer waren dort vor allem der Philologe und Altertumsforscher Friedrich Creuzer, der Philosoph

Jakob Friedrich Fries und der Mathematiker Franz Ferdinand Schweins. Valdenaire schreibt über den Studenten Hübsch: „In Heidelberg ist der Ausgangspunkt seiner künstlerischen Anschauungen zu suchen, hier bildete sich der Mensch, der Romantiker, der Künstler. Die Beschäftigung mit philosophischen Problemen, das romantisch stark erregte Milieu Heidelbergs, die Begeisterung für Goethes Dichtungen und die von einem tief vaterländischen Geist getragenen Gedanken Schlegels, ferner das mit den Befreiungskriegen wieder erwachte Interesse für deutsche Historie, Poesie und mittelalterliche Kunst, der bedeutsame Eindruck, welchen die berühmte altdeutsche Gemäldesammlung der Brüder Boisserée auf das empfängliche Gemüt des jungen Studenten machte, und nun die Luft, Landschaft und Umwelt Heidelbergs –, all dies brachte eine Saite vor allem in ihm zum Erklingen: seine künstlerische Phantasie"[13]. Das mag im großen und ganzen zutreffen. Unsicher ist, wann sich Hübsch zum Beruf des Architekten entschieden hat. Möglich wäre, wie Valdenaire meint, daß er sich eines Tages mehr zur Kunst als zu den abstrakten Wissenschaften Philosophie und Mathematik hingezogen gefühlt hätte. Es spricht aber manches dafür, daß sein Entschluß schon früher feststand. So war er als Gymnasiast in Darmstadt mit dem Weinbrennerschüler und hessischen Hofbaumeister Georg Moller bekannt geworden und hatte wohl auch erfahren, was Weinbrenner als Voraussetzung für ein Architekturstudium ansah, nämlich „außer den nöthigen Sprachen, der Erdbeschreibung, der Geschichte, vorzüglich der ältern, der römischen und griechischen Alterthümer, nebst der Mythologie . . . zuvörderst die Hülfswissenschaften der Baukunst: Arithmetik, Geometrie, Mechanik, auch die übrigen Theile der angewandten Mathematik, die Naturlehre"[14]. Es ist also durchaus denkbar, daß Hübsch seine Universitätsstudien von vornherein als Vorbereitung auf die Architektenausbildung ausgerichtet hatte. Der eingangs zitierte Brief Hübschs von 1839 ist geeignet, diese Auffassung zu bestätigen[15].

Im Frühjahr 1815 trat Hübsch als Schüler in das Atelier Friedrich Weinbrenners in Karlsruhe ein. Dieser genoß einen weit über Karlsruhe und Baden hinausreichenden Ruf und zog durch seine Persönlichkeit immer neue Schüler an. Etwa hundert davon sind namentlich bekannt[16]. Die Lehrtätigkeit Weinbrenners hat Wulf Schirmer beschrieben[17]. Zahlreiche Schülerarbeiten von Heinrich Hübsch haben sich erhalten und vermögen den Stil der Weinbrennerschen Ausbildung zu verdeutlichen. An die über zweijährige Lehre an der Bauschule Weinbrenners schloß Hübsch 1817 seine erste Reise nach Italien an, die als Bestandteil der Ausbildung gelten kann. Bis 1820 hielt sich Hübsch zumeist in Rom auf, wo zu jener Zeit zahlreiche deutsche Maler und Architekten lebten. Zu seinem engeren Freundeskreis gehörten dort der ihm schon von Heidelberg her bekannte Historiker Johann Friedrich Böhmer und Johann David Passavant, der Maler Carl Philipp Fohr, Johann Carl Barth, Johann Anton Ramboux und die Architekten Franz Heger und Joseph Thürmer. Bemerkenswert sind auch ein Besuch des Kaisers Franz von Österreich in Rom im April 1819 und die Bekanntschaft mit dem bayerischen Kronprinzen Ludwig, dem nachmaligen König Ludwig I.

Besonders angezogen fühlte sich Heinrich Hübsch von der Gruppe der Nazarener um den Maler Johann Friedrich Overbeck. Ihre Kunstauffassung hatte großen Einfluß auf sein späteres Werk. Neben dem Studium der antiken Baukunst widmete sich Hübsch auch den frühchristlichen Kirchenbauten. 1819 unternahm er von Rom aus mit den Freunden Thürmer und Heger und mit finanzieller Unterstützung von Georg Moller[18] eine mehrmonatige Reise nach Griechenland und Konstantinopel. Hübsch hat auf dieser Reise viel gezeichnet und konnte als Ergebnis dessen 1823 zusammen mit Heger seine „Malerischen Ansichten von Athen" herausbringen.

Kat.-Nr. 12–14

Um die Mitte des Jahres 1820 kehrte Hübsch nach Deutschland zurück und stellte am 22. Juli an das Großherzogliche Finanzministerium den Antrag auf Zulassung zum Examen[19]. Er führte dabei unter anderem an: „Da mein Vater, der Postverwalter Hübsch in Weinheim, außer mir noch sieben Kinder hat und dennoch die Kosten zu meinem theuren Studium aus seinen Mitteln bestritten; so habe ich alle Ursache zu wünschen, daß ich bald examiniert, und meinem Vater nicht mehr lange zur Last fallen möchte." Heinrich Hübsch wollte also gerne einen Zustand beenden, der das Wortspiel hatte entstehen lassen: „Der junge Hübsch hat den alten Hübsch hübsch Geld gekostet"[20]. Weinbrenner als großherzoglicher Baudirektor ließ sich zunächst von Hübsch „seine auf Reisen gefertigten Studien und architektonischen Arbeiten zur Ansicht" vorlegen und stellte dann acht Prüfungsaufgaben, deren wichtigste der Entwurf eines fürstlichen Jagdschlosses war. Im Januar 1821 bestand Hübsch die Prüfung und wurde als „Bau-Candidat" angenommen. Er fuhr daraufhin zu seinem Freund Johann Friedrich Böhmer nach Frankfurt und nahm Gespräche im Städelschen Institut auf, fertigte auch eine Schrift über Organisation und Lehrplan einer neu zu errichtenden Architekturschule des Instituts, erhielt aber keine Anstellung. Sehr wahrscheinlich wollte er sie auch nicht, weil er am liebsten nach Italien zurückgekehrt wäre. So war er im März 1821 wieder in Weinheim und arbeitete vor allem an seinem ersten Buch, „Über griechische Architectur", das im darauffolgenden Jahr bei Mohr in Heidelberg erschien. An diesem Werk entzündete sich ein heftiger Streit mit dem Berliner Professor Aloys Hirt.

Kat.-Nr. 13, 14

In die Zeit fällt auch die Vorbereitung des schon genannten Werkes „Malerische Ansichten von Athen", zu dem Hübschs Heidelberger Lehrer Georg Friedrich Creuzer den einleitenden Text verfaßte. Die Stiche zum Druck nach den Zeichnungen von Hübsch und Heger fertigte der Darmstädter Maler Johann Heinrich Schilbach. Wahrscheinlich hat dieser Hübsch in Weinheim besucht und bei der Gelegenheit wohl auch das reizvolle Aquarell mit der Gesamtansicht der Stadt gemalt.

Anfang November 1822 bewunderte Hübsch den Dom in Köln, mehr noch aber die ältere Kirche Maria im Kapitol. Im Anschluß daran reiste er wieder nach Rom, sicher auch jetzt noch mit Unterstützung seines Vaters, wenngleich er bereits eigene Einnahmen hatte. „So schlecht, als Sie glauben, steht es indeßen mit meinem Einkommen nicht, und Sie werden mich bald unverhungert wiedersehen", schrieb Hübsch am 24. November 1823 aus Rom an seine Eltern[21].

Im Frühjahr 1824 wurde Heinrich Hübsch durch Vermittlung seines Freundes Böhmer an die Architekturschule des Städelschen Kunstinstituts in Frankfurt berufen. Da er badischer Baukandidat war und auch später im badischen Staatsdienst tätig sein wollte, holte er die Genehmigung zum Antritt der Frankfurter Stelle beim großherzoglichen Finanzministerium ein, das sie unterm 14. April 1824 erteilte[22]. Einen Monat früher schon hatte Hübsch seiner Mutter geschrieben, daß er die Stelle am 1. September 1824 antreten würde, aber schon im Juni in Weinheim eintreffen wolle, um „noch einige Zeit bei meinen lieben Ältern und Geschwistern (zu) sein"[23]. Zwar freute er sich, „endlich eine Anstellung erreicht zu haben", andererseits nahm er nur ungern von Italien Abschied, konnte aber seine Mutter darüber beruhigen, daß er nicht „eine Italienerin mitnehmen werde".

Heinrich Hübsch begann seine Arbeit mit großem Eifer. Er bemühte sich um die Verbesserung der Lehrpläne, trat mit vielen interessanten Persönlichkeiten in Verbindung und erhielt seine ersten größeren Planungsaufträge. 1825 fertigte er den Entwurf für eine evangelische Kirche in Barmen (Wuppertal), die in den folgenden Jahren gebaut wurde. Das Frankfurter Waisenhaus entstand 1826 bis 1829 nach Plänen, die er zusammen mit Rudolf Burnitz, gleich ihm Weinbrennerschüler, geschaffen hatte.

Obwohl der Großherzog ihm die Genehmigung dazu erteilte, nahm Hübsch den im Sommer 1826 an ihn ergangenen Ruf an die königliche Akademie zu Dresden nicht an. Da Weinbrenner wenig früher gestorben war, konnte Hübsch mit einer leitenden Stellung im badischen Staatsdienst rechnen. Am 12. Mai 1827 teilte ihm das badische Finanzministerium mit, daß ihn der Großherzog „als Architecten Höchst Unserer Residenzstadt und Mitglied der Bau Commißion" angestellt hätte[24]. Sein Jahresgehalt betrug 1000 Gulden, wurde aber schon zum 1. November 1828 auf 1200 und ein Jahr später mit der Ernennung zum Baurat auf 1400 Gulden erhöht. 1831 wurde er zum Oberbaurat und 1842 zum Baudirektor befördert. Hübsch war somit oberster badischer Baubeamter.

Bald nach seiner Anstellung hat sich Heinrich Hübsch im Januar 1828 mit Elisabeth Ludovica Sophia (Luise) Heller verlobt und sie am 9. Juni desselben Jahres im Freiburger Münster geheiratet. Luise Hübsch wurde am 10. Mai 1810 in Bruchsal geboren als Tochter des nachmaligen erzbischöflichen Kanzleidirektors Heinrich Heller und seiner Frau Juliane geborene Thyrn. Die Ehe war recht glücklich, wenn auch die einzige 1829 geborene Tochter Sophia Friderica nicht einmal vier Jahre alt wurde.

Hübsch entfaltete eine rege Bautätigkeit. Zu seinen ersten Großbauten gehörten das badische Finanzministerium am Schloßplatz in Karlsruhe (heute Regierungspräsidium) und das Polytechnikum. Später kamen die Kunsthalle, die Orangerie und das großartige Hoftheater hinzu. Erwähnt seien auch die Trinkhalle in Baden-Baden, das Zuchthaus in Bruchsal und die Anatomie in Heidelberg. Heinrich Hübsch hielt aber den Kirchenbau für die vornehmste Aufgabe des Architekten. Er selbst erbaute etwa dreißig Kirchen für beide Konfessionen in ganz Baden. Dabei handelte es sich zumeist um Dorfkirchen. Die von Hübsch vorgelegten prachtvollen Entwürfe für große Gotteshäuser in Karlsruhe und Rottenburg wurden nicht verwirklicht. Am bekanntesten dürfte Heinrich Hübsch durch die Restaurierung des Speyrer Domes und durch dessen neuen Westbau geworden sein.

Eine Darstellung der wichtigsten Bauten wird an anderer Stelle dieses Katalogs gegeben. Es sei aber kurz auf einige Bauwerke eingegangen, die Heinrich Hübsch in seiner Heimatstadt Weinheim errichtet hat. Da er sich nur selten mit Wohnhausbau beschäftigte, auch nie in einem von ihm selbst errichteten Haus wohnte, sind drei von ihm erbaute, heute noch vorhandene Wohnhäuser in Weinheim bemerkenswert. Leider gibt es davon keine Pläne oder andere Unterlagen.

Haus Bahnhofstraße 5 in Weinheim, H. Hübsch 1836

(rechte Seite)
Haus Bergstraße 67 in Weinheim, H. Hübsch 1840–42, Wohnhaus der Familie Hübsch und neues Posthaus

Kat.-Nr. 27–30
Kat.-Nr. 31–36, 60–74
Kat.-Nr. 42–54, 99–103
Kat.-Nr. 92–94, 104–108

Kat.-Nr. 122–131

Kat.-Nr. 133

4

Carl Ludwig Hübsch (1800–1860), der Bruder des Künstlers mit seiner Familie, Ölgemälde von P. Baumann, 1842, 127 × 103 cm. Familienbesitz Weinheim. Im Hintergrund das von Heinrich Hübsch erbaute Wohnhaus.

Kat.-Nr. 4

siehe Abb. S. 18

Es ist auch nicht ausgeschlossen, daß noch weitere Weinheimer Häuser von Hübsch stammen. Die Bekanntschaft mit den angeseheneren ortsansässigen Familien dürfte zu den Aufträgen geführt haben.

Nach dem Feuerversicherungsbuch der Stadt Weinheim von 1902 ist das Haus Bahnhofstraße 5 im Jahr 1836 erbaut[25]. Bauherr war der Arzt Dr. Ludwig Bender, der einige Jahre später eine Kaltwasserheilanstalt eröffnete. Das Haus besteht aus rotem und gelbem Sandstein und trägt ein flaches Walmdach.

In den Jahren 1840 bis 1842 errichtete Hübsch für seinen Bruder, den Posthalter Carl Ludwig und dessen Familie ein neues Wohnhaus mit großem Posthof und landwirtschaftlichen Gebäuden. Die neue Posthalterei lag der „Alten Post" gegenüber auf dem anderen, durch eine neue Brücke erreichbaren Weschnitzufer. Das heute noch allein vorhandene Wohnhaus (Bergstraße 67) ist aus rotem Sandstein erbaut und hat gleichfalls das flachgeneigte Walmdach. Die vielen Nebengebäude wurden in den letzten 15 Jahren durch Neubauten ersetzt.

Unverändert erhalten hat sich bis heute das Haus Hauptstraße 44 von etwa 1840, ein Putzbau mit Rundbogenfenstern im Erdgeschoß. Die Eigentümerin, die Freiherr von Ulnersche Stiftsverwaltung, war auch Erbauerin des Hauses.

Um 1850 entstand der Turm der katholischen Laurentiuskirche am Marktplatz, für den verschiedene Entwürfe vorlagen, der aber schließlich nach den Vorstellungen von Hübsch ausgeführt wurde. Er ist in gelbem und rotem Sandstein gehalten und erschien, das damalige Stadtbild hoch überragend, zunächst als viel zu groß für die kleine frühgotische Kirche. Man dachte zu der Zeit schon an einen Kirchenneubau. Dieser kam aber erst 60 Jahre später zustande. Der Architekt Manfred Maier hielt sich dabei ganz an Hübschs Formensprache und baute die zum Turm passende Kirche.

Haus Hauptstraße 44 in Weinheim, H. Hübsch 1840

Katholische Stadtkirche in Weinheim, Zeichnung von M. Meier 1910

Schon 1837 war in Weinheim die Notwendigkeit neuer evangelischer Schulhäuser erkannt worden, doch sollten noch viele Jahre vergehen, bis nach langem Hin und Her eine Lösung gefunden wurde[26]. Zunächst beauftragte man einen einheimischen Maurermeister mit der Anfertigung von Plänen. 1843 plante der Mannheimer Bauinspektor und Weinbrennerschüler Dyckerhoff. Im Jahr darauf ging die Stadt Heinrich Hübsch um Beratung an. Schließlich baute man die neue Schule von 1846 bis 1848 nach seinen Plänen. 1872 wurde dem Gebäude ein weiteres Stockwerk aufgesetzt. Genau hundert Jahre später riß man das traditionsreiche Haus ab, ohne daß jemand in Weinheim sich dabei des Baumeisters erinnerte.
Den Personalakten („Dienerakten") von Heinrich Hübsch im Generallandesarchiv Karlsruhe ist nicht allzuviel über dessen Leben zu entnehmen. Sie enthalten aber eine lange Reihe von Urlaubsgenehmigungen, die Hübsch großzügig zur Durchführung oft wochen- oder monatelanger „Kunstreisen" erteilt wurden. Er machte solche unter anderem nach München, Wien, Berlin, Dresden, Frankreich und England. Sein Hauptreiseziel war aber immer wieder Italien. Von 1817 bis 1860 hat er sich insgesamt siebenmal, oft für längere Zeit, dort aufgehalten.
Auf seinen Reisen begleitete ihn manchmal seine Frau, so auch auf der bedeutsamen Romfahrt von 1849. Auf dieser Reise erkrankte Hübsch und kehrte erst im September 1850 in seinen Dienst zurück. Während des Romaufenthaltes trat er zur katholischen Kirche über. Unter dem Einfluß der Deutschrömer, besonders

Dürre-Schule in Weinheim, H. Hübsch 1846–48, aufgestockt 1872, abgebrochen 1972

der Nazarener, war Hübsch innerlich schon lange Katholik geworden. Er hatte eine katholische Frau geheiratet und sein Kind katholisch taufen lassen, doch wollte er zu Lebzeiten seiner Mutter, der frommen lutherischen Pfarrerstochter, seine angestammte Kirche nicht verlassen. Als sie 1849 gestorben war, sah er keinen Hinderungsgrund mehr.

Schon 1832 war Heinrich Hübsch im Nebenamt die Leitung der neu eingerichteten Baufachschule des Polytechnikums übertragen worden. Mehr als zwanzig Jahre behielt er dieses Amt. Nachdem er anfangs erfolgreich gewirkt hatte, vernachlässigte er seine Lehrtätigkeit in späteren Jahren. Seine vielerlei Verpflichtungen und die damit verbundenen Dienstreisen ließen ihm dafür kaum noch Zeit. Er bat 1853 um Entbindung von der Leitung der Bauschule und schließlich ein Jahr später um Enthebung von allen Lehrverpflichtungen.

Heinrich Hübsch war immer auch schriftstellerisch tätig. Der Darstellung seiner Architekturtheorie, auf die an anderer Stelle eingegangen wird, widmete er mehrere Werke. Sein bis heute am meisten beachtetes Buch erschien 1828 unter dem Titel „In welchem Style sollen wir bauen?", eine Frage, die immer noch aktuell ist. Sein umfangreichstes Werk behandelte „Die Altchristlichen Kirchen nach den Baudenkmalen und älteren Beschreibungen". Es erschien in Lieferungen von 1858 an und lag erst nach seinem Tod vollständig vor.

Heinrich Hübsch wird von Zeitgenossen als „gediegener edler Charakter" geschildert, als „bieder, offen, wohlwollend, uneigennützig, wohlthätig, heiter und angenehm im Umgang mit Hoch und Nieder"[27]. Auch Valdenaire äußert sich in diesem Sinne[28]. Beide führen auch seinen großen Freundeskreis an. Doch scheint Hübsch dem üblichen gesellschaftlichen Verkehr in der Residenz etwas reserviert gegenübergestanden zu haben. In den entsprechenden Vereinigungen war er jedenfalls nicht Mitglied. Im Badischen Kunstverein und im Altertumsverein gehörte er dem Ausschuß an. Beim Katholischen Gesellenverein war er „Schutzvorstand" und im St. Vincentiusverein waren er und seine Frau im Beirat. Zu politischen Fragen und Ereignissen, auch zur Revolution von 1848/49 hat sich Hübsch nicht geäußert.

Heinrich Hübsch wurden vielerlei Ehrungen zuteil[29]. So erhielt er badische, preußische, bayerische und württembergische Orden, wurde Mitglied der Kunstakademien von München und Berlin und Ehrenmitglied des königlichen Instituts der britischen Architekten. 1850 machte ihn die philosophische Fakultät der Universität Heidelberg zu ihrem Ehrendoktor. Die Hochschätzung der sich Hübsch erfreute, kommt auch darin zum Ausdruck, daß bald nach seinem Tod von Freunden Geld für ein Denkmal gesammelt wurde. Friedrich Moest schuf die Büste, die man 1867 bei der von ihm erbauten Kunsthalle in Karlsruhe aufstellte. Der Großherzog und die Könige von Bayern und Preußen hatten dazu namhafte Beiträge geleistet. Später benannte die Stadt Karlsruhe eine Straße und eine Gewerbeschule nach Heinrich Hübsch. Sein Grab auf dem alten Karlsruher Friedhof ist leider nicht erhalten. Seit einigen Jahren hat auch Weinheim eine Hübschstraße.

Man ist heute wieder geneigt, die Architektur von Heinrich Hübsch zu beachten und als interessante künstlerische Leistung zu schätzen. Dies war lange Zeit anders. Das hohe Lob, das Karl Zell dem Lebenswerk von Heinrich Hübsch unmittelbar nach seinem Tod gespendet hat, wich wenige Jahre später einer erheblich kritischeren Beurteilung. Zwar schätzt Woltmann 1875 Hübsch immerhin höher ein als Weinbrenner, doch glaubt er, daß seine Architektur nur „bedingten Werth" hätte[30]. Fredegar Mone beklagte 1895, daß nicht mehr viel von Hübsch gesprochen und geschrieben würde und er in dreißig Jahren wohl ganz vergessen wäre. An seinem hundertsten Geburtstag hätte man weder in Karlsruhe und Speyer noch in Weinheim seiner gedacht[31]. Aber fast genau dreißig Jahre später erschien die Biographie von Arthur Valdenaire, der seiner Schrift wünschte, sie möge „zum tiefern Verständnis der architektonischen Leistungen des zur Zeit noch sehr verkannten und wenig gewürdigten Baumeisters der Romantik beitragen"[32]. Sein Wunsch ging noch lange nicht in Erfüllung. Nachdem sich die Forschung seit Jahrzehnten wieder mit Weinbrenner beschäftigt, wird die Hübschforschung bisher nur durch wenige neuere Arbeiten repräsentiert. Unsere Ausstellung möchte Heinrich Hübsch die ihm gemäße Würdigung zuteil werden lassen.

Heinz Schmitt

Denkmal für Heinrich Hübsch von F. Moest, errichtet 1867 bei der Kunsthalle in Karlsruhe

Anmerkungen

1 (Karl Zell:) Heinrich Hübsch. Sein Leben und seine Werke. Separatabdruck aus den Historisch-politischen Blättern für das katholische Deutschland. Bd. 53 (1864), 52 S.

2 Arthur Valdenaire: Heinrich Hübsch. Eine Studie zur Baukunst der Romantik. Karlsruhe 1926.

3 Joachim Göricke: Die Kirchenbauten des Architekten Heinrich Hübsch. (Diss.) Karlsruhe 1974, 166–173.

4 Alfred Woltmann: Heinrich Hübsch. In: Badische Biographien. Bd. I. Heidelberg 1875, 394–400.

5 Stadtarchiv Weinheim.

6 Familienchronik Hübsch, Privatbesitz Weinheim; von Valdenaire äußerst fehlerhaft zitiert (wie Anm. 2), 4.

7 Viele genealogische Angaben nach Hella Hübsch: Die Postmeister-Familie Hübsch in Weinheim. Mskr. Freiburg 1979.

8 Nach Zell und Valdenaire (wie Anm. 1 und 2).

9 E. Fr. W. Issel: Bilder aus der Geschichte der evangelisch-lutherischen Gemeinde in Weinheim an der Bergstraße. In: Weinheimer Geschichtsblatt Nr. 2. Weinheim 1914, 3–14.

10 Fredegar Mone: Die bildenden Künste im Großherzogthum Baden ehemals und jetzt. Topographie der Kunstgewerbe und Museographie in Baden. XIX. Bd. H. 3–4. Karlsruhe 1897, 171.

11 Zell (wie Anm. 1), 3.

12 Über die geistige Situation Heidelbergs und seiner Hochschule um diese Zeit s. Göricke (wie Anm. 3), 12–14.

13 Valdenaire (wie Anm. 2), 5.

14 Friedrich Weinbrenner: Architektonisches Lehrbuch 1. Teil. Tübingen 1810, IX.

15 Anm. 5. Vergl. hierzu auch Göricke (wie Anm. 3), 167.

16 Arthur Valdenaire: Friedrich Weinbrenner. Sein Leben und seine Bauten. 2. Aufl. Karlsruhe 1926, 333–335.

17 Friedrich Weinbrenner 1766–1826. Ausstellungskatalog. Karlsruhe 1977, 131–134.

18 Marie Frölich und Hans Günter Sperlich: Georg Moller – Baumeister der Romantik. Darmstadt 1959, 32.

19 Dies und das folgende nach GLA Dienerakten 76/10413.

20 Mone (wie Anm. 10), 171.

21 Brief Privatbesitz Weinheim.

22 GLA Dienerakten 76/10413.

23 Brief vom 14. März 1824, Privatbesitz Weinheim.

24 GLA Dienerakten 76/10413.

25 Stadtarchiv Weinheim.

26 Stadtarchiv Weinheim, Akten Fach 67, Heft 2–3.

27 Zell (wie Anm. 1), 15.

28 Valdenaire (wie Anm. 2), 81.

29 Karl Zell listet diese auf (wie Anm. 1), 15.

30 Woltmann (wie Anm. 4), 400.

31 Mone (wie Anm. 10), 172.

32 Valdenaire (wie Anm. 2), 3.

Die Ausbildung zum Architekten

Über die Stationen der Ausbildung von Heinrich Hübsch von der Schule in Weinheim bis zur Abfassung seiner ersten architekturtheoretischen Schriften wissen wir leidlich Bescheid, über das, was ihn bewegte, zunächst die Universität Heidelberg zu besuchen, dann die Bauschule Weinbrenners, nach Rom zu gehen, nach Griechenland, zurück nach Deutschland und abermals nach Rom, über all das lassen sich zwar mehr oder weniger gut fundierte Überlegungen anstellen, aber genauere Kenntnis haben wir nicht. Hübsch hat offenbar nicht regelmäßig Tagebuch geführt, eine größere Sammlung von Briefen aus seinen jüngeren Jahren ist uns nicht erhalten. Nur einen Brief kennen wir, in dem Hübsch einige autobiographische Aussagen macht und dabei gewisse Schwerpunkte setzt. Ob wir die in diesem Brief des Jahres 1839 enthaltene Zeile: „daß ich, nachdem ich mir auf der Universität Heidelberg die zur Architectur erforderl. Vorkenntnisse erworben hatte ins Atelier Weinbrenners 1815 eingetreten bin"[1], nun als einen Beleg für Hübschs zielstrebige, geradlinige Ausbildung oder als späte ‚Verklärung' jugendlicher Unsicherheit auslegen, eine allzugroße Bedeutung sollten wir ihr nicht beimessen. Sicher nämlich wird in beiden Auslegungen ein Stück Wahrheit liegen. Vor allen Dingen aber stellt Hübsch einige Aspekte seines Lebens und seines Werkes als Grundlage für eine ihm zugedachte Ehrung zusammen und setzt entsprechende Akzente[2]. Einige Hinweise zu seinem Bildungsweg gibt uns Hübsch auch in der Einleitung zu seinen 1838 erschienenen „Bauwerken"[3].
Die Ausbildung Hübschs zum Architekten verlief in deutlichen Abschnitten: Auf die Schuljahre in Weinheim und Darmstadt folgte 1813–15 das Studium der Mathematik und Philosophie in Heidelberg, woran sich zwei Jahre im Atelier von Friedrich Weinbrenner anschlossen. Hier machte sich Hübsch mit den Grundregeln des Bauens vertraut. Noch ehe er sein Examen ablegte, begab er sich von Herbst 1817 bis 1820 auf eine „größere Kunstreise" nach Italien und Griechenland. Es waren dies die Jahre, in denen sich Hübsch mit der antiken Architektur sowie mit der Kunst- und Architekturtheorie seiner Zeit auseinandersetzte. Nach seinem Examen bei Weinbrenner im Januar 1821 folgte schließlich die Zeit der Formulierung von Kritik und eigenen Lehrvorstellungen und die Herausbildung seiner Architekturtheorie, die mit der Publikation der Sendschrift „In welchem Style sollen wir bauen?" deutlichen Ausdruck erhielt[4]. Mit dieser Formulierung seiner architekturtheoretischen Vorstellungen hatte sich Hübsch zugleich eine Basis für eigenes Bauen geschaffen, so daß wir hier den Abschluß seiner Ausbildung zum Architekten sehen wollen.
Als Hübsch im Frühjahr 1813 mit 18 Jahren in Heidelberg sein Studium der Philosophie und Mathematik begann, lehrten dort Jakob Friedrich Fries und Franz Ferdinand Schweins. Fries, 1805–1816 Professor der Philosophie und Elementarmathematik (1816 Prof. der theoretischen Philosophie, 1824 der Physik und Mathematik in Jena) hatte gerade seine ersten Schriften verfaßt, deren Titel einen Einblick in seine Lehre geben mögen: „Reinhold, Fichte und Schelling", 1803; „Philosophische Rechtslehre", 1803; „System der Philosophie als evidente Wissenschaft", 1804; „Neue oder anthropologische Kritik der Vernunft", 1807 und

„System der Logik", 1811. In den Heidelberger Jahren entstand dann seine Schrift „Vom Deutschen Bund und deutscher Staatsverfassung", die vor allem von den Studenten und deutschen Patrioten mit Begeisterung aufgenommen wurde. Daß Fries später wegen seiner Teilnahme am Wartburgfest 1819 von seinem Lehramt (jetzt in Jena) suspendiert wurde, mag den freien Geist zeigen, in dem er seinen Studenten gegenübertrat. Schweins, seit 1816 Mathematikprofessor in Heidelberg, hatte 1808 sein „System der Geometrie" publiziert.

Ob Hübsch sich in Heidelberg ganz bestimmten Vorlesungen widmete, ob er sich Einzelgebieten besonders zuwandte, das ist nicht überliefert. Wir möchten annehmen, daß seine ersten Jahre eher dem „studium generale" gewidmet waren. Denn auch von dem Altphilologen Georg Friedrich Creuzer fühlte er sich angezogen; er wird wesentlich Hübschs Verhältnis zur Alten Welt geprägt haben und er war es auch, der zehn Jahre später die Publikation der „Malerischen Ansichten von Athen" von Hübsch und dessen Freund Franz Heger mit einem Vorwort versah[5]. Und sicher ist Hübsch den Brüdern Sulpiz und Melchior Boisserée begegnet, die sich 1810 in Heidelberg niedergelassen hatten und deren einzigartige Bildersammlung altdeutscher und altniederländischer Maler im Sickingschen Palais am Karlsplatz Anziehungspunkt für eine neue Künstlergeneration war[6]. Und ob Hübsch die Bekanntschaft zu den Boisserées durch Vermittlung des Darmstädter Oberbaudirektors Georg Moller machen konnte – Moller und Sulpiz Boisserée waren durch Arbeiten zum Kölner Dom eng miteinander verbunden, so daß Moller häufig zu Arbeitsbesuchen in Heidelberg weilte – oder ob er Moller erst hier in Heidelberg kennenlernte, auch das ist eine bisher nicht beantwortete Frage[7], so daß wir auch deshalb nicht zu erkennen vermögen, ob der erste Anstoß zur Beschäftigung mit der Architektur für Hübsch schon vor oder doch erst während der Heidelberger Jahre erfolgte. Gleichviel, in Heidelberg fand Hübsch einen Freundeskreis, der seine weitere Ausbildung, seinen Lebensweg entscheidend bestimmte: den romantisch-sensiblen Maler Carl Philipp Fohr[8], dem er in späteren römischen Jahren manche Einsicht verdankte, den Historiker Johann Friedrich Böhmer[9], mit dem er zeitlebens in engem Kontakt und Briefwechsel stand und den Altphilologen und Archäologen Karl Zell[10]. So mögen es viele Gründe gewesen sein, die Hübsch bewogen haben, sich von dem nur Theoretischen in Mathematik und Philosophie loszusagen und sich den Künsten zuzuwenden. In der Architektur, im Bauen suchte er eine konkrete Verbindung dessen, was ihm in der Rationalität seiner bisherigen Studien und in praktischer und theoretischer Auseinandersetzung mit der Kunst in seinem Freundeskreis begegnet war.

Als Heinrich Hübsch im Frühjahr 1815 in die Bauschule Friedrich Weinbrenners in Karlsruhe eintrat hatte diese bereits großes Ansehen erlangt, weit über die Grenzen der Stadt und des Großherzogtums hinaus. Weinbrenner war als strenger Klassizist einer der bedeutendsten Architekten seiner Zeit[11]. Unmittelbar nach seiner endgültigen Rückkehr nach Karlsruhe im Jahre 1800 hatte er sich neben den Aufgaben in der Bauverwaltung auch der Ausbildung junger Baumeister gewidmet. Zu sehr hatte er in seiner eigenen Lehrzeit einen systematischen Unterricht vermißt und zu deutlich stand ihm als Baubeamten die Unzulänglichkeit der gesamten Bauverwaltung vor Augen. Mehr als einmal hat Weinbrenner die negativen Folgen und Nachteile für den Staat beklagt, die sich aus unvollkommener Ausbildung der Bauschaffenden ergäben. Notwendig war nach Wein-

Kat.-Nr. 13, 14

23

brenners 1808 geäußerter Überzeugung „ein vollkommenes Studium der Baukunst von Anfang bis zu der Praktik eines Geschäftsmannes"[12].

Die Karlsruher Bauschule war zunächst eine rein private Einrichtung, doch bald erfreute sie sich nicht nur des Wohlwollens sondern auch der direkten Förderung des Großherzogs, um schließlich 1832, sieben Jahre nach Gründung der Polytechnischen Schule und sechs Jahre nach Weinbrenners Tod in diese als Bauschule übernommen zu werden, unter der Leitung von Heinrich Hübsch[13].

Die Lehrvorstellungen Weinbrenners spiegeln sich in seinem seit 1810 publizierten Architektonischen Lehrbuch wider, in dessen Vorwort er Inhalt und Abfolge einer gründlichen Architektenausbildung darlegt[14]:

„Der Stufengang, auf dem ein Baukunstbeflissener zu der Höhe seiner Bestimmung sich zu erheben hat, ist dieser. Ausser den nöthigen Sprachen, der Erdbeschreibung, der Geschichte, vorzüglich der ältern, der römischen und griechischen Alterthümer, nebst der Mythologie, studire er zuvörderst die Hülfswissenschaften der Baukunst: Arithmetik, Geometrie, Mechanik, auch die übrigen Theile der angewandten Mathematik, die Naturlehre. In allen diesen Wissenschaften muss, unter Anleitung eines geschickten Lehrers, ein solcher Grund gelegt werden, dass der künftige Baukünstler nicht nur während seiner architektonischen Lehrjahre sich einem gründlichen SelbstStudium dieser Wissenschaften fortwährend überlassen, sondern auch in seinem praktischen Wirkungskreis überall, wo es nöthig ist, von denselben gehörige Anwendung machen kann.

Aus diesem Vorhof der Baukunst, trete der Jüngling in die Schule eines theoretisch-praktischen Baumeisters. Theorie der Baukunst, geometrische, perspektivische und architektonische Zeichnungslehre, Optik und Katoptrik, müssen ihn da anhaltend beschäftigen. Fleissige Uebung in dem Handzeichnen ist damit zu verbinden. Ein ächter Baukünstler muss Kopf und Hände gleich gut gebrauchen können. Daher ist sehr nützlich, dass der Lehrling, in Nebenstunden, selbst mit mechanischen Arbeiten, besonders mit dem Modelliren, sich beschäftige. Zugleich widme er sich den mit der Baukunst verwandten Wissenschaften, dem encyklopädischen Studium der schönen Künste, besonders der mit der Baukunst verschwisterten plastischen Künste, der Bildner- und Malerkunst, der schönen Gartenkunst, der schönen Schrift- und Münzkunst, dem Studium der Aesthetik und der Geschichte der Baukunst.

Nach solcher theoretischen Vorbereitung von mehrern Jahren, bedarf der angehende Baukünstler praktischer Exempel von verschiedener Art. Er vergleiche seine Studien mit wirklichen Werken der Baukunst, er versuche sich in schriftlicher und bildlicher Darstellung eigener Ideen, er beschäftige sich praktisch, theils mit der in seinem Vaterland, oder auf dem muthmasslichen Schauplatz seiner künftigen praktischen Thätigkeit, üblichen Bauart, theils mit anderweitiger Anwendung seiner theoretischen Kenntnisse; immer, wo möglich, unter den Augen eines geschickten praktischen Künstlers seines Fachs. Er strebe, sich als Künstler gut auszumünzen, seiner Wissenschaft nicht nur gewachsen, sondern auch überlegen zu seyn.

So gereift zu höherer Vervollkommnung, trete er, nicht vor dem zwei- bis vier und zwanzigsten Jahre, seine architektonische Reise in das In- und Ausland an. Den ächten Jünger architektonischer Plastik, empfange zuerst Italien, die heilige Mutter, die treue Pflegerin der Kunst unter heiterem Himmel. Hier erhalte er die

18 „Westliche Ansicht des Theseustempels zu Athen"

Weinbrenner mit Schülern

höchste Weihe der Kunst, durch Beschauen, durch rastloses, ernstes Studium der herrlichen Ueberreste des Alterthums. An diesen köstlichen Reliquien nähre sich seine Einbildungskraft, ergötze sich seine Geschmacklust, bestimme seine artistische Urtheilskraft sich zur Festigkeit, auf dass er nie einem blossen Modegeschmack fröhne, wie gross auch die Versuchung sey, welche Ansehen des Ortes, der Nation, der Machthaber, ihm bereiten. An Italien schliesse sich, zu Vergleichung der schönen Baukunst, Griechenland.

Auf beide folge, in Absicht auf Bequemlichkeit, Frankreich; dann, hauptsächlich wegen der landwirthschaftlichen Bauart und der HolzConstruction, Teutschland und England. Hat der denkende Architekt Zeit und Gelegenheit, auch noch andere Länder zu bereisen, so wird er nie ohne Nutzen für sein Fach aus ihnen zurückkehren. Aus jedem Lande wird er bald seine Kenntnisse vermehren, bald sein Urtheil berichtigen, oder befestigen, auch manches Nützliche in seine Heimath verpflanzen können. Sitten und Gewohnheiten des Volkes, in häuslicher, bürgerlicher und religiöser Hinsicht, Clima des Landes, zufällige Umstände, modificiren sehr oft die Kunst, bei Aufführung der Gebäude. Bequemlichkeit, Dauerhaftigkeit, und andere Eigenschaften der Gebäude, werden auf vielfache Art bestimmt, durch Natur, Ort, Bedürfniss, Reichthum, Armuth, Geschmack, Laune, Mode. Alle diese Eigenheiten muss der Baukünstler, neben der wahren Schönheit und Zweckmäsigkeit, in möglichst grosser Ausdehnung vergleichen und studiren."

Die Athmosphäre in der Weinbrennerschen Schule und ihr Ansehen gerade in jenen Jahren, in denen Hübsch sie besuchte, spiegeln sich eindrucksvoll in einer Beschreibung Theodor Hartlebens wider, die deshalb hier noch einmal wiedergegeben sei[15]:

„Man könnte diese schon seit mehreren Jahren bestehende Privatanstalt des Herrn Oberbaudirektors Weinbrenner mit Recht eine Akademie der Baukunst nennen. Nicht nur solche, welche sich dem Studium derselben zuerst widmen wollen, sondern auch wirkliche praktische Baumeister aus den entferntesten Staaten Deutschlands besuchen diese Lehranstalt, um sich noch in die höheren Mysterien einzuweihen. Die Baukunst wird da ganz wissenschaftlich, theoretisch und praktisch behandelt. Von dem historischen Teile derselben wird zu dem dogmatischen übergegangen. Einem solchen Lehrer, wie Herrn Oberbaudirektor Weinbrenner, kann es nicht genügen, daß der Baukünstler genaue Kenntnis der Materialien erhalte und sie zu verbinden verstehe. Seine Methode ist vielmehr so, daß von den Anfangsgründen des geometrischen Zeichnens, der Optik und Perspektive zu der Lehre von der Holz- und Steinkonstruktion, von dieser zu der Theorie der Säulen und Verzierungen, und endlich zu den übrigen Details der Gebäude und ihrer gänzlichen Ausführung übergegangen wird. Nach einem solchen Plane, von welchem die bisherige mechanische Bildung des Baumeisters weit entfernt war, gibt der Direktor seiner merkwürdigen Anstalt das rege Leben, in welchem der wahre Baukünstler einzig seine Vollendung erwarten kann. Unter seiner Teilnahme prüft die Versammlung hoffnungsvoller Baukünstler die aufgestellten Muster, entwirft Pläne, teilt sich wechselseitig die Beobachtungen und Zweifel mit, vergleicht die verschiedenen Epochen des Baustiles und trägt die Resultate der neuesten Literatur vor. Um sich mit dem Geiste des Lehrers vertraut zu machen, liefern insbesondere die Zeichnungen von Karlsruhes architektonischen Epochen, mit welchen die Arbeitszimmer des Bureaus dekoriert sind, hinreichende Gelegenheit. Fremde, welche diese Anstalt besuchen, möchte wohl diese Übersicht von Karlsruhes stufenweisen Fortschritten gewiß ebensosehr als die Beobachtung seiner Lehrmethode interessieren. Zur Bildung des Geschmacks der jungen Künstler ist auch eine zwar kleine, aber mit vorzüglicher Sachkenntnis veranstaltete Gemäldesammlung vorhanden; sie enthält unter anderm schätzbare Werke eines Leonardo da Vinci, Giovanno Bellini, Correggio, Guilielmo de Notte, van Dijck usw."

Der uns erhaltene Teil der Studienarbeiten Hübschs aus seinen Karlsruher Lehrjahren macht uns mit der Art der Übungsaufgaben in der Schule Weinbrenners vertraut: eine Perspektiv-Konstruktion eines Stillebens auf einem Tisch ist als *Kat.-Nr. 10* letztes Blatt einer Aufgabenreihe – wohl der Darstellenden Geometrie – bezeichnet; zimmermannsmäßige Holzverbindungen werden axonometrisch dargestellt, *Kat.-Nr. 5* dann auch ein ganzer Dachstuhl über einem außergewöhnlich unregelmäßigen Grundriß in Aufsicht und Schnittzeichnung. Ausgeführte Bauten des Lehrers wurden *Kat.-Nr. 6* nachgezeichnet, wie uns das Übungsblatt mit der Turmkonstruktion der wenige Jahre zuvor vollendeten evangelischen Stadtkirche in Karlsruhe zeigt. Brük- *Kat.-Nr. 7* kenkonstruktionen hatten die Schüler zu Papier zu bringen, in Holz und in Stein, *Kat.-Nr. 8, 9* wobei die Aufgaben sich im Schwierigkeitsgrad allmählich steigerten. Die künstlerische Seite der Ausbildung bestand überwiegend in der Nachzeichnung und sorgfältig aquarellierten Durcharbeitung antikisierender Bauplastik. Alle diese Ar- *Kat.-Nr. 11* beiten wurden nach Vorlagen des Lehrers gezeichnet, wie wir sowohl an Abbildungen in Weinbrenners Architektonischem Lehrbuch als auch an der Gleichartigkeit entsprechender Übungsblätter verschiedener Schüler sehen können.

In der weiteren Ausbildung folgten dann eigene Entwürfe, wie wir aus Arbeiten mehrerer Weinbrenner-Schüler wissen. Von Hübsch aber besitzen wir keinen Entwurf, der mit Sicherheit seinen ersten Karlsruher Jahren zuzurechnen ist. Nur *Kat.-Nr. 20–23* ein „Entwurf zu einem Gottesacker" könnte nach der Jahreszahl 1816 im Wasserzeichen des Papiers noch im Atelier Weinbrenners entstanden sein, jedoch sprechen stilistische Gründe für eine spätere Entstehung, wie Hanno Brockhoff im folgenden Beitrag darlegt. Aber dennoch muß er uns als Beispiel der Entwurfsarbeit nach einem frei gestellten Thema dienen. Und eine solche Entwurfsarbeit war auch Bestandteil des Examens, das Hübsch nach Zulassung durch das Finanzministerium im Herbst 1820 ablegte und das der großen Staatsprüfung unserer Zeit vergleichbar ist. Weinbrenner hatte als Aufgabe den Entwurf eines fürstlichen Jagdschlosses einschließlich einer Meierei für 200 Morgen Feld, mit allen Ökonomiegebäuden, Scheunen, Stall etc. sowie Aufstellung eines Kostenanschlages zu diesem Projekt gestellt[16]. Auch diese Arbeit ist nicht erhalten, und so können wir uns auch kein Bild davon machen, welche Fähigkeiten im Entwerfen von Gebäuden Hübsch erlangt hatte, als er 1817 die Karlsruher Schule verließ bzw. als er im Januar 1821 sein Examen bestanden hatte. Wenn er uns später, 1838 in der Einleitung zu seinen „Bauwerken" berichtet, daß ihn erste Zweifel an der Lehre Weinbrenners schon im Jahr seines Eintritts in dessen Schule 1815 plagten[17], dann dürfen wir daraus nicht folgern, er habe etwa seine Studien nicht mit Eifer und nach dem vorgeschriebenen Plan verfolgt. Im Gegenteil: genau nach dem im Architektonischen Lehrbuch des Meisters vorgezeichneten Weg begab er sich 22jährig im Herbst 1817 auf „Kunstreise" nach Italien, und so kann es sein, daß das Fehlen aller frühen Entwurfsarbeiten eher ein Indiz

Deutsche Künstlergesellschaft in Rom, P. v. Hess, 1823

für die Anfertigung von Entwürfen im Sinne des Lehrers ist, von denen er sich später ebenso konsequent trennte, wie er den herben Klassizismus der Weinbrennerschen Bauten als unzeitgemäß und für sein Land völlig ungeeignet kompromißlos ablehnte[18].

Die „Kunstreise" nach Italien, nach Rom, die Hübsch im Herbst 1817 antrat, gehörte nicht nur nach den Vorstellungen Weinbrenners zur Ausbildung „junger Kunstbeflissener". Ohne einen Aufenthalt in der Ewigen Stadt sei eine künstlerische Ausbildung überhaupt nicht mehr möglich, hatte Johann Joachim Winckelmann Jahrzehnte zuvor schon erklärt, wie überhaupt Rom als „hohe Schule für alle Welt" zu gelten habe[19]. So traf Hübsch in Rom auch auf eine große Zahl deutscher Künstler: Maler, Zeichner, Bildhauer und Architekten.

Treffpunkt der Deutschen in Rom war das Café Greco in der Via Condotti unweit der Piazza die Spagna in jenem Viertel, das eine große Zahl von Fremden und eben gerade Künstlern beherbergte[20]. Die Zahl der Erwähnungen und kleinen Beschreibungen dieses eigenartigen Lokales ist fast endlos, und wir wollen hier eine solche aus dem Jahre 1816 wiedergeben. In einem Brief des Literaturhistorikers Friedrich Heinrich von der Hagen heißt es[21]:

„Nach vier Uhr und in der Mittagsstunde wird zuweilen zu den Trümmern des alten oder den Kirchen und Merkwürdigkeiten des neuen Roms oder in die Werkstätten der Künstler gewandert; und dann ins Kaffée Greco, wo um die Dämmerung, wenn zum Ave Maria die Nacht eingeläutet und die Lampe angezündet wird, die Deutschen zusammenkommen. Es heißt eigentlich Kaffée del Greco, weil ein Grieche da das Tabakrauchen eingeführt, das in den übrigen Kaffées ganz verboten oder auf einzelne Bänke beschränkt ist, weil die Römerinnen, die hier auch in die Kaffées gehen (besonders in den prächtigen des Pallasts Ruspoli), den Tabak ebensowenig als Rosen und Lilien riechen können. Dieses Kaffée haben nun die Deutschen seit manchen Jahren so in Besitz genommen, daß nur noch eine Bank der Nichtraucher an der Türe ist. In die Wände waren sonst Landschaften von Reinhart, Rohden und Koch eingerahmt, die aber den zu starken Weihrauch auch nicht vertragen konnten und herausgenommen sind. Ich sah sie bei einem Bilderhändler in der Nähe schon sehr geschwärzt. Jetzo ist diese Kafféebude eine wahre Rauchkammer, wo man sich oft kaum erkennen kann, aber doch gerne beisammensitzt und plaudert . . .

. . . Deutsche kommen hier fast täglich an, über die Berge her, oder von Neapel zurück und erscheinen alsbald im Kaffée Greco, das nunmehr Kaffée Tedesco heißen sollte, da es dicht neben dem Deutschen Gasthofe liegt und wo am Feierabende fast alle deutschen Künstler anzutreffen sind."

Ein Levantiner hatte dieses Café um 1760 aufgemacht, das in den folgenden Jahrzehnten aber nicht nur Treffpunkt abendlicher Tabaksraucher sondern vor allen Dingen Ort andauernder und heftiger Streitgespräche unter den Künstlern werden sollte. Über dieses „streit- und parteisüchtige" Rom berichtet uns Goethe von seinem zweiten römischen Aufenthalt im November 1787 als er des Gelehrten Aloys Hirt gedenkt[22]: „weil aber die Kunst im Tun und nicht im Reden besteht, man aber dennoch immerfort mehr reden als tun wird, so begreift man leicht, daß dergleichen Unterhaltungen damals grenzenlos waren, wie sie es bis in die neuesten Zeiten geblieben sind". Wie aber sollten die grundsätzlichen Meinungsverschiedenheiten um das Verhältnis des „Kunstschönen" zum „Charakteristi-

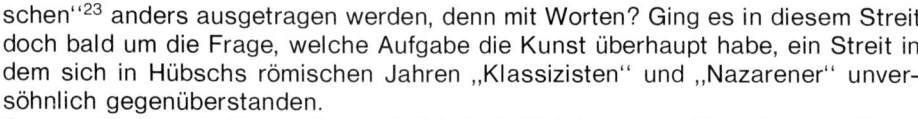

schen"[23] anders ausgetragen werden, denn mit Worten? Ging es in diesem Streit doch bald um die Frage, welche Aufgabe die Kunst überhaupt habe, ein Streit in dem sich in Hübschs römischen Jahren „Klassizisten" und „Nazarener" unversöhnlich gegenüberstanden.

Ganz selbstverständlich hatte auch Friedrich Weinbrenner während seines Romaufenthaltes 1792–1797 in diesem Café verkehrt[24], hatte unter Anleitung von Aloys Hirt historische Stätten kennengelernt und für diesen schließlich die Tafeln zu dem 1809 erschienenen Werk „Die Baukunst nach den Grundsätzen der Alten"[25] gezeichnet, jenem Werk, an dem sich in späteren Jahren der heftige Streit zwischen Hübsch und Hirt entzünden sollte[26].

Für die Klassizisten in Rom im 2. Jahrzehnt des 19. Jahrhunderts mögen die Namen Bertel Thorwaldsen und Christian David Rauch stehen. Der Nazarener-Kreis bildete sich um Peter Cornelius, Johann Friedrich Overbeck, Wilhelm Schadow und Julius Schnorr von Carolsfeld. Heinrich Hübsch stand wohl anfangs eher zwischen diesen Gruppen in einem Freundeskreis um Carl Philipp Fohr, dem auch die Architekten Franz Heger und Karl Joseph Köbel angehörten. Sie alle aber verband die Ernsthaftigkeit der Arbeit und die Offenheit und Gastfreundlichkeit, mit der man einander begegnete: „Die Vortheile, die man hier in Hinsicht des Malens hat, sind ungeheuer, die besten Meister sind offenherzig, man kommt täglich in ihre Zirkel und wird von ihnen auf das Liebreigste belehrt", schreibt Fohr 1817 an seine Gönnerin, die Erbprinzessin Wilhelmine von Hessen-Darmstadt[27]. Aber natürlich gab es auch sehr persönlichen Streit in den deutschen Freundeskreisen, und es mutet uns heute eher komisch an, wenn wir in den Tagebuchnotizen des Wilhelm von Harnier lesen, daß es in einer Auseinandersetzung um einen Hund zwischen den Künstlern Fohr und Ludwig Ruhl gar zum Pistolenduell gekommen ist[28].

Heinrich Hübsch, Portrait von C. Ph. Fohr, 1817/18

Koebel mit Hübsch (links) und Heger (rechts), J. K. Barth

Fohr mit Freunden in einer Osteria vor Rom,
H. Hübsch

Fohrs Grab an der Cestius-Pyramide in
Rom, H. Hübsch

Heinrich Hübsch war einigen der Deutschrömer besonders freundschaftlich verbunden, aber er hat wohl immer eher am Rande als im Mittelpunkt seines Freun-
deskreises gestanden. Besonders zu Heger, mit dem er im Herbst 1819 nach
Griechenland reiste, fühlte er sich gezogen und eben zu Fohr. So finden wir
Hübsch in einer Bildniszeichnung von Fohr[29] und gemeinsam mit Heger und Kö-
bel in einer Zeichnung von Johann Carl Barth[30], Heger und Köbel nochmals zu-
sammen auf einem Blatt Fohrs[31]. Die einzige Zeichnung aber, in der Hübsch eine
Personengruppe darstellte, zeigt wiederum Fohr mit Freunden in einer Osteria vor
Rom[32]. Als Fohr dann im Juni 1818 beim Baden im Tiber den Tod fand, war es
Hübsch, der sein Grab an der Cestius-Pyramide zeichnete[33] und der über Pfarrer
Kilian in Heidelberg die Eltern von dem tragischen Tod des 23jährigen unterrichtete[34].
Zu den Freunden, die Hübsch in Rom wiedertraf oder neu hinzugewann, gehörten
auch der Historiker Johann Friedrich Böhmer, der Künstler und Kunstschriftstel-
ler Johann David Passavant[35], der Münchner Architekt Friedrich von Gärtner[36]
sowie während seines zweiten Romaufenthaltes der Berliner Architekt Friedrich
Wilhelm Ludwig Stier[37]. Und 1819 begegnete Hübsch hier zum erstenmal dem
bayrischen Kronprinzen Ludwig, der ihn Jahrzehnte später mit der Errichtung des
neuen Westbaues am Speyerer Dom beauftragen sollte. Ludwig, „dessen Haupt-
leidenschaft schöne Künste und schöne Damen" waren, wie ein Zeitgenosse aus
Rom zu berichten wußte[38], war der deutschen Künstlerkolonie in Rom sehr zugetan, die wiederum ihm ein großartiges Abschiedsfest ausrichtete, wie überhaupt
neben Arbeit und Kunststreit auch häufige Festlichkeiten zum Leben in der
deutschen Kolonie gehörten.
Von Rom aus trat Hübsch, begleitet von den Architektenfreunden Joseph Thürmer und Franz Heger, im Sommer 1819 eine mehrmonatige Reise nach Griechenland an, die vornehmlich dem Studium der Monumente in Athen galt aber auch
nach Korfu, Korinth und Konstantinopel führte[39].

Die Zahl der erhaltenen Arbeiten Hübschs aus seinen römischen Jahren ist gering. Wohl hatte er nach seiner Rückkehr nach Karlsruhe im Sommer 1820 mit seinem, an das Finanzministerium gerichteten Gesuch um Zulassung zur Prüfung seine römischen Studienarbeiten vorlegen müssen[40], und auch Böhmer berichtet von den Zeichnungen, die Hübsch bei seiner ersten Bewerbung am Städelschen Institut in Frankfurt 1821 mitgebracht hatte[41], aber es bleibt die Frage, ob es überhaupt eine größere Zahl von Skizzen, Zeichnungen und Entwürfen war, die in jener Zeit entstanden ist. Das Städel in Frankfurt bewahrt eine Zeichnung der Kirche S. Giuliana bei Perugia, das schon genannte Blatt mit der Cestius-Pyramide und dem Grab Fohrs und ein nur teilweise ausgearbeitetes Blatt zu S. Sabina in Rom; im Kupferstichkabinett in Dresden befand sich die gleichfalls bereits genannte aquarellierte Federzeichnung „Fohr mit Freunden"[42]. Auf die Griechenlandreise gehen ein Panorama von Athen sowie die Darstellungen des Theseion, des Parthenon, des Olympieion und des Lysikrates-Monumentes zurück, die bis auf das letztgenannte alle erst nach Abschluß der Reise ausgearbeitet worden sind. Auch haben wir noch mit einigen wenigen verschollenen Blättern zu rechnen, die neben den genannten die Vorlagen zu seinen späteren Publikationen bildeten. Und schließlich bleiben noch das Blatt zum Kreuzgang von S. Salvatore zu nennen und der bereits angesprochene Entwurf zu einem Gottesacker, der in Hübschs römischen Jahren entstanden sein könnte[43].

Kat.-Nr. 13–18

Kat.-Nr. 19
Kat.-Nr. 20–23

Wo lagen die Schwerpunkte in der Arbeit von Hübsch? Zunächst wohl weniger in der Beschäftigung mit mittelalterlicher Architektur[44], und auch auf das Figurenzeichnen verstand er sich nicht recht. Das lehrt nicht nur das kleine Dresdner Blatt sondern auch ein Hinweis Böhmers, daß jene Figuren auf dem Blatt zu S. Sabina von der Hand des Freundes Fohr stammen[45].
Die Durchsicht der ersten Publikationen von Hübsch bestätigt, was sich aus der kleinen Zahl der zuvor genannten Blätter anzeigte: Sein Interesse, seine Arbeiten galten anfangs der Auseinandersetzung mit der antiken Architektur und in erster Linie der griechischen. Nach der Rückkehr aus Rom im Sommer 1820 legte Hübsch sein Examen ab und wird von seinem Lehrer Weinbrenner als „ein sehr brauchbares Subjekt, höchster Rücksichtnahme" als Baukandidat empfohlen[46]. Unmittelbar im Anschluß daran erfolgte wohl die Ausarbeitung seiner ersten Publikationen: 1822 erschien seine Arbeit „über griechische Architectur"[47], mit Franz Heger gibt er gemeinsam 1823 die „Malerischen Ansichten von Athen" heraus[48], eingeleitet von seinem Heidelberger Lehrer Georg Friedrich Creuzer, und im selben Jahr noch folgte das erste (und einzige) Heft seiner „Architectonischen Verzierungen für Künstler und Handwerker"[49]. Die griechische Architektur steht im Mittelpunkt seiner Arbeit.
Hübschs Schrift „Über griechische Architectur" ist in erster Linie eine Auseinandersetzung mit den Theorien von Aloys Hirt, die dieser in seinem 1809 erschienenen Werk „Die Baukunst nach den Grundsätzen der Alten" niedergelegt hatte, ein Werk, das längere Zeit bei den Klassizisten – also auch bei Friedrich Weinbrenner in Karlsruhe – als grundlegendes Lehrbuch antiker Architektur galt. Seinem Lehrer aber wagte Hübsch diese Schrift garnicht zu zeigen[50]; er mußte fürchten, ihn damit zu beleidigen, denn Weinbrenner war nicht nur den Theorien Hirts zugetan, er hatte, wie oben bereits gesagt, in jungen Jahren in Rom auch die Tafelvorlagen zu dieser Publikation gezeichnet. „Der Augenschein der grie-

S. Sabina in Rom, H. Hübsch

S. Giuliana bei Perugia, H. Hübsch

chischen Monumente überzeugte mich: dass ihre Architectur weit von derjenigen verschieden ist, welche man heut zu Tage unter dem Namen der griechischen ausübt", schreibt Hübsch unter anderem im Vorwort[51]. Er trennt die griechische deutlich von der römischen Architektur, setzt sich mit Vitruv auseinander und wendet sich vor allen Dingen gegen die Theorie, die griechische Baukunst sei aus dem Holzbau abzuleiten. Die Schrift ist ausgesprochen baugeschichtlich-architekturtheoretischer Natur, und wir wollen sie als charakteristisch für die Arbeit seiner römischen Studienjahre ansehen. Hübsch war bemüht, die antike Architektur besser und gründlicher zu begreifen als ihm das in seinen Karlsruher Lehrjahren möglich war, und in diesem Bemühen sind auch seine beiden anderen oben genannten Werke zu verstehen.

In einer heftigen und polemisch geführten Kontroverse verteidigt Hirt seine griechische Baukunst (1823), Hübsch seine griechische Architektur (1824)[52]. Schon in der Verwendung verschiedener Begriffe zeigen sich die unterschiedlichen Standpunkte an. Mittlerweile war Hübsch wieder nach Rom zurückgekehrt, da er in Deutschland keine passende Anstellung gefunden hatte, obwohl er z. B. bei seiner Bewerbung am Städelschen Institut in Frankfurt einen guten Eindruck hinterlassen, man aber bemerkt hatte, daß ihm Italien „noch gewaltig im Kopf" steckte[53]. Der zweite römische Aufenthalt (1822–24) war sicher der Vertiefung der theoretischen Arbeit gewidmet und eben der Ausarbeitung der genannten Verteidigungsschrift.

Den ersten Schritt in die Praxis ging Hübsch mit seiner Anstellung am Städel im Spätsommer 1824. Er ergänzte ein mit seiner ersten Bewerbung 1821 formuliertes Ausbildungsprogramm für Architekten, fügte vor allen Dingen praktische Anweisungen hinzu. Seine ersten Entwürfe für eigene Bauten zeigen durchaus noch die Nähe zur Architektur Weinbrenners; wenn auch die theoretische Arbeit in den zurückliegenden Jahren wohl nicht nur der historischen Architektur gegolten haben mag, Konsequenzen für seine Bauten hatte sie noch nicht formuliert. Erst jetzt, in den Frankfurter Jahren, richtete er seine theoretische Arbeit ganz auf das künftige Bauen. 1825 erschien sein „Entwurf zu einem Theater mit eiserner Dachrüstung"[54], der, wie der Titel sagt, einer konkreten Frage gewidmet ist. Und 1828, zwei Jahre nach Weinbrenners Tod und ein Jahr nach seinem Wechsel von Frankfurt in die Baudirektion nach Karlsruhe, legt er ein architektonisches Bekenntnis ab; er beantwortet die Frage: „In welchem Style sollen wir bauen?" in einer Sendschrift, die den anläßlich des 300. Todestages von Albrecht Dürer in Nürnberg weilenden Künstlern gewidmet ist[55]. Er ruft zur Befreiung der Architektur „von den Fesseln der Antike" auf und fordert, bei der Planung von Bauten nicht mit der Frage des Baustiles zu beginnen, sondern mit Überlegungen zu Bedürfnis, Zweck und Bestimmung, zu Klima und Baumaterial, zu Konstruktion, Dauerhaftigkeit und Kosten. Um die Schönheit der Bauten könne man unbesorgt sein, aus dem unbefangenen Nachdenken über die Grundfragen werde sich ein neuer Stil ergeben und das sei in unseren Breiten im wesentlichen der Rundbogenstil.

Mit der Formulierung dieser Schrift möchten wir die Ausbildung Hübschs zum Architekten abgeschlossen sehen. Mit ihr hatte Hübsch sich selbst ein Fundament für seine künftigen Bauten geschaffen, das über Jahrzehnte tragfähig sein sollte. Natürlich erhielt Hübsch für seine Schrift nicht nur Zustimmung; auch Kritik wurde angemeldet, und ebenso war für ihn selbst das Thema längst nicht abgetan. Nach fast zwanzig Jahren legte er seine Gedanken über die Baustile in einer größeren Monographie nocheinmal und umfassend dar: „Die Architectur und ihr Verhältniß zur heutigen Malerei und Sculptur" (1847)[56]. Daneben publizierte er seine eigenen Bauwerke in verschiedenen Folgen und Heften (1838–1859)[57], in deren Einleitung er sich nochmals zu den theoretischen Grundlagen seiner Architektur bekennt, aber auch seinen eigenen Bildungsweg bis zu diesen Einsichten umschreibt. Als letztes großes Werk sei hier noch das umfassende Kompendium „Die Altchristlichen Kirchen nach den Baudenkmalen und älteren Beschreibungen" (1858) genannt, das Hübsch in einer 2. Auflage (1862) um eine Reihe von Tafeln mit Darstellung seiner eigenen Kirchenbauten vermehrte[58]. Nicht zuletzt der Auftrag zur Errichtung des neuen Westbaues am Speyerer Dom hatte von ihm die gründliche Auseinandersetzung mit dem frühen Kirchenbau verlangt, dessen Studium und Vermessung seine Italienreisen zwischen 1838 und 1854 galten[59]. Auch in diesem Werk sind, wie in den 1828 und 1847 erschienenen, baugeschichtliche und architekturtheoretischen Fragen miteinander verbunden aber nun in eine direktere Beziehung zueinander gestellt.   Wulf Schirmer

Kat.-Nr. 133

Anmerkungen

1 Schreiben vom 16. 4. 1839 an nicht genannten Empfänger, Stadtarchiv Weinheim; wiedergegeben bei Göricke, Kirchenbauten, a. o. Anm. 306.

2 Zwar ist der Empfänger nicht genannt, aber manches in diesem Schreiben deutet auf einen Adressaten an der Akademie in München, der zu jener Zeit Schnorr von Carolsfeld ebenso angehörte wie Sulpiz Boisserée, weshalb auch Hübsch seine Beziehungen nach Heidelberg mehrfach herausgestellt haben könnte.

3 H. H., Bauwerke I, a. o. 1 f.

4 H. H., In welchem Style sollen wir bauen?, Karlsruhe 1828.

5 Franz Heger und H. H., Malerische Ansichten von Athen, Darmstadt 1823.

6 E. Firmenich-Richartz, Die Brüder Boisserée, Jena 1916.

7 vgl. Marie Frölich / Hans-Günther Sperlich, Georg Moller, Darmstadt 1959, 31 f. – Göricke, Kirchenbauten. a. o. 13.

8 Kuno Graf von Hardenberg / Edmund Schilling, Karl Philipp Fohr, Leben und Werk eines deutschen Malers der Romantik, Freiburg 1925. – Carl Philipp Fohr, Skizzenbuch, mit Einführung und Katalog von Arthur von Schneider, Berlin 1952. – Georg Poensgen, C. Ph. Fohr und das Café Greco, Heidelberg o. J. (1957).

9 Johannes Janssen, Böhmers Leben, Briefe und kleinere Schriften, 3. Bde. Freiburg 1868, Bd. 2.

10 Karl Zell schreibt auch den ersten Nachruf auf Hübsch: H. H., sein Leben und seine Werke, in: Historisch-Politische Blätter für das katholische Deutschland, Bd. 53 (1864), 253 f. – vgl. F. L. Dammert, in: Badische Biographien, Bd. 2, Heidelberg 1875, 584 f.

11 Arthur Valdenaire, Friedrich Weinbrenner, sein Leben und seine Bauten, 2. Aufl. Karlsruhe 1926. – Friedrich Weinbrenner, Ausstellungskatalog Karlsruhe 1977/78, 2. Aufl. Karlsruhe 1982.

12 aus einem Schreiben Weinbrenners vom 24. 3. 1808; zit. nach: Valdenaire, Weinbrenner, a. o. 303; vgl. Wulf Schirmer,

Die Architekten des 19. Jahrhunderts – von der Schule Weinbrenners bis zu Hermann Billing, in: Karlsruher Beiträge 1 (1981), 61 f.

13 vgl. Joachim Hotz, Kleine Geschichte der Universität Fridericiana Karlsruhe, Karlsruhe 1975, 21 f.

14 Friedrich Weinbrenner, Architektonisches Lehrbuch, 1. Teil, 1. Heft, Tübingen 1810, 9 f.

15 Theodor Hartleben, Statistisches Gemälde der Stadt Karlsruhe, Karlsruhe 1815, 238 f.; zit. nach: Valdenaire, Weinbrenner, a. o. 310.

16 Göricke, Kirchenbauten, a. o. 16. – Valdenaire, Weinbrenner, a. o. 11.

17 H. H., Bauwerke I, a. o. 1.

18 H. H., Style, a. o., Einleitung 11 f.

19 vgl. Friedrich Noack, Deutsches Leben in Rom 1700 bis 1900, Stuttgart und Berlin 1907, 64.

20 ebenda, 90 f.

21 Schreiben vom 14. 12. 1816; zit. nach: Poensgen, Fohr, a. o. 42.

22 Johann Wolfgang von Goethe, Italienische Reise, Bericht vom November 1787.

23 Ferdinand Denk, Das Kunstschöne und das Charakteristische von Winckelmann bis Friedrich Schlegel, (Diss.) München 1925.

24 Friedrich Weinbrenner, Denkwürdigkeiten, Hrsg. von Arthur von Schneider, Karlsruhe 1958, 112.

25 Aloys Hirt, Die Baukunst nach den Grundsätzen der Alten, Berlin 1809.

26 vgl. W. Schirmer, Einige Bemerkungen zu Heinrich Hübsch und zu dieser Schrift, Nachwort zu: H. H., In welchem Style sollen wir bauen? Reprint der Ausg. 1828, Karlsruhe 1983.

27 Schreiben vom 17. 2. 1817; zit. nach: Hardenberg/Schilling, Fohr, a. o. 58 f. – Poensgen, Fohr, a. o. 15.

28 zit. nach: Poensgen, Fohr, a. o. 52 f.

29 abgebildet bei: Hans Geller, Die Bildnisse der deutschen Künstler in Rom 1800–1830, Berlin 1952, Abb. 192. – Fohr, Skizzenbuch, a. o. Abb. 21. – Poensgen, Fohr, a. o. Abb. 13.

30 abgebildet bei: Geller, Bildnisse, a. o. Abb. 235.

31 abgebildet bei: Fohr, Skizzenbuch, a. o. Abb. 19. – Poensgen, Fohr, a. o. Abb. 15.

32 abgebildet bei: Hardenberg/Schilling, a. o. S. 28.

33 abgebildet ebenda, S. 32.

34 vgl. A. v. Schneider, in: Fohr, Skizzenbuch, a. o. 26.

35 vgl. Janssen, Böhmer a. o.

36 s. u. Verf., Heinrich Hübsch im Umgang mit historischen Bauwerken, Anm. 22.

37 vgl. Eva Börsch-Supan, Berliner Baukunst nach Schinkel 1840–1870, München 1977, 684.

38 Per Daniel Atterbom, Jugenderinnerungen eines romantischen Dichters und Kunstgelehrten aus den Jahren 1817 bis 1819; zit. nach: Die Nazarener, Ausstellungskatalog Frankfurt/M. 1977, 404 f.

39 zu den Reisedaten vgl. Göricke, Kirchenbauten, a. o. 18.

40 ebenda, 16.

41 Janssen, Böhmer, a. o. 86; vgl. Göricke, Kirchenbauten, a. o. Anm. 66.

42 nach: Geller, Bildnisse, a. o. 119 ist das Blatt seit 1945 verschollen.

43 zu den stilistischen Fragen aller genannten Blätter vgl. den folgenden Beitrag von Hanno Brockhoff.

44 Hübsch vermerkt in: Die Altchristlichen Kirchen nach den Baudenkmalen und älteren Beschreibungen, Karlsruhe 1858, Vorwort, daß die Vorlagen zu jenem Werk während seiner letzten drei Reisen, also zwischen 1838 und 1854, entstanden seien.

45 Janssen, Böhmer, a. o. 77; vgl. Göricke, Kirchenbauten, a. o. Anm. 66.

46 Schreiben vom 20. 1. 1821, GLA Dienerakten 76/10413; vgl. Göricke, Kirchenbauten, a. o. 16.

47 H. H., Über griechische Architectur, Heidelberg 1822.

48 Franz Heger und H. H., Malerische Ansichten von Athen, Darmstadt 1823. – Zunächst war die Publikation gemeinsam mit Joseph Thürmer vorgesehen (vgl. Kunstblatt, 1822, 91 f.), dann hat Thürmer seine Arbeit aber doch selbständig publiziert: J. Th., Ansichten von Athen und seinen Denkmalen, Rom 1823–25.

49 H. H., Architectonische Verzierungen für Künstler und Handwerker, 1. Heft, Frankfurt/M. 1823.

50 Ein Brief an Georg Moller; vgl. Frölich/Sperlich, Moller, a. o. 32.

51 H. H., Griechische Architectur, a. o., Vorwort.

52 Aloys Hirt, Verteidigung der griechischen Baukunst gegen Herrn Hübsch, Berlin 1823. – H. H., Vertheidigung der griechischen Architectur gegen A. Hirt, in: H. H., über griechische Architectur, 2. mit einer Vertheidigung gegen Herrn A. Hirt vermehrte Ausgabe, Heidelberg 1824. – vgl. Schirmer, Bemerkungen, a. o. Nachwort.

53 Göricke, Kirchenbauten, a. o. 20.

54 H. H., Entwurf zu einem Theater mit eiserner Dachrüstung, Frankfurt/M. 1825. – vgl. unten den Beitrag von Rainer Gräefe.

55 H. H., In welchem Style sollen wir bauen?, Karlsruhe 1828; Reprint Karlsruhe 1983.

56 H. H., Die Architectur und ihr Verhältniß zur heutigen Malerei und Sculptur, Stuttgart und Tübingen 1847.

57 H. H., Bau-Werke, Heft 1 und 2, Karlsruhe 1838; Zweite Folge, Heft 1 und 2, Karlsruhe 1852; Heft 3, Karlsruhe 1859.

58 H. H., Die Altchristlichen Kirchen nach den Baudenkmalen und älteren Beschreibungen, Karlsruhe 1858. Hübsch kündigt im Vorwort das Erscheinen von 60 Tafeln in sechs, alle zwei Monate erfolgenden Lieferungen zu je zehn Tafeln an. Von der Veröffentlichung eigener Werke ist nicht die Rede. Die Neuauflage von 1862 enthält dann 63 Tafeln, wobei ab Tafel 57 eigene Werke Hübschs vorgestellt werden und ebenso auf der Tafel 51 mit der Ansicht des neuen Speyrer Westbaus.

59 ebenda, Vorwort.

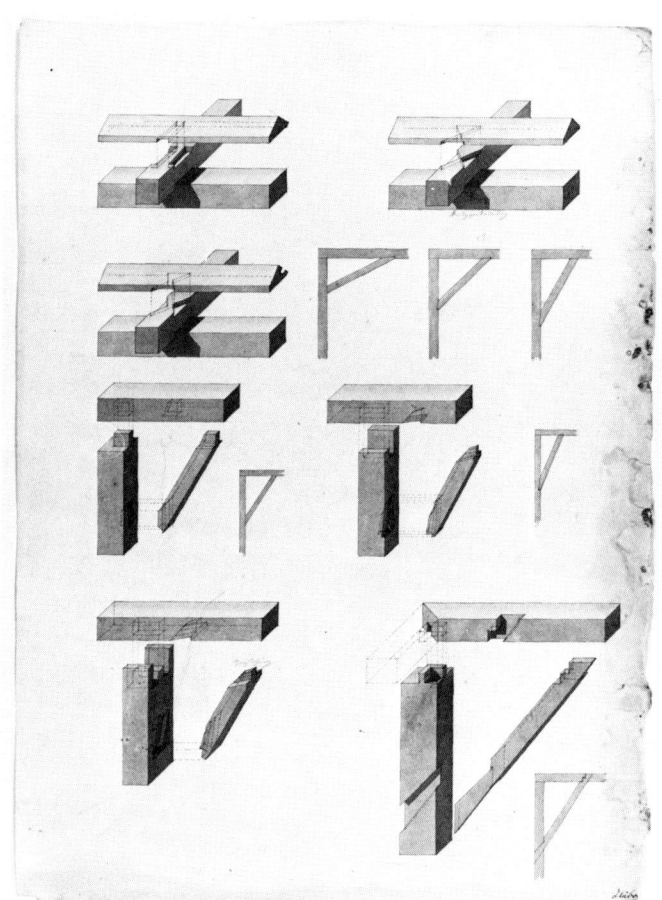

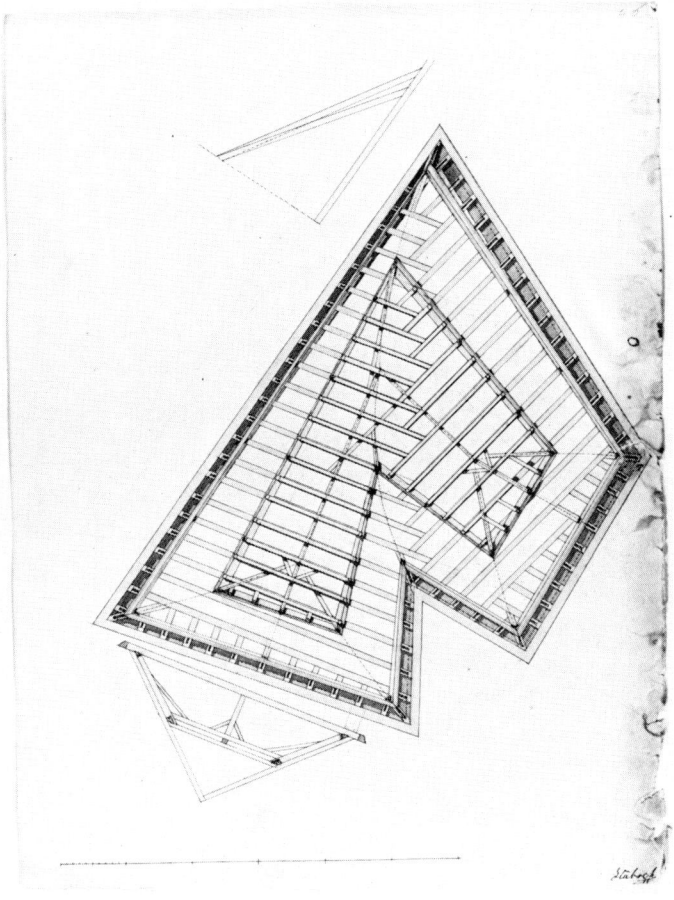

5
Verschiedene Balkenverbindungen in
axonometrischen Ansichten, Studienarbeit, vgl.: Weinbrenner, Arch. Lehrbuch, unveröff. (Cotta-Archiv im Schiller Nationalmuseum, Marbach), sign.
„Hübsch", Tuschezeichnung, angelegt,
Ingrespapier, 46,1 × 32,9 cm. IfB,
Hübsch 35.

6
Dachstuhl über sehr unregelmäßigem
Grundriß, Studienarbeit zur Baukon-
struktion bei Weinbrenner, sign.
„Hübsch", Tuschezeichnung, angelegt,
Ingrespapier, 46,1 × 33,4 cm. IfB,
Hübsch 54.

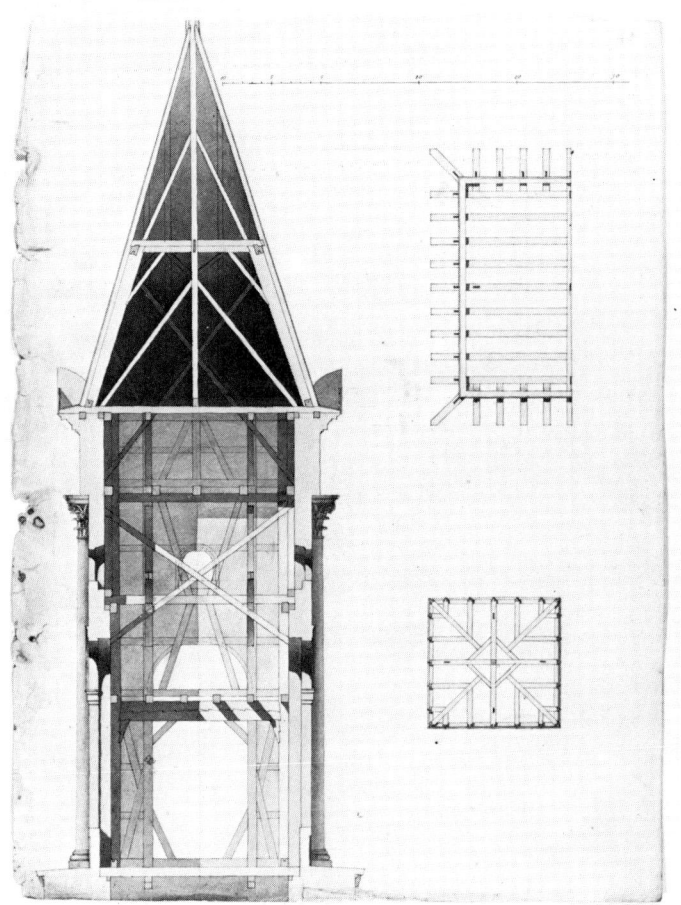

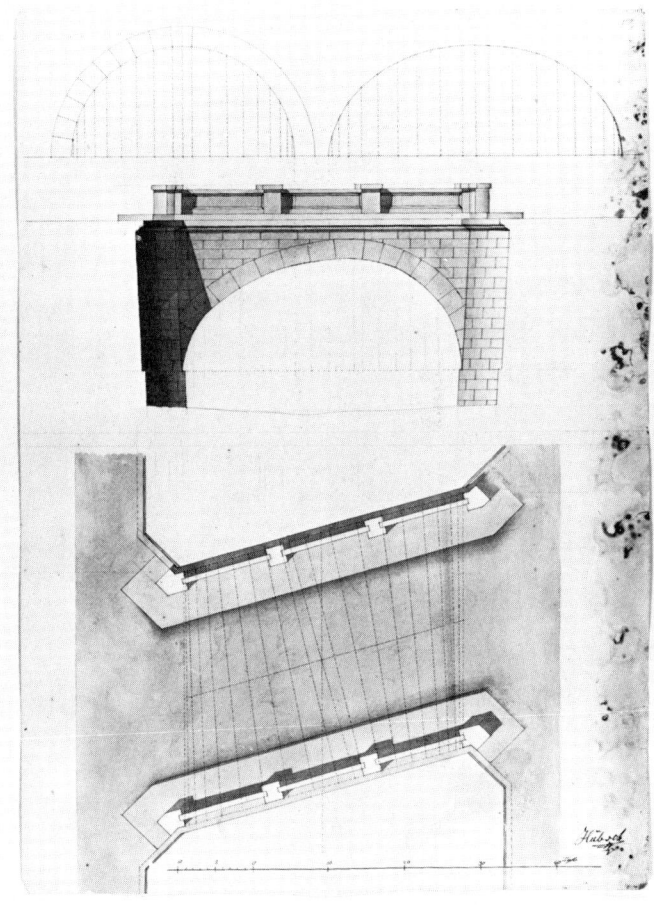

7

Turm der ev. Stadtkirche in Karlsruhe, Schnitt und zwei Grundrisse der Holzkonstruktion, Studienarbeit Hübschs bei Weinbrenner, Tuschezeichnung, angelegt, 46,2 × 33,3 cm. IfB, Hübsch 61.

8

Bogenbrücke in Massivkonstruktion, Grundriß, Ansicht und Profile der Bogenlinie, Studienarbeit, vgl.: Weinbrenner, Arch. Lehrbuch, unveröff. (Cotta-Archiv im Schiller Nationalmuseum, Marbach), Tuschezeichnung, angelegt, Ingrespapier, 46,3 × 32,5 cm. IfB, Hübsch 92.

9
Gedeckte Brücke in Holzkonstruktion, Ansicht, Studienarbeit Hübschs bei Weinbrenner, sign. „Hübsch", Tuschezeichnung, angelegt, Ingrespapier, 32,6 × 46,4 cm. IfB, Hübsch 75.

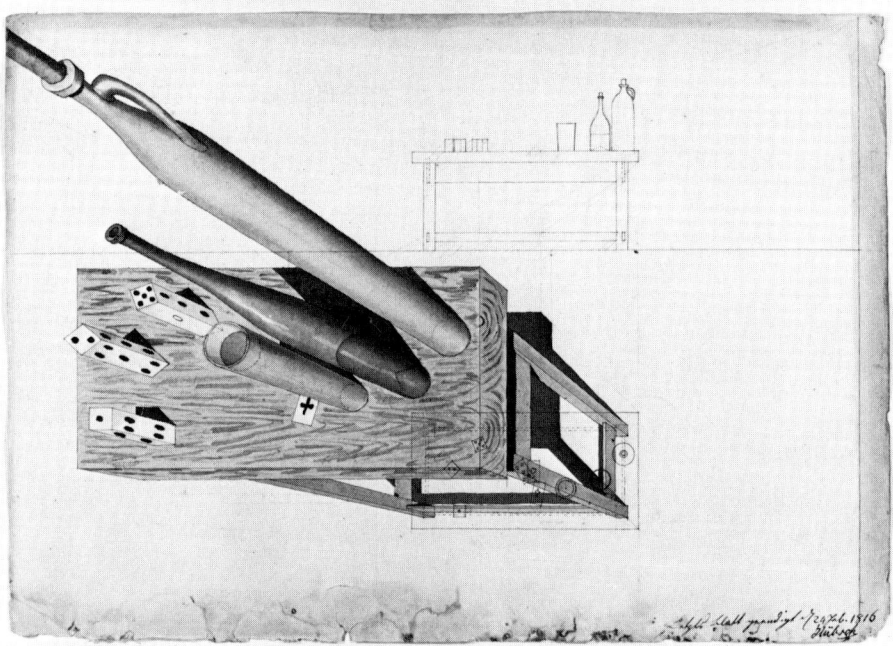

10
Tisch mit Stilleben, Perspektiv-Konstruktion, Studienarbeit, vgl.: Weinbrenner, Arch. Lehrbuch, 2. Teil, 6. Heft, Tab. XLIII, sign. u. dat. „Letztes Blatt geendigt den 24. Feb. 1816/ Hübsch", Tuschezeichnung, angelegt, Ingrespapier, 32,7 × 46,7 cm. IfB, Hübsch 16.

19 Kreuzgang von S. Salvatore in Rom

20 Entwurf zu einem Gottesacker

11
Antiksierendes Kompositkapitell, Ansicht, Studienarbeit, vgl.: Weinbrenner, Arch. Lehrbuch, 3. Teil, 2. Heft, Tab. XXI, Nr. 15, sign. „Hübsch", Tuschezeichnung, aquarelliert, Ingrespapier, 45,4 × 32,3 cm. IfB, Hübsch 105.

12 (ohne Abbildung)
Panorama-Ansicht von Athen aus westlicher Richtung (Vorlageblatt zu den „Malerischen Ansichten von Athen"), bez. „an Ort und Stelle aufgenommen von H. Hübsch im Jahre 1820.", Tuschfeder u. Pinsel in Sepia, Papier, 33,5 × 49,5 cm. Privatbesitz.

13
„Westliche Ansicht von Athen", Stich aus den „Malerischen Ansichten von Athen", Privatbesitz.

14
„Südöstliche Ansicht der Acropolis", Stich aus den „Malerischen Ansichten von Athen", Privatbesitz.

15
Olympieion in Athen, perspektivische   Pinsel in Sepia, Papier auf Karton,
Ansicht, um 1819/20, Tuschfeder u.   45,1 × 50,8 cm. IfB, Hübsch 137.

16
„Westliche Ansicht des Parthenons" in
Athen, bez. „Hübsch incom̄. a Athene e
fin. a Roma 1819.", Tuschfeder u. Pin-
sel in Sepia, Papier, 49,0 × 62,2 cm.
IfB, Hübsch ˙135.

17

„Der Tempel des Theseus zu Athen erbaut unter Cimon an. 445 vor Christi Geburt", perspektivische Ansicht, sign. „Hübsch f. 1821", Tuschfeder u. Pinsel in Sepia, Papier, 32,7 × 49,0 cm (Bild), auf Karton. SKK, PKI 525/48.

18 (Farbtafel S. 24/25)

„Westliche Ansicht des Theseustempels zu Athen", perspektivische Ansicht, sign. „Hübsch f. 1820 a Roma", Tuschezeichnung, angelegt u. aquarelliert, Karton, 25,8 × 38,1 cm, auf Unterkarton. IfB, Hübsch 138.

19 (Farbtafel S. 36/37)

„S. SALVATORE A ROMA", perspektivische Ansicht des Kreuzgangs, sign. „HÜBSCH F. a Roma.", später bez. „St. Salvatore in Rom / von H. Hübsch Baudirector in Carlsruhe.", Tuschezeichnung, angelegt u. aquarelliert, Papier, 32,4 × 41,4 cm, auf Karton. SKK, PKI 675-3-31.

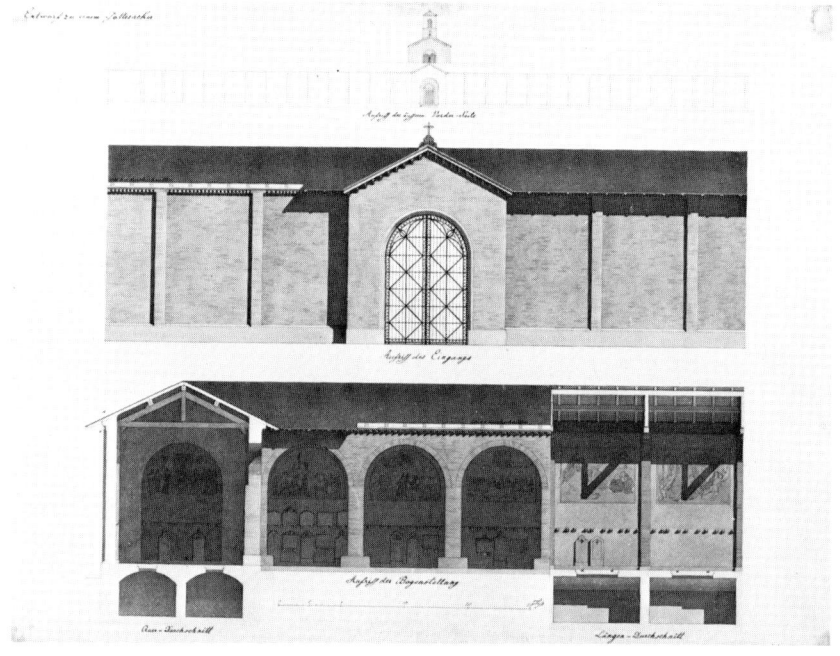

20 (Farbtafel S. 36/37)
Entwurf zu einem Gottesacker, persp. Blick aus der Bogenhalle auf den Friedhof und die Kapelle, Tuschezeichnung, angelegt u. aquarelliert, Papier, 34,0 × 45,8 cm, aufgezogen auf Karton. IfB, Hübsch 120. Auf der Rückseite eine unvollendete Fassadenstudie zur Kunsthalle.

21
„Entwurf zu einem Gottesacker", vordere Gesamtansicht in kleinerem Maßstab, Ansichten mit Schnitten der Bogengänge, sign. „H. Hübsch inv.", Tuschezeichnung, angelegt, Papier, 42,1 × 54,8 cm. IfB, Hübsch 121.

22 (ohne Abbildung)
„Entwurf zu einem Gottesacker", Lageplan der Gesamtanlage, Ansicht u. Schnitt der Bogengänge, sign. „H. Hübsch inv." dat. in Blei: „1825", Tuschezeichnung, angelegt, Papier, 42,0 × 54,6 cm. IfB, Hübsch 119.

23
„Entwurf zu einem Gottesacker", Vorderansicht u. Längsschnitt der Kapelle und ornamentale Details, sign. „H. Hübsch inv.", Tuschezeichnung, angelegt, Papier, 42,1 × 54,8 cm. IfB, Hübsch 122.

Zur Zeichenkunst Heinrich Hübschs

Ende des 18. und vor allem in der ersten Hälfte des 19. Jahrhunderts erhält die Zeichenkunst eine zuvor kaum gekannte Bedeutung. Die gerade bei den Künstlern der Romantik entschiedene Hinwendung zur Linienkunst – Indiz für einen grundlegenden kulturgeschichtlichen Wandel – ergreift auch weite Teile der Malerei. Eine stark linear bestimmte Bildauffassung zeigt sich besonders in der Kunst der Nazarener, denen Heinrich Hübsch geistig und künstlerisch eng verbunden war. Sie knüpfen an den Stil der früheren Renaissance und die zweidimensional gebundenen Bildvorstellungen des Mittelalters an, ähnlich wie Heinrich Hübsch dies für die Architektur fordern wird.

Die Zeichenkunst, die nun als autonome Kunstgattung gleichrangig neben die Malerei und Skulptur tritt, erreicht auch in der Darstellungstechnik ein kaum mehr zu steigerndes Niveau. Eine ähnlich sich steigernde Brillanz der Darstellung zeigen auch die Architekturzeichnungen dieser Zeit. Mit höchster Perfektion gezeichnete und illuminierte Schaublätter von Idealentwürfen oder Wettbewerbsprojekten – erinnert sei an die berühmte Konkurrenz um ein Denkmal für Friedrich den Großen – übersteigen in vielen Fällen die Zweckbindung als Bauplan und streben den Rang autonomer Kunstwerke an. Dies mag auch auf einen Teil der späteren Entwurfsblätter von Hübsch zutreffen.

Das Lehrprogramm Friedrich Weinbrenners, dessen private Bauschule Hübsch gut zwei Jahre besuchte, umfaßte selbstverständlich auch das Zeichnen repräsentativer Schaurisse – er selbst hatte sich seinerzeit an dem genannten Wettbewerb für ein Denkmal Friedrichs des Großen beteiligt – doch lehnte Weinbrenner eine dem Zweck nicht angemessene Überkultivierung der Darstellungstechnik ab. In einem Seitenhieb auf Schinkel nennt er seinen Gegner abschätzig einen „Schönzeichner", der im übrigen von Architektur nicht viel verstehe[1] und wehrt sich damit zugleich gegen die – auch heute noch weitverbreitete – irrige Meinung, daß der bessere Zeichner zugleich der bessere Architekt sei. Weinbrenner war allemal das wirklich entstehende Bauwerk wichtiger und die – stets ansehnlich und oft sogar eindrucksvolle – Bauzeichnung nur ein Mittel zu diesem eigentlichen Zweck der Architektenarbeit. Seine Ökonomie im darstellerischen Aufwand ist von daher sehr wohl begründet und eine für einen vielbeschäftigten Baumeister recht praktikable und rationale Einstellung.

Erst bei jüngeren Schülergenerationen Weinbrenners und gerade bei den begabtesten Köpfen ist eine deutliche Abweichung vom Weinbrennerschen Atelier-Standart festzustellen. Eine neue Auffassung in der Zeichnung und der Farbgebung zeigen etwa die Studienblätter von Friedrich Berckmüller, dem späteren Erbauer des Friedrichsplatzes in Karlsruhe. Seine Kopien nach Weinbrenner-Entwürfen[2] – dies Nachzeichnen gehörte zum Ausbildungsprogramm – zeigen eine vom Stil des Lehrers abweichende, auffallend feine und präzise Strichführung und eine wesentlich lichtere, meist gelbliche Farbgebung. So sehr diese kultivierte Darstellungstechnik anzieht, ist sie doch der schweren Monumentalität und Körperhaftigkeit der Weinbrennerschen Architektur nicht mehr adäquat. Diese

Diskrepanz ist ein Hinweis auf die kommende künstlerische Neuorientierung und auf das Ende der Ära Weinbrenners, dessen Epigonen seinen Stil in einer biedermeierlich abgewandelten Form – sehr zum Ärger von Hübsch[3] – freilich noch lange weiterüben.

Die erhaltenen Studienarbeiten Hübschs – Kopien nach den Tafeln von Weinbrenners Architektonischem Lehrbuch – verraten noch nicht seinen späteren zeichnerischen Ehrgeiz und sind von unterschiedlicher Qualität. Sorgfältiger erscheinen die Blätter zur Bauornamentik, die in der neuen lichteren Farbskala angelegt sind. Die sonstigen Blätter zur Baukonstruktions- und Perspektivlehre sind in der Darstellungstechnik eher durchschnittlich und können einem Vergleich mit den bis hin zur Beschriftung vollkommen durchgestalteten Blättern Berckmüllers nicht standhalten. Auch ein Blatt wie das originelle Flaschenstilleben wirkt mehr durch die – hier wohl scherzhaften – Perspektiv-Künste seines Lehrers als durch Hübschs eigene Darstellungstechnik. Als Grund für diese unterschiedliche Qualität der Blätter lassen sich zwei Erklärungen denken. Zum einen wissen wir, daß Hübsch schon im ersten Jahr seiner Ausbildung starke, vorwiegend künstlerische Vorbehalte gegen die Lehre Weinbrenners hegte[4], und von daher wäre es verständlich, daß er das Ausbildungsprogramm seines Lehrers vielleicht nicht mit vollem Einsatz absolvierte, sondern nur die Dinge, die ihn wirklich interessierten, ernsthaft bearbeitete – etwa die ihn auch später als Architekt intensiv beschäftigende Bauornamentik, während er andere Bereiche – wie die konventionelle Baukonstruktionslehre Weinbrenners – eher mit der linken Hand erledigte. Bei Zutreffen dieser Annahme darf man Hübschs Bemerkung auf dem genannten Stilleben: „Letztes Blatt geendigt d. 24. Feb. 1816" wohl als Stoßseufzer nach einer überstandenen Pflichtübung interpretieren. Auf der anderen Seite könnte man auch vermuten, daß Hübsch nicht ein derartiges zeichnerisches Talent wie etwa Berckmüller und Eisenlohr[5] besessen hat, und daß er seine Zeichenkünste erst nach seinem Studium während seiner langen Rom-Aufenthalte im Kreis der nazarenischen Künstler vervollkommnete. Es mögen auch beide Erklärungen zutreffen.

Auf den Zeichnungen, die Hübsch in Rom und auf seiner von dort erfolgten Reise nach Athen und Konstantinopel anfertigte, läßt sich deutlich die Ablösung vom Stil seines Lehrers und der wachsende Einfluß der Nazarener-Freunde verfolgen. Mit der Mehrzahl seiner die Athener Reiseeindrücke wiedergegebenen großformatigen Zeichnungen schließt sich Hübsch der Sepia-Tradition von Weinbrenners römischen Reiseskizzen an.

Die in kräftigem rötlichen Sepia-Ton gehaltene Ansicht des Olympieion erinnert auch mit ihrem vergleichsweise malerischen Duktus der Zeichnung und der die Körperhaftigkeit der Architektur betonenden Übereckansicht noch am stärksten an die Reiseskizzen seines Lehrers. Die etwas gewollt wirkende Staffage orientalisch gekleideter Personen zeigen auch die anderen Blätter.

Die Ansicht des Parthenon, die nach der Beschriftung erst 1819 in Rom vollendet wurde, läßt in der Darstellungsweise schon deutlich eine andere Entwicklung erkennen. Die Zeichnung zeigt nun einen sehr feinen Strich der Tuschfeder, und der warme Sepia-Ton des Olympieion-Blattes hat hier eine stumpfere, ins Graubraune spielende Färbung bekommen, die durch starke Verdünnung eine kühle Transparenz erhält. Auch die Komposition zeigt eine für die nachfolgende Ent-

Kat.-Nr. 5–11

Kat.-Nr. 11

Kat.-Nr. 10

Kat.-Nr. 15

Kat.-Nr. 16

Sybillentempel in Tivoli, Reiseskizze von F. Weinbrenner, 1793/97

wicklung charakteristische Neuerung: die strenge zentralperspektivische Frontalansicht, die sich bei der Zeichnung des Olympieion schon deshalb verboten hatte, weil die wenigen noch aufrecht stehenden Säulen in dieser Sicht kein rechtes Bild ergeben hätten. Die klassische Ruhe des Parthenon erfährt im übrigen – möglicherweise in absichtlicher Ironisierung – mancherlei Störungen: dicht über dem Giebelfeld ein aufgeregter Vogelschwarm und vor dem Mauergewirr zu Füßen des Tempels die kuriose Gestalt eines im Schneidersitz hockenden Orientalen[6]. Ähnliche ‚aktuelle‘ Störungen gibt es allerdings auch schon in den Blättern seines Lehrers, der in einer Zeichnung des Rundtempels in Tivoli die zum Trocknen ausgehängte Wäsche der Anwohner nicht fehlen läßt[7].

Eine Panorama-Ansicht von Athen, die Hübsch 1823 in dem Stichwerk „Malerische Ansichten von Athen" zusammen mit Zeichnungen seines Reisegefährten Franz Heger publiziert, zeigt einen von Westen gegebenen Blick auf die in einer weiten Landschaft liegende Stadt. Die dem Titel entsprechende ausgesprochen malerische Darstellungs- und Kopositionsweise, die mit ihrer dramatischen Beleuchtung und den rahmenden Seitenkulissen noch Barocktraditionen nachklingen läßt, steht in gewissem Kontrast zu der feinen linearen Ausarbeitung der architektonischen Bereiche. Neben der wieder stark orientalischen Staffage ist links ein zeichnender junger Mann – Hübsch selbst oder einer seiner Reisegefährten – dargestellt. Die Zeichnung wurde, wie die Aufschrift sagt, „an Ort und Stelle aufgenommen von H. Hübsch im Jahre 1820"; die angegebene Jahreszahl bezieht sich – die Reise war wohl Herbst 1819 beendet – wahrscheinlich auf die anschließend in Rom vorgenommene Ausarbeitung und Vollendung.

Eine ebenfalls in diesen Zusammenhang gehörende perspektivische Schrägansicht des Theseion ist laut Beschriftung erst 1821, also nach Hübschs Rückkehr nach Deutschland wohl während eines mehrmonatigen Aufenthalts im Elternhaus in Weinheim vollendet worden[8]. Kompositorisch und in der mehr malerischen Auffassung der Landschaft sowie der Sepia-Verwendung gehört sie in die Reihe der frühen Zeichnungen, während die dazu in gewissem Kontrast stehende kühle Präzision der Architekturdarstellung die wesentlich spätere Ausarbeitung oder Neufassung des Blattes verrät. In der Peristase des Tempels ist übrigens wiederum der gleiche zeichnende junge Mann dargestellt.

Daß die zentralperspektivische Frontalansicht des Parthenon-Blattes kein Einzelfall ist, beweist eine weitere Ansicht des Theseion, die laut Beischrift 1820 in Rom entstand, d. h. dort ausgearbeitet wurde. Die hier erneut vorgenommene prospekthafte Inszenierung einer isolierten Fassade wird in Hübschs späteren Schaublättern seiner architektonischen Entwürfe zu einem ganz wesentlichen Merkmal werden. Über die Neuerungen in der Komposition und die auch hier gesteigerte Feinheit der Zeichnung hinaus zeigt die Ansicht des Theseion auch eine Neuorientierung in der Farbgebung, die deutlich auf den Einfluß der Nazarener zurückgeht. Der Tempel erstrahlt auf einer Folie kühler, vorwiegend blau-grüner Töne in einem leuchtenden Gelb-Ocker, wobei die sakrale Ausstrahlung durch die prospekthafte Frontalansicht eine wesentliche Steigerung erfährt. Die sozusagen überzeitliche Aura des Blattes wird wiederum störend kontrastiert durch die gewollt aktuelle Staffage orientalisch gekleideter Türken. Dieses nun in der Wiederholung auffällige Vermeiden einer der Architektur angemesseneren Staffage – etwa einheimischer Griechen – mag sich einfach aus einem zeitbedingten In-

Kat.-Nr. 12, 13

Kat.-Nr. 17

Kat.-Nr. 18

teresse am ‚Exotischen' erklären, auf der anderen Seite könnte dieses betonte Postieren von Orientalen vor den Kultbauten des Abendlandes aber auch kritische Hintergedanken ausdrücken.

Die Ansicht des Kreuzgangs von S. Salvatore in Rom ist auf 1821 datiert, dem- Kat.-Nr. 19 nach ebenfalls erst nach Hübschs Rückkehr von seiner ersten Romreise in Deutschland vollendet worden, d. h. die Zeichnung wird zweifellos vor Ort entstanden sein, während die farbliche Ausarbeitung dann in Deutschland erfolgte. Die Ansicht des Kreuzgangs – das erste Blatt, das einen Innenraum wiedergibt – ist wie die behandelten Außenansichten in zentralperspektivischer Sicht dargestellt, bei der die frontal zum Betrachter stehenden Wände in unverkürzter Flächigkeit erscheinen. Die Blickachse liegt auch hier wieder etwa in der Mitte der dargestellten Architektur. Mit dieser Stilisierung der Raumwirkung zu einer abstrakten Strenge und Klarheit greift Hübsch – in Parallelität zu den Nazarenern – bewußt wieder Kompositionsprinzipien der Frührenaissance auf. Der Hof liegt in einem relativ gleichmäßigen lichten Schatten; in der Farbgebung des Blattes wird dieser Eindruck durch eine die natürlichen Materialfarben überlagernde Grautönung bewirkt. Der auf diese Weise verschleierte, kühle Farbcharakter schafft eine vergeistigte, ja entrückte Atmosphäre. Nur die obersten Partien der zweigeschossigen Arkadengänge zeigen den Einbruch lebendigen warmen Sonnenlichts, wie auch verschiedene Ausblicke das irdisch-farbene, ‚weltliche' Draußen ahnen lassen. Dies kann jedoch den kühlen Grundtenor nicht mildern, vielmehr wird durch den Farbkontrast die entsagungsvolle und meditative Stimmung des stillen Klosterhofes noch stärker fühlbar gemacht. Die Gestalt der in Gedanken versunkenen Nonne, die sich mit ihrem weißen Gewand bedeutungsvoll von dem verschatteten Hintergrund abhebt, fügt sich hier dem Ausdruck des ganzen Blattes sehr gut ein. Da die Personenstaffage sonst gewisse Schwächen zeigt, darf man wohl vermuten, daß Hübsch in diesem Fall Hilfestellung von seinen Nazarener-Freun- Abb. S. 31 den erhalten hat, und dies um so mehr, als für eine andere, die Kirche Sta. Sabina darstellende Zeichnung Hübschs belegt ist, daß die Figuren von Carl Philipp Fohr stammen[8].

Stellvertretend für die große Zahl der Zeichnungen aus Hübschs eigenem architektonischen Schaffen sei auf seinen frühesten bisher bekannten Entwurf eingegangen, den „Entwurf zu einem Gottesacker". Diesen vier Blätter umfassenden Kat.-Nr. 20–23 Ideal-Entwurf schickte Hübsch 1825 von Frankfurt auf die Karlsruher Industrieausstellung[9], und er darf daher als repräsentativ für die Darstellungsweise seiner Entwurfszeichnungen angesehen werden. Die Annahme, daß dieser Entwurf in die Zeit von Hübschs Wirken am Städelschen Institut – ab Frühjahr 1824 – fällt[10], erscheint wenig wahrscheinlich, da Hübsch in dieser Zeit durch die ungewohnte neue Lehrtätigkeit und konkrete Entwurfsaufgaben wie die Erweiterung des Städel sicher voll in Anspruch genommen war. Es handelt sich also mit Sicherheit noch um einen in die Zeit vor seiner Anstellung in Frankfurt fallenden Idealentwurf. Zwei der Blätter tragen ein Wasserzeichen mit der Jahreszahl 1816, so daß sogar noch eine Entstehung in der Weinbrennerschen Bauschule erwogen werden könnte, wenn nicht stilistische Gründe dagegen sprächen. Das perspektivische Schaubild des Entwurfs zeigt in der Anlage und ganzen Atmosphäre eine auffallende Ähnlichkeit mit dem Kreuzgang von S. Salvatore einerseits und in seiner noch stark heterogene Elemente vereinigenden stilistischen Haltung auch mit dem 1822 in Rom entstandenen Entwurf für ein Stadthaus, so daß auch Hübschs Gottesacker-Entwurf am wahrscheinlichsten während seines zweiten Romaufenthalts entstanden ist. Offenbar hat Hübsch die anstellungslose Zeit nach dem bestandenen Examen genutzt, um mit der Anfertigung solcher Idealentwürfe eine eigenständigere Architektursprache zu entwickeln.

Das Schaubild des Gottesacker-Entwurfs, das mit den behandelten Blättern am besten vergleichbar ist, zeigt – obwohl quasi zweckgebunden – keine wesentlichen Unterschiede zu Hübschs freien Zeichnungen. Ähnlich wie bei dem Kreuzgang von S. Salvatore gleitet der Blick durch zwei Arkaden des vorderen, schattigen Bogengangs schräg über das weit und leer wirkende, von Bogengängen ganz umschlossene Gräberfeld und findet Halt an der die Mittelachse der Anlage abschließenden Kapelle. Daß die Kapelle durch die Schrägansicht in ihrer Körperhaftigkeit faßbar wird, ist hier sicher nicht eigentliches Anliegen, sondern sozusagen Nebenprodukt anderer, wichtigerer kompositorischer Überlegungen, denn bei einem mehr mittigen Standpunkt des Betrachters wäre der rechte Bogengang nicht mehr ins Blickfeld gekommen und damit die spezielle räumliche Konzeption dieses ‚campus conclusus' nicht darstellbar gewesen. Das schon in der Präzision der feinen Tuschfederzeichnung liegende Moment der Unnahbarkeit wird verstärkt durch die kühle unsinnliche Farbigkeit. So zeigen die Wiesengevierte und die das Gräberfeld in strenger Reihung rahmenden Zypressen ein sehr lichtes, für Zypressen geradezu unnatürliches Grün, das nicht den Eindruck wirklichen organischen Lebens vermittelt. Auch die Gebäude zeigen nur in etwa ihre natürlichen Materialfarben. Die Kapelle, die – wie die anderen Pläne des Entwurfs angeben – gleich den Arkaden in Backstein gedacht ist, wird ‚unmotiviert' heller dargestellt und erfährt dadurch eine dem Leuchten des Theseion in etwa vergleichbare, hier aber nur graduelle Hervorhebung. Über dem Ganzen schwebt ein blaßblauer ‚unendlicher' Himmel mit wenig weißem Gewölk. Diese – abgesehen von den mehr erdfarbenen Bogengängen – vorherrschende kühle Reinheit der Farben und die ‚Makellosigkeit' der Zeichnung bestimmen wohl am stärksten die Atmosphäre dieses Blattes, von dem Valdenaire sagt: „Man kann Ernst, Trauer und Grabesstille nicht einfacher, ja asketischer ausdrücken, als es dieser eigenartige Entwurf kundgibt"[11]. Der weite Platz wirkt menschenleer trotz der Personenstaffage, die hier jedoch in völligem Mißverhältnis etwa zur Größe der Grabsteine steht und in ihrer Kleinheit daher optisch nicht wirksam wird. Sie ist hier weder maßstabverdeutlichend noch stimmungsverstärkend und macht sich damit im Grunde genommen bei diesem Blatt schon selbst überflüssig. Hübsch wird in seinen späteren Entwürfen gänzlich auf eine solche Staffage, die in den Schaubildern Weinbrenners obligatorisch war, ihm selbst aber doch wenig liegt, verzichten[12].

Die drei anderen Blätter des Entwurfs – nun die ersten regelrechten Baupläne – sollen im Rückblick auf die Weinbrenner-Tradition und in Vorausschau auf die spätere zeichnerische Entwicklung bei Hübsch betrachtet werden.

Die Beschriftung der Blätter zeigt den im Atelier Weinbrenners üblichen Duktus mit kräftigem Strich der schwarzen Tuschfeder in normaler Schreibschrift. Die exzentrisch am linken oberen Blattrand angebrachte Hauptüberschrift – bei Weinbrenner stets mittig gesetzt – ist eine Neuerung, die Hübsch auf vielen seiner weniger repräsentativen Zeichnungen beibehält, dann aber in dezenterem Bleistift. Einige, meist repräsentativere Blätter haben eine Druckbuchstaben-Beschriftung in Antiqua-Lettern, die Pläne zum Botanischen Garten eine gotisierende Schrifttype, deren ‚mittelalterliche‘ Ausstrahlung in einem gewissen Gegensatz zu der wieder stärker an Renaissanceformen orientierten Architektursprache steht.

Die in dem Gottesacker-Entwurf auffallende Ökonomie in der Blattaufteilung, die es erlaubt, viele Dinge auf engen Raum darzustellen und dabei auch unbedenklich verschiedene Maßstäbe mischt, ist noch echt weinbrennerisch wie z. B. ein Blick auf die Tafeln seines Architektonischen Lehrbuchs beweist[13]. Hübschs spätere Entwurfszeichnungen zeigen jedoch eine wesentlich großzügigere, manchmal geradezu Papier-verschwenderische Aufteilung und eine vorzugsweise isolierte Darstellung der einzelnen Zeichnungen, die insbesondere den Ansichten allein hierdurch eine stärkere Bildmäßigkeit verleiht. Auf mehreren Blättern der späten Entwürfe zum Botanischen Garten – z. B. den Ansichten des Torbogens oder der Glashäuser – erhalten die auf reichlich großem Karton dargestellten Ansichten der Gebäude und ihrer näheren Umgebung eine auffallend gerundete Kontur, die ihnen fast einen Vignetten-mäßigen, auf der weißen Fläche des Blattes schwebenden Charakter verleiht.

Die Art der Zeichnung und Lavierung zeigt bei den Gottesacker-Plänen die auch später von Hübsch angewandte Technik voll entwickelt. Nur die Binnenstruktur der Flächen (Schraffuren, Ornamentik), die hier noch mit – jeweils der Farbe des Fonds angepaßter – verdünnter Tusche und feiner Feder erzeugt ist, weicht in der Folgezeit einer noch zurückhaltenderen Linierung mit feinstem Bleistift, die den Ausdruck der Leichtigkeit wesentlich verstärkt.

Mit diesen seinen darstellerischen Mitteln weicht Hübsch – dies sicher in Entsprechung zu seinem entgegengesetzten Architekturverständnis – entschieden vom Stil der Pläne Weinbrenners ab. Dort sind in der Regel die Vorzeichnungen mit kräftigerem Strich der Ziehfeder in schwarzer Tusche ausgezogen, und damit wird unter Verwendung von rauhem Ingrespapier eine energische und zugleich auch lebendige Linienführung erreicht. In analoger Weise zeigt Weinbrenners Farbgebung eine vergleichsweise kräftige, erdfarbene, in seinen frühen Entwürfen vielfach sogar ‚schwere‘, dunkle Tönung und steht damit in bester Entsprechung zu seiner die Erdschwere und Körperhaftigkeit bejahenden Architekturauffassung. Die Farbigkeit der Blätter Hübschs orientiert sich – beim Gottesacker-Entwurf noch sehr deutlich – zwar grundsätzlich an den natürlichen Materialfarben, erhält jedoch im Laufe der weiteren Entwicklung eine zunehmend lichtere und manchmal geradezu unwirkliche und blasse Tönung, so daß die Gebäude, die auf Weinbrenners Blättern in ungebrochener Körperlichkeit fest auf dem Boden stehen, bei Hübsch fast materielos zu schweben scheinen.

Ein ganz wesentlicher, auch das gewandelte Architekturverständnis Hübschs beleuchtender Unterschied zur Darstellungsweise seines Lehrers liegt in der oben erwähnten Flächenstrukturierung seiner Fassaden und – als deren Folge – der völligen Homogenität des Farbauftrags. Eine solche, die körperbildenden Flächen in ein feines, zweidimensional-graphisches Liniennetz zerlegende Strukturierung und damit Entmaterialisierung war Weinbrenner fremd. Dagegen sind dessen Ansichtsdarstellungen gekennzeichnet durch ein bei Hübsch fehlendes, in der Art des Farbauftrags begründetes Gestaltungsmerkmal: Geradezu ein ‚Markenzeichen‘ Weinbrenners und seiner Schule sind jene, die Fassaden von oben herablaufenden ‚Schlieren‘, die Verwitterungsspuren oder Verschattungen darstellen

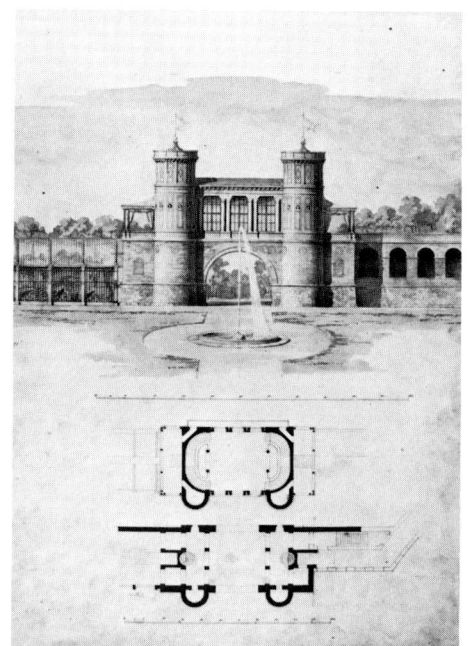

Entwurf zum „Torbogen" im Botanischen Garten in Karlsruhe, H. Hübsch, 1853, siehe Kat.-Nr. 87

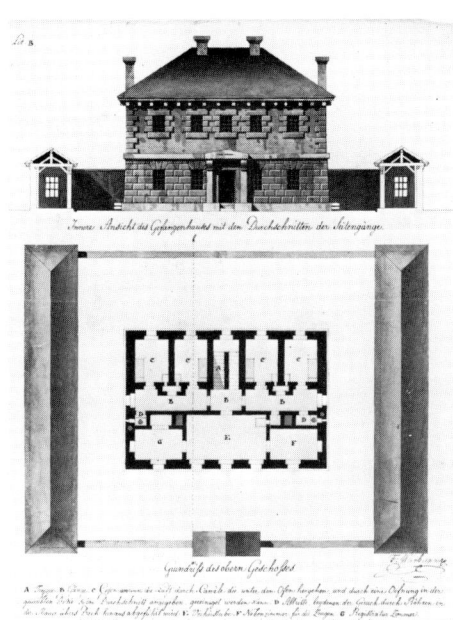

Musterentwurf für ein Gefängnis in Hannover, F. Weinbrenner, 1800

mögen. Diese sozusagen atmosphärischen Störungen tasten den Flächencharakter der Wand nicht an, bewirken jedoch durch die unregelmäßige Helligkeit der lavierten Flächen eine realitätsbezogene Lebendigkeit. Dieser malerischen Überhöhung der Flächenwirkung bei Weinbrenner steht Hübschs Ideal einer zeichnerischen Auflösung der Wand durch ‚echte' Materialstrukturen gegenüber – ein unversöhnlicher Gegensatz, der von Hübsch mit vordergründig rationalen Argumenten zu seinen Gunsten entschieden wird, letztlich aber dem gewandelten Kunstverständnis einer in ihren Grundlagen geänderten neuen Kulturepoche entspringt. Ein ähnliches – nun durch kompositorische Mittel bewirktes – transzendierendes Moment in Hübschs Zeichnungen liegt in einer – weniger in der Gottesacker-Perspektive als z. B. der farbigen Ansicht des Theseion erkennbaren – tendenziellen Unterdrückung der Dreidimensionalität des dargestellten Baukörpers. Während Weinbrenner die perspektivische Darstellung stets dazu diente, die körperliche oder räumliche Gliederung seiner Architektur zu erläutern, zeigt sich bei Hübsch eine auffallende, oben schon erwähnte Vorliebe für die exakt frontale Zentralperspektive. Hier werden die nach hinten fluchtenden Wände eines geschlossenen Baukörpers nicht sichtbar, sondern lediglich die unverkürzt-flächenhaft erscheinenden Frontalansichten. Damit kommt diese perspektivische Darstellungsform wieder in die Nähe einer die Körperhaftigkeit der Architektur in eine zweidimensionale Erscheinung zwingende Orthogonalansicht. Die in dieser Kompositionsweise sich äußernde Verschleierung der Körperhaftigkeit eines Bauwerks – Weinbrenner liebte die Übereckansicht – zugunsten einer prospekthaften ‚Erscheinung' isolierter Fassaden, also tendenziell die Zurücknahme der Dreidimensionalität zugunsten einer flächenhaften Bildwirkung, erscheint symptomatisch, auch für Hübschs Architekturverständnis sowie für den Wandel der Anschauung allgemein. Diese besondere Sehweise wird in der Zeichnung natürlich deutlicher als bei dem realen Bauwerk, das in der Regel jederzeit eine Übereckansicht erlaubt, so daß die Aussagen der Zeichnungen Hübschs zur Interpretation seines Architekturverständnisses Wesentliches beitragen können.

Eine gewisse Wende zu einer nun wieder graduell ‚natürlicheren' Darstellung lassen die späteren Entwurfszeichnungen etwa zum Hoftheater und besonders zum Botanischen Garten erkennen. Dieser neue ‚Naturalismus' entspricht wohl Hübschs architektonischer Entwicklung von einer ursprünglich eher asketischen Haltung zu einem „opulenteren", den Historismus ankündigenden Stil seiner späteren Schaffenszeit. Den Umbruch mögen zwei perspektivische Schaubilder zum Hoftheater dokumentieren, das erste ein Vorentwurf und das zweite den ausgeführten Entwurf darstellend. Die Ansicht des Vorentwurfs – in einer ganz unreal wirkenden blaßgrünen Farbskala, aus der nur die Bauplastik in strahlendem Terrakotta-Ton ebenso unwirklich herausleuchtet – scheint ohne rechte Basis und Andeutung eines Himmels schwerelos zu schweben. Zentralperspektivisch dargestellt, wird die Körperlichkeit der Architektur doch weitgehend in eine zweidimensional-kulissenhafte Wirkung umgewandelt; und auch die Verschattung wirkt mit ihrer diffusen Gleichmäßigkeit eher wie eine die graphische Wirkung der Arkadenöffnung steigernde, flächenhafte Hinterlegung, als daß sie die Körperhaftigkeit der Architektur verdeutlichen hilft.

Gegen diese, in hohem Maß künstliche Stilisierung in der Darstellung des Vorentwurfs wirkt die Ansicht des ausgeführten Entwurfs wesentlich naturalistischer.

Kat.-Nr. 44

Kat.-Nr. 50

Abgesehen davon, daß in ihrer geradezu als Buntheit zu bezeichnenden neuen Farbigkeit immer noch ein gewisses transzendierendes Moment liegt, das auch etwa die stark lokalfarbigen Bilder der Nazarener charakterisiert, –, ist die Darstellung von Hübschs Theaterbau nun doch wesentlich ‚diesseitiger'. Der Bau, der hier durch kräftige, glaubhaft vom Sonnenlicht erzeugte Schlagschatten in seiner Dreidimensionalität erfaßbar wird, zeigt eine Spur zu leuchtende, jedoch den Materialien gut entsprechende Farben. Der mit realen Gebrauchsspuren dargestellte Vorplatz ist eine nun solidere Basis für das mächtige Bauwerk, und auch das ‚Oben' des Himmels wird wieder faßbar; die Einbindung des Bauwerks in die nähere Umgebung des Botanischen Gartens ist den realen Verhältnissen entsprechend dargestellt.

Noch deutlicher wird Hübschs Rückkehr zu einer mehr naturalistischen Darstellungsweise in seinen Entwürfen zu den Bauten des Botanischen Gartens, die zu seinen wirkungsvollsten, meist großformatigen Blättern gehören. Die Ansichtsdarstellungen zeigen eine im Vergleich mit der Hoftheater-Perspektive etwas zurückgenommene Leuchtkraft der Farben und haben – von dem ‚blaustichigen' Entwurf für ein Glashaus abgesehen – eine wärmere ‚irdische' Ausstrahlung, die dieser rein profanen Bauaufgabe angemessen ist.

Die natürlichere Wirkung wird abgesehen von der in einigen Blättern geänderten Farbskala auch durch die – bei einer solchen Bauaufgabe in etwa auch selbstverständliche – stärkere Einbeziehung der Vegetation bewirkt. Die in den Blättern des „Italienischen Gartens" geradezu übertriebene, die Architektur förmlich überwuchernde Darstellung der Bepflanzung und ihre – sonst nirgends gegebene – genaue botanische Spezifizierung hat jedoch mit ziemlicher Sicherheit keine zeichenkünstlerischen Gründe und ist damit wohl als darstellerische Ausnahme zu betrachten[14]. Trotz der durch die ‚irdischere' Farbigkeit und die stärkere Einbeziehung der pflanzlichen Natur – eine hier sich geradezu anbietende Staffage spazierender Menschen fehlt charakterischerweise! – zeigen die Blätter nur einen graduell ‚weltlicheren' Charakter; andere wesentliche Gestaltungsmerkmale wie die kulissenhafte Fassadenwirkung und die durch die feine Flächenstrukturierung aufgelöste tektonische Schwere – Hübsch verwendet gerne den Begriff der „Zierlichkeit"[15] – zeigen sich unverändert bzw. sogar verstärkt.

Gerade was die kulissenhafte Wirkung betrifft – das erwähnte ‚blaustichige' Gewächshaus hat eine fast Fatamorgana-hafte Unkörperlichkeit – bilden die Blätter zum Botanischen Garten einen Höhepunkt; und hierin liegt wohl auch der eigentliche Sinn der realen Gebäude, deren Wirkung sich größtenteils in einer einzigen Schauseite erschöpft. Sie sind – in nicht abwertendem Sinn zu verstehende – Kulissenarchitektur[16], deren Sinn vor allem darin liegt, dem hier im Mittelpunkt der architektonischen Konzeption stehenden Freiraum des Botanischen Gartens einen rahmenden Prospekt zu geben. Der sonst vielfach zu beobachtende Kontrast zwischen Darstellung und Wirklichkeit eines Bauwerks ist bei diesem – gleichwohl bezeichnenden – Sonderfall des Botanischen Gartens weitestgehend aufgehoben; die Architektur nähert sich ihrer zeichnerischen Darstellung, wird zur ‚Erscheinung', und wohl bei keinem anderen Beispiel aus Hübschs Schaffen liegen ideale zweidimensionale Darstellung und reale dreidimensionale Architektur in ihrem Ausdruck so nahe beieinander.

Hanno Brockhoff

Kat.-Nr. 83, 86

Kat.-Nr. 80

Anmerkungen

1 Weinbrenner in einem Brief an Johann Ludwig Klüber: „Obgleichwohl H(err) Schenkel (Schinkel) unter die erste schön Zeichner gezählt werden kann, so soll er aber kein Bauprojekt entwerfen, indem er durch dieselbe zu erkennen gibt, daß er von dem wahren Studium der Baukunst wenig oder gar nichts versteht". Arthur Valdenaire, Friedrich Weinbrenner, 2. Aufl., Karlsruhe 1926, Anm. S. 221.

2 Pläne im Stadtarchiv Karlsruhe, z. B. Entwurf eines herrschaftlichen Wohnhauses am Rondellplatz, Inv.Nr. XV 1406–1410; vgl. Werner Schnuchel, Bürgerhäuser, in: Friedrich Weinbrenner, Karlsruhe 1977, S. 114 ff., Anm. 11, Abb. 95 u. 97.

3 „(Mancher Architekt) baut so zu sagen in der Verzweiflung in dem antiken Style fort, wobei sich eine verjährte Autorität deckt." oder „Muß nun der Unbefangene erstaunen, wie man einen solchen Nothbehulf=Styl und Lügen=Styl griechisch nennen und schönen finden könne."; aus: Heinrich Hübsch, In welchem Style sollen wir bauen? Karlsruhe 1828, S. 2 u. 23.

4 „Meine erste Ueberzeugung, daß die antike Architektur . . . für unsere heutigen Gebäude unzulänglich sey . . . fällt schon in das Jahr 1815, wo ich mich auf dem Atelier Weinbrenners befand". aus: Heinrich Hübsch, Bauwerke, 1. Folge, Text, Karlsruhe o. J., S. 1.

5 Friedrich Eisenlohr (1805–1854) war einer der letzten Weinbrennerschüler (1824–26). Er war unter Leitung Hübschs ab 1829 an der Translozierung der Tennenbacher Klosterkirche als Ludwigskirche nach Freiburg beteiligt.

6 Die in der Peristase des Tempels sichtbare Drei-Personen-Gruppe, die wesentlich lockerer mit wenigen treffenden Strichen charakterisiert ist, stammt möglicherweise von anderer Hand.

7 Abgebildet bei Valdenaire, Weinbrenner, a. O., Abb. 11.

8 Joachim Göricke, Die Kirchenbauten des Architekten Hübsch (Diss.), Karlsruhe 1974, S. 20.

9 Arthur Valdenaire, Heinrich Hübsch, Karlsruhe 1926, S. 31, Anm. 2.

10 wie Anm. 9, S. 31: „1825 entstanden"; vorsichtiger Göricke a. a. O., S. 27: „wohl in Frankfurt gefertigt".

11 Valdenaire, Hübsch, a. a. O., S. 31.

12 Im Gegensatz dazu zeigen die Lithographien seiner „Bauwerke" auf den perspektivischen Ansichten durchweg eine, bei der 2. Folge sogar betonte, zeitgenössische Staffage. Offenbar hat Hübsch sich bei seinen auf Breitenwirkung berechneten Publikationen, deren Tafelvorlagen jedoch wohl durchweg von seinen Schülern angefertigt wurden, dem Zeitüblichen angepaßt. Bei den Tafeln der „Altchristlichen Kirchen", die eine relativ bescheidene, jeweils zur Architektur passende – antik, orientalisch bzw. mittelalterlich gekleidete – Staffage zeigen, mögen Zeichnungen Hübschs vorgelegen haben, die dann jedoch aus seiner zurückliegenden römischen Studienzeit stammen dürften.

13 Hübschs „Bauwerke" zeigen in ihrer ersten Folge eine ähnlich gedrängte Anordnung und Blattausnutzung, die in der zweiten Folge einer wesentlich großzügigeren Anordnung weicht.

14 In dem Katalogbeitrag über den Botanischen Garten erfahren wir von gerade den Bereich des „italienischen Gartens" betreffenden Auseinandersetzungen Hübschs mit den Hofgärtnern, die ein stationäres Traggerüst für die Winterverglasung fordern, während er selbst eine den Sommer über erfolgende völlige Demontage des Gerüsts durchsetzen möchte. Der zweite Streitpunkt betrifft die Art der Bepflanzung, die Hübsch nicht als exotisches Sammelsurium mit einer entsprechend wirren optischen Erscheinung haben, sondern nach architektonischen Gesichtspunkten angelegt sehen möchte, nämlich mit in Gruppen gepflanzten, kronenbildenden Bäumen, und das kann bei einem „italienischen" Garten nur heißen: in erster Linie Orangen, Zypressen, Pinien u. ä. Es scheint, als ob Hübsch mit dieser ungewöhnlich naturalistischen Darstellung der Vegetation und der sonst nie erfolgenden genauen Angabe der botanischen Spezies die Hofgärtner oder seinen Auftraggeber von seiner Vorstellung eines von Gerüsten unverstellten und passend bepflanzten „italienischen Gartens" überzeugen wollte.

15 Heinrich Hübsch, In welchem Style sollen wir bauen? Karlsruhe 1828, S. 11.

16 Ähnliche Erscheinungen gibt es in der spätrömischen, insbesondere der Villenarchitektur und im barocken Schloßbau.

Profanbauten in Karlsruhe

Die folgende Darstellung* will einen Überblick über die Profanbauten Heinrich Hübschs in Karlsruhe geben, wobei – soweit vorhanden – Hübschs eigene Erläuterungen zu seinen Bauten, die er vor allem in seinen selbstpublizierten „Bauwerken" geäußert hat[1], herangezogen werden sollen. Die Bauten für die Kunsthalle und den Botanischen Garten sowie besondere gestalterische Einzelaspekte in der Profanarchitektur werden an anderer Stelle des Katalogs ausführlich behandelt. Zunächst soll kurz der Ausgangspunkt von Hübschs Wirken mit wenigen Beispielen aus der Zeit vor seiner Karlsruher Tätigkeit umrissen werden.

Palazzo Medici in Florenz, Michelozzo

Bauten vor 1827

Erste Zeugen seines selbständigen architektonischen Wirkens sind zwei kleinere, nur durch ihre Publikation auf der ersten Tafel in Hübschs „Bauwerken I" überlieferte Bauten. Der Entwurf für ein Stadthaus – ein Rathaus mittlerer Größe – ist laut Beischrift im Jahre 1822, wahrscheinlich als Idealentwurf während seines zweiten Romaufenthalts entstanden. Er ist oben mittig auf der genannten Tafel plaziert, und wird damit wohl von Hübsch selbst als Ausgangspunkt seiner architektonischen Entwicklung gesehen. Die dargestellte Ansicht zeigt in der Verwendung heterogener Stilelemente durchaus noch das Suchen nach einem eigenen Stil und die noch nicht vollzogene völlige Ablösung vom Klassizismus Weinbrenners. Die baukörperliche Gliederung, die Form des – hier sehr verkümmerten – Turmes sowie Einzelheiten, etwa die Standbilder, zeigen noch eine deutliche Anlehnung an den Stil des Lehrers[2]. Revolutionär erscheint weniger die romanisch-renaissancistische Form der Fenster als die auf eine Pilastergliederung ganz verzichtende flächige Fassadengestaltung sowie die einfache Aufbiegung des Hauptgesimses über dem Mittelrisalit unter Verzicht auf ein klassisches Giebeldreieck[3]. Wichtig ist Hübsch die nicht dargestellte Oberflächenstuktur der Quadrierung, die er ausdrücklich „in Gedanken zu supplieren bitte(t)"[4]. Zur stilistischen Haltung seines Entwurf erläutert Hübsch: „Auch die florentinischen Paläste, welche mit dem Bogenstyl ruhige Linien und antike Details verbinden, verfehlen ihren Eindruck nicht. Ich bewegte mich lange in diesem Palast-Styl, den ich übrigens wieder etwas freier zu behandeln strebte" – in der Tat haben die Fensterformen in Hübschs Entwurf große Ähnlichkeit etwa mit den Obergeschoß-Fenstern des Palazzo Medici.

Der zweite, ebenfalls auf Tafel 1 der „Bauwerke I" unten links mit zwei Grundrissen und einer Ansicht dargestellte Entwurf für ein Waisenhaus in Frankfurt a./M. ist erwähnenswert, weil er den ersten realisierten Entwurf darstellt; er ist aber weniger geeignet, die stilistische Entwicklung Heinrich Hübschs zu charakterisieren. Der Bau wurde in Zusammenarbeit mit dem Frankfurter Architekten und Weinbrenner-Schüler Rudolf Burnitz 1826/29 geplant und errichtet; und hierin ist zweifellos auch der Grund für die wieder wesentlich konventionellere, noch stark klassizistische Formensprache zu sehen. Der Beitrag Hübschs ist vielleicht am ehesten in den Rundbogenöffnungen des Erdgeschosses und der großzügigen überwölbten Eingangshalle zu sehen.

Kat.-Nr. 24

siehe Abb. S. 184, 185
Einen Sonderfall bildet der ohne konkreten Auftrag entstandene und 1825 in Frankfurt von Hübsch selbst unter diesem Titel veröffentlichte „Entwurf zu einem Theater mit eiserner Dachrüstung", dessen konstruktive Besonderheiten an anderer Stelle des Katalogs behandelt werden. Die zweigeschossige Vorhalle des späteren Hoftheaters in Karlsruhe klingt zwar hier schon an, aber im übrigen läßt die nüchterne, stark ‚Kasten'-mäßige äußere Gestaltung doch vermuten, daß es Hübsch in erster Linie um die Darstellung neuer konstruktiver Möglichkeiten ging.

Zwei kleinere Bauten am Beginn der Karlsruher Tätigkeit

Kat.-Nr. 24
Die Töchterschule in der Lindenstraße auf dem ehemals Weinbrennerschen Anwesen – ebenfalls publiziert in den „Bauwerken I", Tafel 1, rechts unten – wurde 1828/29 von Hübsch errichtet. Die Ansicht und die Grundrisse zeigen einen einfachen rechteckigen Baukörper, dessen kubische Wirkung und dessen relativ steiles Dach – Hübsch wird später ganz flach geneigte Dächer vorziehen – noch deutlich an die Flankierungsbauten der Evangelischen Stadtkirche Weinbrenners erinnern. Im übrigen ist in der Fassadengestaltung wieder deutlich der Einfluß Florentiner Palastarchitektur zu erkennen, die er mit seinen Entwürfen zum Polytechnikum nochmals aufnehmen wird.

Hübsch äußert sich in seiner kurzen Erklärung[5] nur zu technischen Fragen, eine seiner Anmerkungen ist jedoch auch von wesentlicher gestalterischer Bedeutung. Sie betrifft den Verputz, der hier wohl aus Sparsamkeitsgründen anstelle von Steinmaterial angewendet werden mußte. Um eine – bei Verwendung echten Steinmaterials zwangsläufig entstehende – Wandstruktur zu erreichen, wurde hier statt des Weinbrennerschen glatten Putzes ein rauher Bewurf verwendet: „Der äussere Verputz ist nicht glatt abgerieben und angestrichen, sondern besteht in einem Spritz-Bewurf, wobei der Färbe-Stoff schon vor dem Auftragen unter den Kalk gemischt war".

Kat.-Nr. 25, 26
Das Karlstor wird für die nachfolgende Entwicklung in gewisser Weise revolutionierend durch die hier erstmals von Hübsch durchgesetzte Materialsichtigkeit der Fassaden, die aus hartgebrannten Backsteinen mit Gesimsen und Eckverfestigungen aus Haustein bestehen.

Dieser Bau wurde von Hübsch nicht mehr publiziert, obwohl er dies in seiner Erklärung zur Finanzkanzlei ankündigte[6], in der auch das Karlstor ausdrücklich als Prototyp für diese Konstruktionsweise genannt wird, nach deren Erprobung er „dieselbe mit vollkommener Sicherheit bei einem grösseren Gebäude vorschlagen (konnte)". Mit dieser kleinteiligen Fassadengestaltung hatte Hübschs Vorliebe für die strukturierte Fläche einen entsprechenden Ausdruck gefunden – eine Vorliebe, die sich auch äußert in seinen wiederholten Polemiken gegen die für die Weinbrenner-Schule typische, glatt verputzte und gestrichene Wandfläche, „welche nicht einmal den mutwilligen Nägeln der vorübergehenden Gassenjungen widersteht". Nach seiner Meinung ist „eine solche ephemere Übertünchung . . . ganz unverträglich mit der Würde eines öffentlichen Gebäudes".

Hübschs erster Entwurf vom Dezember 1827 zeigt zwischen den niedrigen Flankierungsbauten, dem Wach- bzw. Zollhaus, eine hohe triumphbogenartige Durchfahrt aus Quadersteinen, bekrönt mit dem von Greifen flankierten Landeswappen. Sein zweiter Entwurf vom Mai 1828, der bis 1830 ausgeführt wurde, verzichtet auf den Triumphbogen und entspricht in dieser schlichteren Fassung etwa Weinbrenners Mühlburger Toranlage.

Die Finanzkanzlei

Im Januar 1830 liegt ein erster Entwurf Hübschs für den Bau einer neuen Finanzkanzlei am Schloßplatz vor, der auch sofort genehmigt wird, so daß es bei diesem Bau nicht die sonst üblichen Entwurfsvarianten gibt. Die Bauarbeiten beginnen bereits im Frühjahr desselben Jahres, und der Innenausbau ist im Sommer 1833 abgeschlossen.

Finanzkanzlei in Karlsruhe, Stich

Kat.-Nr. 27–30

Der um einen trapezförmigen Innenhof liegende Baublock sollte zum Schloß hin einen den anderen Zirkelhäusern angepaßten Aufriß, d. h. über dem Arkadengang ein Vollgeschoß mit abschließendem Mansarddach erhalten, während die anderen Trakte zeitgemäßere Walmdächer und einen – ebenso von der Schloßplatzfassade abweichenden – durch ein drittes Geschoß überhöhten Mittelteil zeigten. Die Hoffassaden waren dreistöckig geplant.
Dieser merkwürdige Kompromiß – wie hätte der genau an der Ecke erfolgende Anschluß der Walmdächer an das Mansarddach überhaupt aussehen können? – ist Hübsch mit Sicherheit von höherer Stelle aufgezwungen worden, und während der Bauzeit setzte sich Hübsch noch einmal für eine Vereinheitlichung der Fassade ein und hatte Erfolg: Die Schloßplatzseite wird nun ebenfalls mit überhöhtem Mittelteil und Walmdächern ausgeführt. Damit hat Hübsch – wie es schon Weinbrenner bei seinem Bau des Innenministeriums erfolglos versucht hatte – das Prinzip der Uniformität der Zirkelbauten durchbrochen und so den Auftakt gegeben für eine besonders in der Gründerzeit weitgehende Maßstabsveränderung und die heutige, nach den Zerstörungen des letzten Krieges beschlossene, einheitliche Dreigeschossigkeit. Die Finanzkanzlei – heute Regierungspräsidium – wurde durch Aufstocken der Ecktrakte, deren Zweigeschossigkeit im Sinne Hübschs wohl nur als Kompromiß anzusehen ist, dem neuen einheitlichen Maßstab angepaßt – keineswegs zum Nachteil für den Bau.
Aber nicht nur in der Gestaltung der Baumassen setzte Hübsch einen neuen Maßstab. Die am Karlstor erprobte und nun bei einem Monumentalbau angewandte materialsichtige Fassadengestaltung fällt aus dem Rahmen der verputzten und hiermit auf das Schloß bezogenen älteren Zirkelbauten. Die ursprüngliche, in der Logik des Stadtgrundrisses begründete Subordinierung der Zirkelbauten unter den ideellen und architektonischen Mittelpunkt, das Schloß, wird von Hübsch durch die Angleichung in der Höhe und die Verwendung kostbarerer Materialien, aber auch durch die in der Mittelüberhöhung liegende Eigenzentriertheit aufgegeben – ein städtebaulicher, den geistigen Wandel verratender Bruch, damals wie heute gemildert durch die üppige Lindenbepflanzung des Schloßplatzes[7].
Hübsch nennt in seiner Erläuterung nur wenige Punkte, bei denen er sich der Altbebauung angepaßt hat oder hat anpassen müssen: bei der Übernahme des Arkadenmotivs und der Sockel- und Stockwerkshöhen, ebenso bei den Fensterfor-

men im Obergeschoß, bei denen er, „um die Uniformität nicht allzusehr zu stören, genöthigt (war) ... Fenster mit geradem Sturz zu wählen" statt der sonst bevorzugten Rundbögen.

Valdenaire urteilt abschließend über diesen Bau: „So spröde die Architektur im Einzelnen in den schematisch ausgehauenen Verzierungen erscheinen mag, so ist dem mit grossem Geschick angelegten Bauwerk ein feiner Geist, eine Eleganz und Sauberkeit der Form zu eigen, in Zweck und Ausführung eine Logik die unbedingt überzeugt"[8] – eine Würdigung, der man sich auch heute noch anschließen mag. Insbesondere überzeugt auch die klare Anordnung der inneren Verkehrswege. Die durchgehend gewölbten Flure und die nur durch transparente Säulenstellungen von ihnen getrennten, einläufigen Treppenanlagen bilden eine optische Einheit, so daß bei durchaus ökonomischer Dimensionierung eine großzügige und lichte Raumwirkung entsteht. Der schlichte Sandsteinplattenbelag der Böden, die ruhige Reihung der einfachen Gewölbespiegel und die abstrakte, jede organische Assoziation vermeidende Gestaltung der bauplastischen Details bei den Säulen, den gekuppelten Fenstern und den Konsolen der Gewölbeanfänge erzeugen einen Eindruck von fast klösterlich-asketischer Einfachheit.

Dieses – vielleicht mit Ausnahme der reicher ausgestatteten Vorhalle – insgesamt zu beobachtende Konzept einer gewollten ‚heiligen' Nüchternheit, das auch die früheren Kirchenbauten vertreten, gibt dem Bau eine überzeitliche Würde.

Die luftigen – ursprünglich auf beiden gegenüberliegenden Seiten des Gebäudeblocks vorhandenen – offenen Eingangshallen, von denen sich ein Blick in den von Hübsch mit einem Springbrunnen gedachten, begrünten Innenhof bietet, spiegeln deutlich Hübschs starke Beeinflussung durch die oberitalienische Frührenaissance wieder. Eine noch heute glaubwürdige Form staatlicher Selbstdarstellung zeigt auch die – im Gegensatz etwa zu seinen späteren stark ornamentierten Fassaden stehende – unpathetische Rationalität der Fassaden dieses ernsten ‚Palazzo' des frühen 19. Jahrhunderts, dessen Strenge durch die sparsame, byzantinisierende Bauornamentik kaum gemildert wird.

Die Polytechnische Hochschule

Die Polytechnische Hochschule, die seit ihrer Gründung im Jahre 1825 ohne eigenes Gebäude war, wurde 1831 nochmals um fünf Fachschulen erweitert, was endgültig einen speziellen Neubau erforderlich machte. Mehrere Vorentwürfe gehen dem in den „Bauwerken I" publizierten Ausführungsentwurf voran, deren wohl frühester eine grundsätzlich abweichende Grundrißgestalt mit zwei rückwärtigen Trakten zeigt. Hier führt die Forderung nach einer leichten Erweiterbarkeit bei dem Ausführungsentwurf zu einer anderen Lösung, die Hübsch selbst begründet: „Daher wählte ich (wie der Grundriss zeigt) als Grundgestalt die T-Form, wobei ohne Veränderung der Haupt-Facade der Mittel-Flügel beliebig nach hinten verlängert werden kann, und wobei die Haupttreppe immer so ziemlich im Mittelpuncte des Ganzen bleibt"[9]. Die Lehrerschaft ist jedoch unzufrieden, und noch im Jahre 1870 wird in einer u. a. von Berckmüller und Durm herausgegebenen Publikation bei den Innenräumen die „mangelhafte Berücksichtigung ihres Zwecks"[10] beklagt. Hübsch dagegen verweist auf „die doch wohl dem Wechsel unterliegen-

Kat.-Nr. 28

Kat.-Nr. 31, 32

de Bestimmung" der Säle und bemerkt fast entschuldigend, daß „das Bedürfniss fast in lauter grösseren Sälen (bestand), welche indessen in Bezug auf ihre Grösse sehr verschieden seyn mussten und daher schwer in ein Ganzes zu vereinigen waren".

Zweifellos von dieser Kritik auszunehmen war die wiederum klare und logische Gestaltung der inneren Erschließung: eine auch hier wieder offene ‚italienische' Halle, durchgehend gewölbte, weite Flure und eine verdoppelte dreiläufige Treppe, deren unterwölbte Läufe auf schlanken Säulen ruhen. Die einzelnen räumlichen Elemente sind wie bei der Finanzkanzlei nicht klar voneinander abgegrenzt, sondern verschmelzen zu einem ‚fließenden' Raumbild, so daß durch diese Transparenz trotz der auch hier bescheidenen Dimensionen eine großzügige räumliche Wirkung erreicht wird. Die unbedingt rationale, den Zweck nicht dramatisierende Raumkonzeption und die wiederum abstrakt-stereometrische Ausbildung der plastischen Details erzeugt einen der Finanzkanzlei ähnlichen Eindruck ‚leichter', beherrschter Monumentalität.

Die verschiedenen Varianten zur Fassadengestaltung lassen vermuten, daß Hübsch mit seinem ersten Entwurf auch diesbezüglich auf Kritik gestoßen ist. Merkwürdigerweise zeigt nämlich der genannte frühe Vorentwurf im Aufriß eine der Ausführung im Prinzip schon entsprechende Gestalt, während die späteren – offenbar durch Kritik an der herben Formensprache hervorgerufenen – Varianten mit Eckpavillons bzw. mit giebelbekröntem Mittelrisalit eine deutlich gefälligere, konventionellere Haltung zeigen. Der ausgeführte Bau, der nun doch wieder die Blockhaftigkeit florentinischer Palastbauten aufnimmt, erhält durch die hier erstmalige Quaderverwendung eine noch stärker an das Vorbild erinnernde Monumentalität und Strenge.

Eine kurze Baubeschreibung gibt Hübsch selbst[11]: „Es waren die für diesen Bau disponibeln Mittel sehr knapp zugemessen, aber dennoch setzte ich die monumentale Haltung des Ganzen in so weit durch: dass die Haupt-Façade ganz in feingestockten rothen Sandstein-Quadern, die Fenster-Bögen in grauen mit eingehauenen Verzierungen versehenen Sandstein-Quadern, das Haupt-Gesims gleich den Gurten in Stein und die darunter befindlichen Verzierungen in gelben Backsteinen ausgeführt wurden, und dass die übrigen Façaden eine schichtenweise Mauerung (ebenfalls ohne Verputz und Anstrich bleibend) erhielten. Treppenhaus und Gänge wurden gewölbt; aber dagegen war ich denn genöthigt, die Säle selbst sehr einfach zu behandeln. Die beiden Portal-Statuen – den Astronomen Kepler als Repräsentanten der mathematischen Wissenschaften, und den Baumeister Erwin von Steinbach als Repräsentaten der Technik und Kunst darstellend – werden erst im nächsten Jahre vollendet seyn. Es ist nur die vordere, gegen die Wetterseite gekehrte Dachfläche mit Schiefer eingedeckt, die hintere dagegen ist steiler gehalten und mit Ziegeln gedeckt."

Mit der Rhythmisierung der in der Fensteranordnung weicht Hübsch jedoch in einem nicht unwesentlichen Punkt von den italienischen Palastbauten mit ihrer die Geschlossenheit des Baukörpers stärker betonenden, gleichmäßigen Fensterreihung ab. In einigen Vorentwürfen für die Kunsthalle, die ebenfalls den „Palazzostil" aufnehmen, wird diese Abweichung von dem Vorbild wiederum deutlich. Zu einer radikaleren Blockhaftigkeit, wie sie etwa einige Bauten seiner Münchener Architektenkollegen zeigen, kann sich Hübsch offenbar nicht entschließen

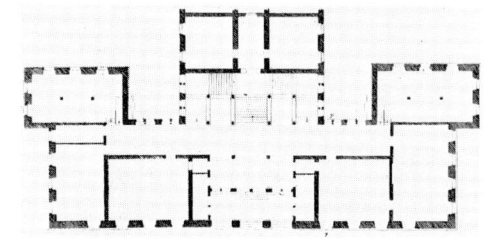

Polytechnische Schule in Karlsruhe, ausgeführter Entwurf
Kat.-Nr. 36

Kat.-Nr. 31
Kat.-Nr. 35

Kat.-Nr. 33, 34

Kat.-Nr. 60

Polytechnische Schule in Karlsruhe nach
der Erweiterung durch Th. Fischer

und bleibt damit – in seinem Spätwerk verstärkt erkennbar – dem Gliederbau vorangegangener Epochen stärker verpflichtet.

Die eingeplante Erweiterung wurde 1850 von Hübsch selbst vorgenommen und besteht in einer kurzen Verlängerung des rückwärtigen Traktes, der durch einen wieder zum Vorderbau parallelen Quertrakt abgeschlossen wird.

1864 erfolgte eine grundlegende Erweiterung des vorhandenen Gebäudes durch Theodor Fischer, der sich in der Formsprache ganz an Hübschs Architektur orientiert. Im östlichen Anschluß an das Polytechnikum wird eine ‚wörtliche‘ Kopie von Hübschs Bau errichtet, und beide Gebäude werden verbunden durch einen überhöhten neuen Mittelbau, der nun den Haupteingang bildet und in den Obergeschossen Hörsäle enthält. Die offenen Arkaden des früheren Haupteingangs werden mit romanisierenden Fenstern zugesetzt, und die beiden Statuen an dem neuen Hauptportal aufgestellt. Die oktogonalen ‚Pylone‘, die den Mittelbau flankieren und nochmals dessen mittlere drei Achsen herausheben, werden auch den äußeren Ecken der beiden Seitenflügel, also auch dem Hübschbau angefügt und auf diese Weise erfolgt eine ausgeprägte Dreigliederung der langen Bauflucht. „Das straff gegliederte Äussere erhielt dadurch eine schwere Monumentalität, die Architektur noch mehr eine spröde und harte Formulierung, die nüchtern und freudlos wirkt" urteilt Valdenaire, und doch wird man Fischers taktvoller Integration von Hübschs Altbau in seine neue Konzeption nicht die Anerkennung versagen dürfen.

Das Landesgestüt

Kat.-Nr. 39 Der in den „Bauwerken I" publizierte Entwurf für ein Landesgestüt an der Rüppurrer Straße wurde 1837 teilweise verwirklicht: „Übrigens sind vorerst nur die vorderen Stallungen, welche für 72 Hengste Platz enthalten, nebst der daranstoßenden Reit-Bahn ausgeführt", schreibt Hübsch in der Erläuterung[13]. „Die später zu genehmigende Vergrößerung besteht in einem an die Reit-Bahn angrenzenden Longir-Haus, in den hinteren Stallungen für 86 Hengste und in zwei Seitengebäuden" – sie wurde nicht durchgeführt. Das Gebäude steht heute nur noch als Torso.

Hübsch beschreibt die wesentlichen, entwurfsbestimmenden Gesichtspunkte: „Bei den Stallungen (hat man) hauptsächlich Dauerhaftigkeit im Auge: also steinerne Tröge, gewölbte Decken ohne Verputz" u. a. Weiter erwähnte er ein Beispiel für durch statische Raffinesse erzielte Materialersparnis: Da die Mittel beschränkt waren „suchte ich die vorgeschriebene Stall-Höhe bei möglichst niedrigen Mauern zu erreichen, und brachte die Last des Dachstuhls . . . auf solche Punkte, dass dieselben den Widerstand gegen den Seiten-Schub der Gewölbe vermehren hilft und dass also möglichst schwache Widerlager ausreichen". Das unter anderem aus Gründen der Raumökonomie erfolgte Sichtbarlassen des Dachwerks[13], das mit seinen als fünffaches Hängewerk ausgebildeten Querbindern auch sehenswert war, war für die Zeit revolutionär, wenngleich es Hübsch selbst durch seine Beschäftigung mit den altchristlichen Kirchen, die in der Regel offene Dachstühle zeigten, eine geläufige Vorstellung war.

Die gestalterische Seite betreffend erwähnt er, daß er „durch die Unterbrechung der grossen Dach-Fläche . . . dem Aeusseren ein gefälligeres Aussehen zu geben (suchte)." Gerade in diesem Punkt, dem ‚basilikal' abgetreppten Walmdach, und der dadurch bewirkten behäbigen Körperhaftigkeit erinnert der Mittelbau sehr deutlich an einen Entwurf Weinbrenners für eine Reithalle. Valdenaires Vermutung, daß Hübsch diesen Entwurf, der in vielen Schülerkopien überliefert ist, gekannt hat[15], ist zweifellos zutreffend, und man wird in ihm sogar das Vorbild für Hübschs Entwurf sehen dürfen. Ebenso erinnert er in der ganzen Gruppierung und der Hofbildung stark an Weinbrennersche Entwürfe für Großkomplexe, etwa für Gutshofanlagen. Die hauptsächlich Wohnzwecken dienenden Seitengebäude sind in ihre Grundrißdisposition geradezu eine Paraphrase auf Weinbrenners eigenes Wohnhaus am Ettlinger Tor.

Eher konservative Züge bestimmen auch die im Vergleich etwa zum Polytechnikum lebhafte Gliederung der Baumasse: Der siebenachsige Mittelteil und die zweiachsigen Seitenpavillons – die nicht der Grundrißstruktur entsprechen, also ‚gewollt' sind – werden gegenüber den eingeschossigen Stalltrakten um ein Halbgeschoß herausgehoben und auch durch die Walmdächer als eigenständige Einheit betont. Die dreiachsige Portalzone des Mittelbaus wird nochmals hervorgehoben durch die im Palladio-Motiv sich öffnende Vorhalle und die Übergiebelung, in deren Feld ein Pferdekopf-Medaillon auf die Zweckbestimmung des Bauwerks hinweist.

Das vorausgehende Planungsstadium zeigt in der Fassadengestaltung noch nicht die endgültige deutliche Konzentration auf die Mittelachse, sondern besteht aus zwei von Pavillons flankierten, relativ selbständigen Blöcken, die in der Mitte wesentlich lockerer zusammengehalten werden. Die merkwürdige Ambivalenz der inneren Pavillons, die wechselweise den Seitenblöcken bzw. dem Mittelteil zugeordnet werden können, sowie die gesamte Anordnung besitzen eine überraschende Ähnlichkeit mit Lukas von Hildebrandts Anlage des Unteren Belvedere in Wien[16].

Kat.-Nr. 37, 38

Die architektonische Hauptgliederung zeigt Hausteinverwendung, während die Wandflächen hier – erstmals bei einer Hauptfassade – unverhülltes Bruchsteinmauerwerk zur Schau stellen: „Die äusseren Mauer-Flächen des Gebäudes, wel-

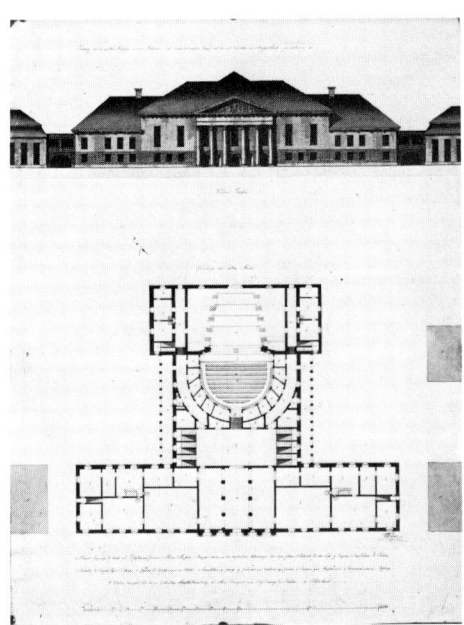

Hoftheater in Karlsruhe, F. Weinbrenner

che mit besonders zugerichteten Bruch-Steinen aufgemauert sind, bleiben ohne Verputz und Anstrich, und die Fugen sind in einem gefärbten Mörtel ausgestrichen, so dass das ganze einen grau-röthlichen Ton hat. Die Gesimse ... bestehen aus röthlichen und gelblichen Backsteinen". Die für Hübsch bezeichnende Flächenstrukturierung wird hier also durch grob behauenes Bruchsteinmaterial erzeugt, das mit seiner ‚rohen' Wirkung im Konstrast zu der schloßmäßigen Gruppierung steht und den Bau als – wenn auch gehobene – Gebrauchsarchitektur ausweist.

Das neue Hoftheater

Nachdem Weinbrenners Karlsruher Hoftheater am 28. Februar 1847 abgebrannt war, kam eine Bauaufgabe auf Hübsch zu, die einerseits seinen architektonischen Ehrgeiz reizen mußte, da er hier in direkte Konkurrenz zu seinem Lehrer treten konnte; andererseits war es aber auch keine leichte Aufgabe, einen würdigen Ersatz für das weithin berühmte Theater Weinbrenners – eines seinerzeit anerkannten Theaterbaufachmannes – zu schaffen.
Stimmen, die den Wiederaufbau des Weinbrennerschen Theaters vorschlugen, konnten sich allerdings nicht durchsetzen[17]; und um Zeit zu gewinnen wurde zunächst einmal der Bau eines Nottheaters beschlossen. Dazu wurde das an der Linkenheimer Straße liegende und schon früher als Bühne benutzte Orangeriegebäude umgebaut und im November 1847 eröffnet.
Auf Vorschlag des Finanzministeriums wurde Hübsch im Mai 1847 durch den Großherzog mit der Planung und Ausführung des neuen Theaterbaus beauftragt.

Kat.-Nr. 40, 41

Kat.-Nr. 75, 76

Nach zwischenzeitlichen Überlegungen, ihn an anderer Stelle, im Erbprinzengarten oder Langensteinischen Garten zu errichten, sollte er doch wieder am alten Standort entstehen. Damit liegt das neue Hoftheater nicht nur zeitlich, sondern auch räumlich zwischen den Bauten der Kunsthalle und des Botanischen Gartens und erhält eine wichtige Stellung innerhalb dieses von Hübsch ganz neu gestalteten städtebaulichen Ensembles in unmittelbarer Schloßnähe.
Zwischen Auftragserteilung und Baubeginn im Februar 1851 liegen fast vier Jahre, in denen Hübsch eine durch zahlreich erhaltene Entwurfsvarianten dokumentierte, sorgfältige Vorplanung erstellen konnte. Dementsprechend macht der Bauablauf selbst dann rasche Fortschritte: bereits Ende des Jahres 1851 wird das Dach aufgeschlagen, im Juni nächsten Jahres erfolgt die den Abbruch des mittleren Orangeriegebäudes erfordernde Erstellung der Hauptfassade, und am 17. Mai 1853, nach nur dreijähriger Bauzeit, kann das Theater eröffnet werden.
Bei der Planung dieses, seines ersten Theaters kam Hübsch seine intensive frühere Beschäftigung mit dieser Materie zugute, die er in der oben genannten Schrift „Theater mit eiserner Dachrüstung" niedergelegt hatte. Sie behandelte auch andere, nicht im Titel genannte Aspekte des Theaterbaus, wie die nach der Brandkatastrophe zu einer entwurfsbestimmenden Forderung werdende Feuersicherheit, die er durch massive Überwölbung der kleinen Räume, Gänge, Treppen usw. erreichen will. Diese Forderung wurde bei dem neuen Hoftheater erfüllt, wie Hübschs Erläuterung in den „Bauwerken II" beweist: „zu diesem Behufe wurden sämtliche dem Publikum zugängliche Räume, Gänge und Treppenhäuser, sowie

die Gaderobe gewölbt, die Böden der Gänge und Treppen von Stein und so geräumig ausgeführt, dass sie die ganze Masse von Menschen, welche der Zuschauerraum fasst, in sich aufnehmen können". Gleichfalls verwirklicht wird Hübschs 1825 gemachter Vorschlag, die Ränge des Auditoriums als Eisenkonstruktion auszubilden. Er schreibt dazu in den „Bauwerken II": „Ebenso ist der Zuschauerraum – dessen Ganzes, die Logen und die Galerien tragendes, mit den Umfassungsmauern vollständig verbundenes und unter sich zusammenhängendes, von starkem, geschmiedetem Eisen gefertigtes Gerippe (welches durch die gusseisenen Säulen, Karyatiden etc. gedeckt wird) dem stärksten Brande widerstehen würde – von dem Bühnenraum durch eine bis über das Dach reichende Feuermauer getrennt..." Die Dachkonstruktion des neuen Hoftheaters ist dagegen eine wohl einen Kompromiß darstellende Mischkonstruktion aus Holz und Eisen, die Hübsch selbst keiner besonderen Beschreibung für wert hält und von der er nur erwähnt, daß ihre Holzteile einen feuerhemmenden Anstrich haben. Man darf sicher vermuten, daß die Forderungen nach Feuersicherheit für Hübsch keine unliebsamen Zwänge, sondern eine geradezu willkommene Begründung waren für die Anwendung der auch sonst propagierten Wölbung und für die Entwicklung neuartiger Eisenkonstruktionen, die ihn als Konstrukteur reizten.

Kat.-Nr. 45, 46

In formaler Hinsicht rückt Hübsch entscheidend von seinen früheren Vorstellungen ab, vor allem von der rechteckigen Form des Auditoriums. Nach einer zwölfseitigen Beweisführung kommt er 1825 noch zu dem Ergebnis, „daß das viereckige Auditorium nicht nur in Bezug auf die Menschenmenge und das Sehen, sondern auch auf das Hören den Vorzug vor dem kreisförmigen verdient"[18], läßt dabei jedoch alle mehr im subjektiven Empfinden liegenden, aber genauso ‚realen‘ Funktionen wie Raumwirkung oder Atmosphäre außer acht. Offenbar war es Hübsch selbst nicht ganz wohl bei seiner in gewisser Weise scheinrationalen Konsequenz, denn der zugehörige Entwurf zeigt eine ‚verschämte‘ Kurvierung der Rückfront des Auditoriums. Die Entwürfe für das neue Hoftheater werden dann wieder eine halbkreisförmige ‚freundliche‘ Ausbuchtung der Rückwand und nur kürzere gerade Stücke beim Anschluß an das Bühnenhaus erhalten. Hier mag auch das Weinbrennersche Vorbild übermächtig gewesen sein. Das an antikem Vorbild orientierte, amphitheatralische Zurückstaffeln der Logenränge des Weinbrenner-Theaters, die eine dem Grundriß entsprechende Rundung des Raumbildes bewirkt hatte, wurde von Hübsch allerdings nicht übernommen. Schon 1825 hatte er verschiedene Gründe dagegen angeführt, und wenn man bedenkt, welchen Wert Hübsch einer konstruktiv sauberen Lösung beimaß, könnte man den letztgenannten als den ihm wichtigsten vermuten: „Endlich ist selbst die Construction der gradinenförmigen Anlage sehr mißlich. Da nie Wand auf Wand zu stehen kommt; so ist die Umfassungswand des Auditoriums nicht gut in Stein auszuführen; und überhaupt bleibt der Bau bei vieler Verschwendung von Material und Arbeit immer unsolid"[19]. Hübschs Hoftheater kehrt mit seiner einfachen Übereinanderreihung der Logenränge zu einem älteren, im höfischen Theater des Barock üblichen Typus zurück, worin aber wohl kaum ideologische Gründe vermutet werden dürfen. In der Gliederung der Baumassen zeigen die verschiedenen Entwürfe von vornherein eine stärkere Differenzierung als das kastenförmige, Auditorium und Bühnenhaus unter einem durchlaufenden Satteldach vereinigende „Theater mit eiserner Dachrüstung". Hübsch schreibt dazu in den „Bauwer-

siehe Abb. S. 184

50 „Vorderfaçade des neuen Hof-Theaters zu Carlsruhe"

Ruine des Hoftheaters in Karlsruhe, Zustand 1959

Kat.-Nr. 42–49

Kat.-Nr. 50

ken II": „Was die allgemeine architektonische Anordnung betrifft, so war im Aeusseren zunächst ein möglichstes Zurückweichen der höheren Theile des Baues hinter die Vorderfacade, welche in Rücksicht auf das grosherzogliche Residenzschloss in nur mässigen Dimensionen aufgeführt werden konnte, geboten", und man mag hierin eine von höherer Stelle an Hübsch gestellte Forderung erblicken. Daß es jedoch zugleich eine architektonische Entscheidung Hübschs war, zeigt die Fortsetzung des Textes: „zugleich aber suchte der Architekt auch von Aussen den Bau zu charakterisieren, indem er den für die Bühne erforderlichen Hochbau, so wie die den Zuschauerraum umschliessende Rotunde getrennt dem Auge dargestellte, während die für die Bühne und das Publikum weiter nöthigen Räume sich nach ihren verschiedenen Erfordernissen um diese Hauptmassen gruppieren". Eine stärkere Gliederung der Baumasse als Ausdruck der inneren Funktionen war wohl von Anfang an Hübschs Absicht, und sie zeigt sich auch in den Vorentwürfen. Das Auditorium ist zunächst allerdings noch rechteckig ummantelt, und erst in einer späteren Planungsphase entschließt sich Hübsch zu der plastisch hervortretenden Rotunden-Lösung, die den Innenraum nun auch nach außen in seiner ‚wahren' Form zu erkennen gibt. Valdenaire spricht von einem „klar erfaßten, der Bestimmung des Bauwerks entsprechenden physiognomischen Ausdruck" und beurteilt die Außengestalt abschließend[20]: „Mag auch das Äussere der Eingangsfassade kleinlich aufgegliedert, kunstgewerblich ausgeziert erscheinen, so geht doch eine geschlossene Wirkung von dem ganzen aus und bleibt viel Reizvolles an dieser mit einer gewissen Opulenz vorgetragenen Architektur". Das Hoftheater, das im September 1944 ausbrannte, dessen Umfassungsmauern und Fassadendekorationen jedoch größtenteils erhalten blieben, mußte dem ab 1965 an seiner Stelle erfolgenden Neubau des Bundesverfassungsgerichts weichen.

Einige kleinere Bauten

Abschließend seien hier noch einige weniger repräsentative Werke aus Hübschs Karlsruher Bauschaffen erwähnt, die sämtlich heute jedoch nicht mehr bestehen. Das Lehrerseminar in der Akademiestraße, ein dreistöckiger, Miethaus-ähnlicher Putz- und Backsteinbau der früheren Schaffensjahre, wurde 1830 vollendet. 1835 erfolgte ein Umbau des von Weinbrenner erbauten Hauses für die Museumsgesellschaft an der Langen Straße mit einer Vergrößerung des Festsaals. 1840/41 baute Hübsch den Saal der ersten Kammer des Ständehauses um, ebenfalls ein Weinbrennerbau, der allerdings schon von Friedrich Arnold in veränderter Form vollendet worden war. Die erhaltene Zeichnung[21] gibt nur eine bedingte Vorstellung dieses später mit Fresken von Moritz von Schwind ausgestatteten Raumes. Das Wohnhaus für den Hofgartendirektor am Botanischen Garten, 1843, zehn Jahre vor den Orangeriebauten fertiggestellt, ist einer der wenigen Putzbauten Hübschs; nur Sockel, Gurtgesims und die Fenster- und Türgewände sind aus Werkstein. Der Putz ist wieder als strukturgebender rauher Bewurf ausgeführt, und ornamental aufgefaßte, farblich abgesetzte Putzfelder geben dem Obergeschoß eine zusätzliche zeichnerische Strukturierung. Der Baukörper ist ein einfacher Kubus mit einem sehr flach geneigten Walmdach, dessen auskragende Sparrenenden den oberen Abschluß der Fassade bilden. Dieser Verzicht auf ein abschließendes Hauptgesims – wiederum ein Einfluß der oberitalienischen Palastarchitektur – ist auch für Hübschs Weinheimer Wohnbauten charakteristisch und wohl auch schon für die Töchterschule in der Lindenstraße anzunehmen.

Der Pavillon im Garten der Museumsgesellschaft, in Nachbarschaft zu Weinbrenners Amalienschlößchen im Erbprinzengarten, wurde 1842 fertiggestellt. Das Planmaterial hierzu hat sich reichlicher erhalten. Ein Vorentwurf entspricht schon prinzipiell der Ausführung dieses zierlichen eingeschossigen Baus, der mit einem überhöhten Mittelrisalit ausgezeichnet und mit einem flach geneigten Walmdach gedeckt ist. Die Ausführungspläne zeigen dann noch eine wesentliche Vergrößerung der Fensterflächen und eine weitgehende Auflösung der tektonischen Schwere der Wandflächen durch eine kleinteilige, durch Terrakottenornamente und Reliefs bereicherte Wandgliederung „in Backsteinen von zweierlei Farbe", wie Hübsch in den „Bauwerken II" besonders erwähnt. Dieser Bau, der sicher als Konkurrenz zu Weinbrenners schräg gegenüberliegendem Amalienschlößchen zu sehen ist, stellt die gegensätzliche Architekturauffassung Hübschs in aller Deutlichkeit dar.

Erwähnt sei noch der Umbau des Ministeriums des Äußeren in der Erbprinzenstraße schräg gegenüber der Stephanskirche. Der Mittelbau des wohl von Weinbrenner stammenden Vorgängerbaus[22] brannte 1848 ab und wurde von Hübsch durch einen in seiner Haltung wieder unrepräsentativ-hausmäßigen, nur eine schwache Mittelbetonung aufweisenden Neubau ersetzt.

Das alte Vinzentius-Krankenhaus in der Karlstraße, 1861 errichtet, gehörte mit seiner neutralen Fassadengestaltung nicht zu den charakteristischen Bauten von Heinrich Hübsch.

Hanno Brockhoff

Amalienschlößchen in Karlsruhe, F. Weinbrenner

Kat.-Nr. 58,59

vgl. Abb. S. 16–18

Kat.-Nr. 55–57

Anmerkungen

* Dieser und der weiter unten folgende Beitrag über die Profanbauten außerhalb Karlsruhes konnte nur zustande kommen durch eine wesentliche Unterstützung von Herrn Dipl.-Ing. Gernot Vilmar, der leider verhindert war, selbst einen Beitrag zu schreiben, aber freundlicherweise seine Unterlagen zur Verfügung stellte – ihm sei an dieser Stelle gedankt.
Die Anmerkungen zu den beiden genannten Textbeiträgen wurden bewußt knapp gehalten, weil eine erschöpfende Auskunft der künftigen Arbeit von Gernot Vilmar über die Profanbauten Hübschs vorbehalten bleiben soll.

1 siehe Literaturverzeichnis; im folgenden abgekürzt: „Bauwerke I", „Bauwerke I/Text" u. „Bauwerke II".

2 vgl. Valdenaire, Weinbrenner 1926; alle im folgenden herangezogenen Beispiele, hier Weinbrenners Rathausentwürfe für Karlsruhe, finden sich bei Valdenaire abgebildet.

3 Hübsch findet, daß die Durchführung des Kranzgesimses in der griechischen Architektur nur deshalb motiviert ist, weil es die Statuen des Giebelfeldes trägt, wenn aber dieser Zweck entfällt – wie in dem vorliegenden Entwurf – „so ist es ein verwerflicher Pleonasmus". In welchem Style, S. 43 f.

4 Bauwerke I/Text, S. 1 f.

5 Bauwerke I/Text, S. 8.

6 Bauwerke I/Text, S. 9 ff.

7 vgl. Fritz Hirsch, 100 Jahre Bauen und Schauen Bd. 2, Karlsruhe 1932, S. 263 ff.

8 Valdenaire, Hübsch, S. 20.

9 Bauwerke I/Text, 15 f.

10 Karlsruhe im Jahre 1870, Hrsg. J. Berckmüller, J. Durm, R. Gerwig, Dr. Scheffel, Karlsruhe 1872.

11 wie Anm. 9.

12 Valdenaire, Hübsch, S 23.

13 Bauwerke I/Text, S. 58 ff.

14 publiziert in: Geyer, Holzverbindungen Deutschlands

15 Valdenaire, Hübsch, S. 23.

16 Bruno Grimschitz, Johann Lucas von Hildebrandt, Wien 1932, Abb. 102.

17 Valdenaire, Hübsch, S. 68 f.

18 Hübsch, Theater mit eiserner Dachrüstung, S. 12.

19 wie vor S. 14.

20 Valdenaire, Hübsch, S. 72.

21 GLA, Baupläne Karlsruhe 225.

22 Fritz Hirsch, a. a. O., Bd. I, S. 225.

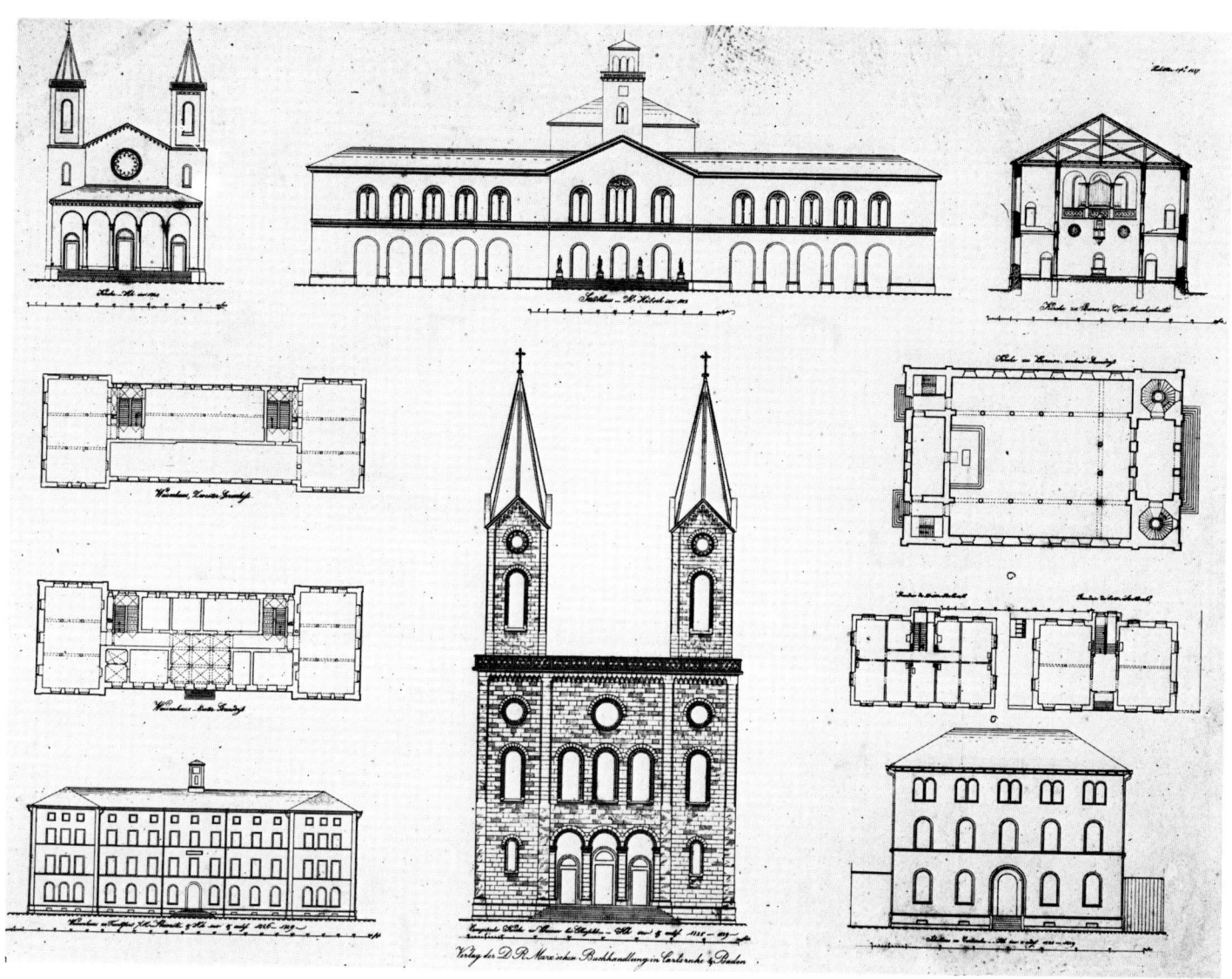

24

„Façade eines 1822 entworfenen Stadthauses. / Façade einer 1824 entworfenen Kirche. / Evangelische Kirche zu Barmen ... / Waisenhaus zu Frankfurt ... / Schulhaus zu Carlsruhe ...", Bauwerke, 1. Folge, Tafel 1.

25
„Entwurf zu dem Karlsthore" in Karlsruhe (Vorentwurf), „Innere Facade / Aessere Facade", Tuschezeichnung, angelegt, Papier, 48,0 × 35,8 cm. Privatbesitz.

26
Karlstor in Karlsruhe, perspektivische Ansicht des ausgeführten Entwurfs, Stich, SKK.

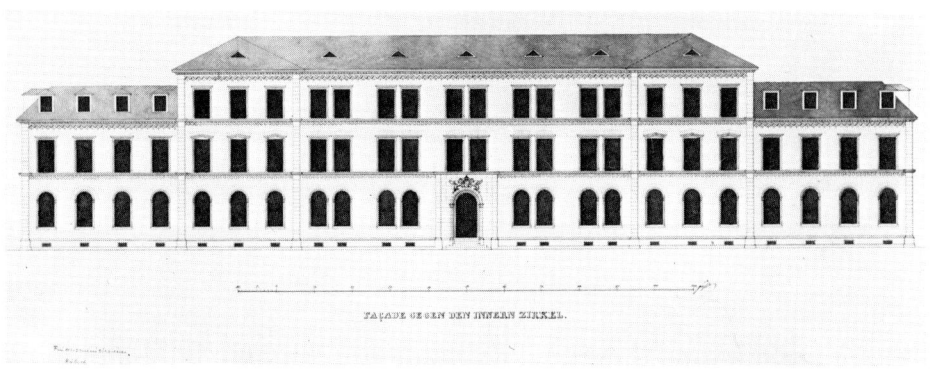

FAÇADE GEGEN DEN INNERN ZIRKEL.

27
Finanzkanzlei in Karlsruhe, „FACADE GEGEN DEN INNERN ZIRKEL.", Tusche- u. Bleistiftzeichnung, angelegt, Papier, 21,8 × 57,2 cm. SKK 1944–109.

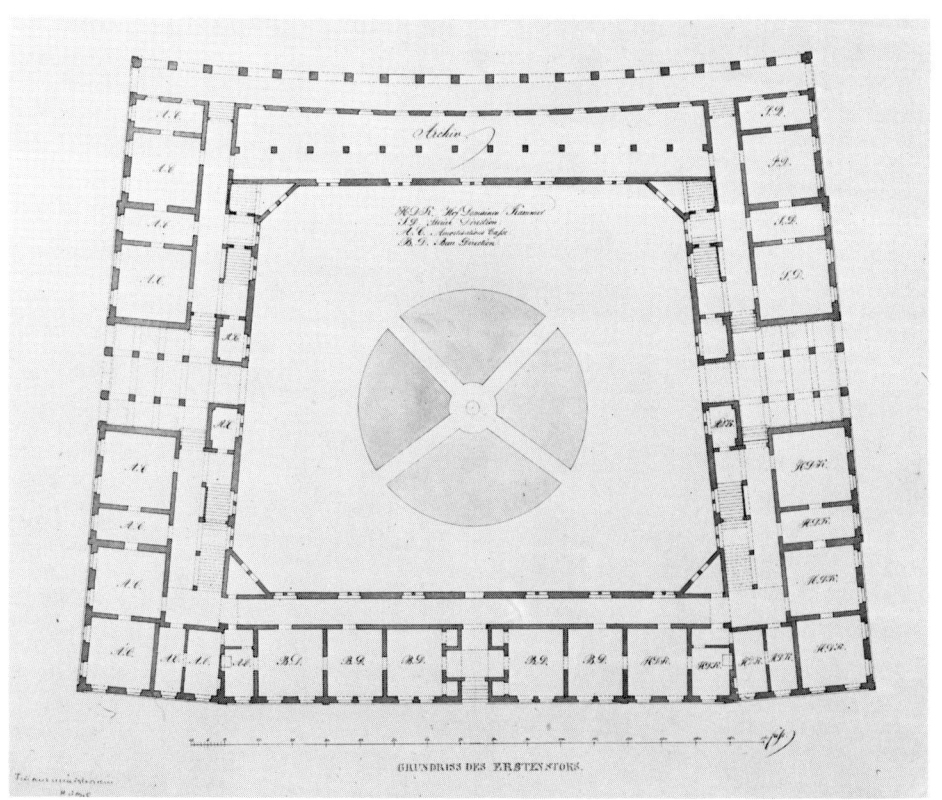

GRUNDRISS DES ERSTEN STOKS.

29 (rechte Seite)
Finanzkanzlei in Karlsruhe, „FACADE GEGEN DAS SCHLOSS.", Tusche- u. Bleistiftzeichnung, Papier, 21,7 × 52,4 cm. SKK 1944–111.

30 (rechte Seite)
Finanzkanzlei in Karlsruhe, „FACADE GEGEN DIE WALDHORN- UND KRONEN=STRASSE.", Tusche- u. Bleistiftzeichnung, Papier, 21,8 × 52,7 cm. SKK 1944–10.

28
Finanzkanzlei in Karlsruhe, „GRUNDRISS DES ERSTEN STOKS.", Tuschezeichnung, angelegt, Papier mit Wz 1829, 37,3 × 46,7 cm. SKK 1944–112.

FAÇADE GEGEN DAS SCHLOSS.

FAÇADE GEGEN DIE WALDHORN· UND KRONEN·STRASSE.

67

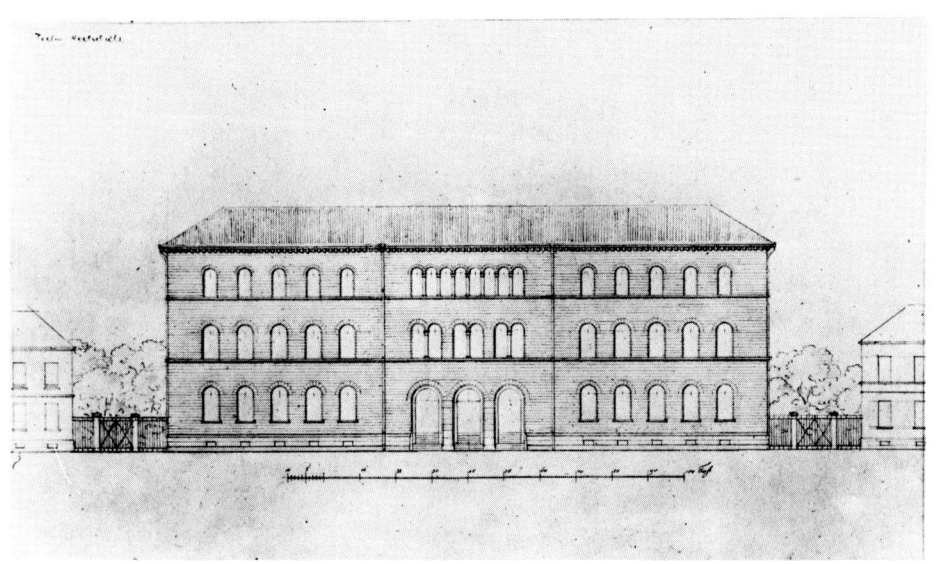

31
Polytechnische Schule in Karlsruhe (Vorentwurf), Vorderansicht, Bleistiftzeichnung, Papier, 19,8 × 32,8 cm. SKK 1944–105.

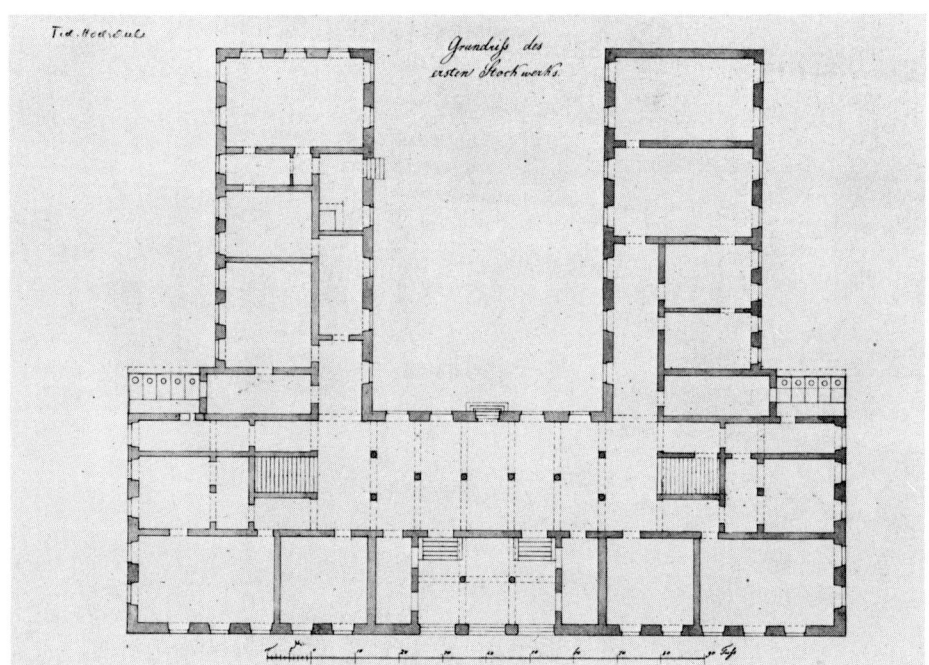

32
Polytechnische Schule in Karlruhe (Vorentwurf), „Grundriss des / ersten Stockwerks.", Tuschezeichnung, angelegt, Papier, 19,7 × 32,4 cm. SKK 1944–106.

33
Polytechnische Schule in Karlsruhe
(Vorentwurf), Ansicht der Vorderfront,
Bleistiftzeichnung, Papier, 20,5 × 39,7
cm. GLA, G K'he 543.

34
Polytechnische Schule in Karlsruhe
(Vorentwurf), Ansicht der Vorderfront,
Bleistiftzeichnung, Papier, 20,1 × 46,1
cm. GLA, G K'he 544.

35   (Farbtafel S. 144/145)
„Polytechnische Schule zu Carlsruhe",
Ausführungsentwurf der Vorderfront,
sign. „Hübsch inv. et aedific.
1829–35", Bleistiftzeichnung, angelegt, Ingrespapier auf Leinen, 39,5 ×
86,5 cm. GLA, G K'he 547.

36
Polytechnische Schule in Karlsruhe,
Treppenhaus, perspektivische Ansicht,
Bleistiftzeichnung, Papier, 53,0 × 41,0
cm. GLA, G K'he 548.

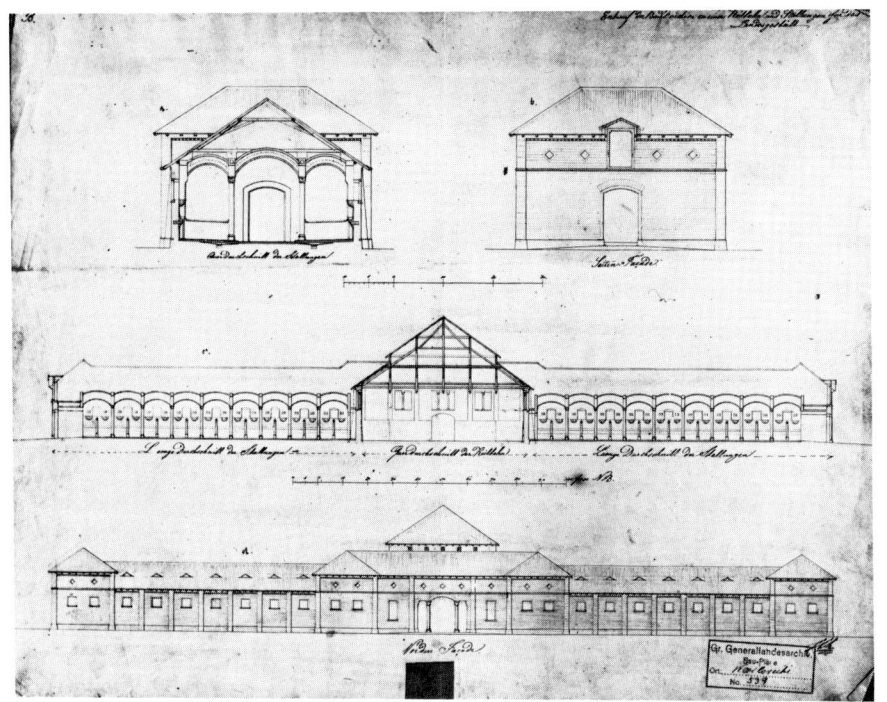

37
"Entwurf . . . für das Landesgestüt" in Karlsruhe, Vorder- u. Seitenansicht und Quer- u. Längsschnitt, sign. „Hh", Tusche- u. Bleistiftzeichnung, angelegt, Papier, 41,1 × 51,8 cm. GLA, G K'he 539.

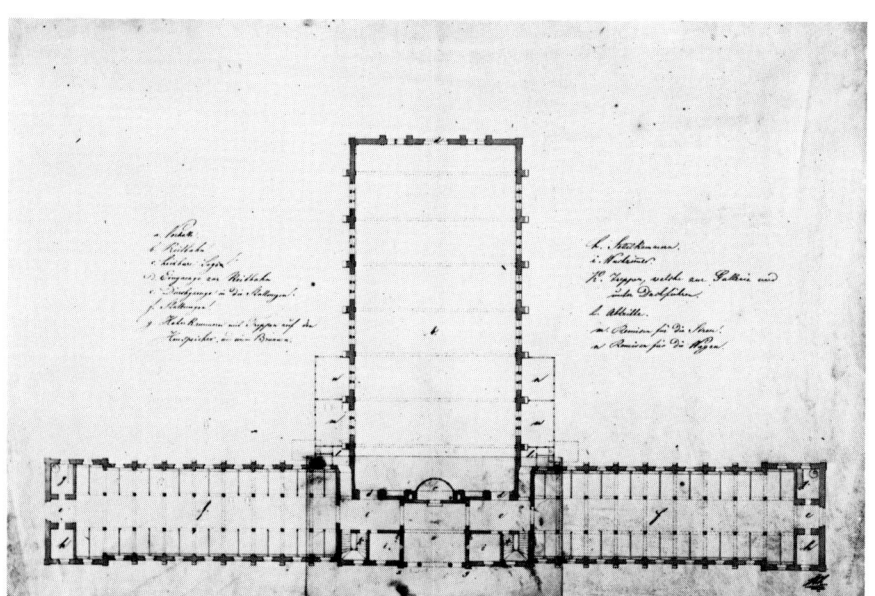

38
"Entwurf . . . für das Landesgestüt" in Karlsruhe, Grundriß mit Legende, Tektur im Bereich des Mittelbaus, Tuschezeichnung, angelegt, Papier mit Wz 1834, 41,0 × 51,6 cm. GLA, G K'he 540.

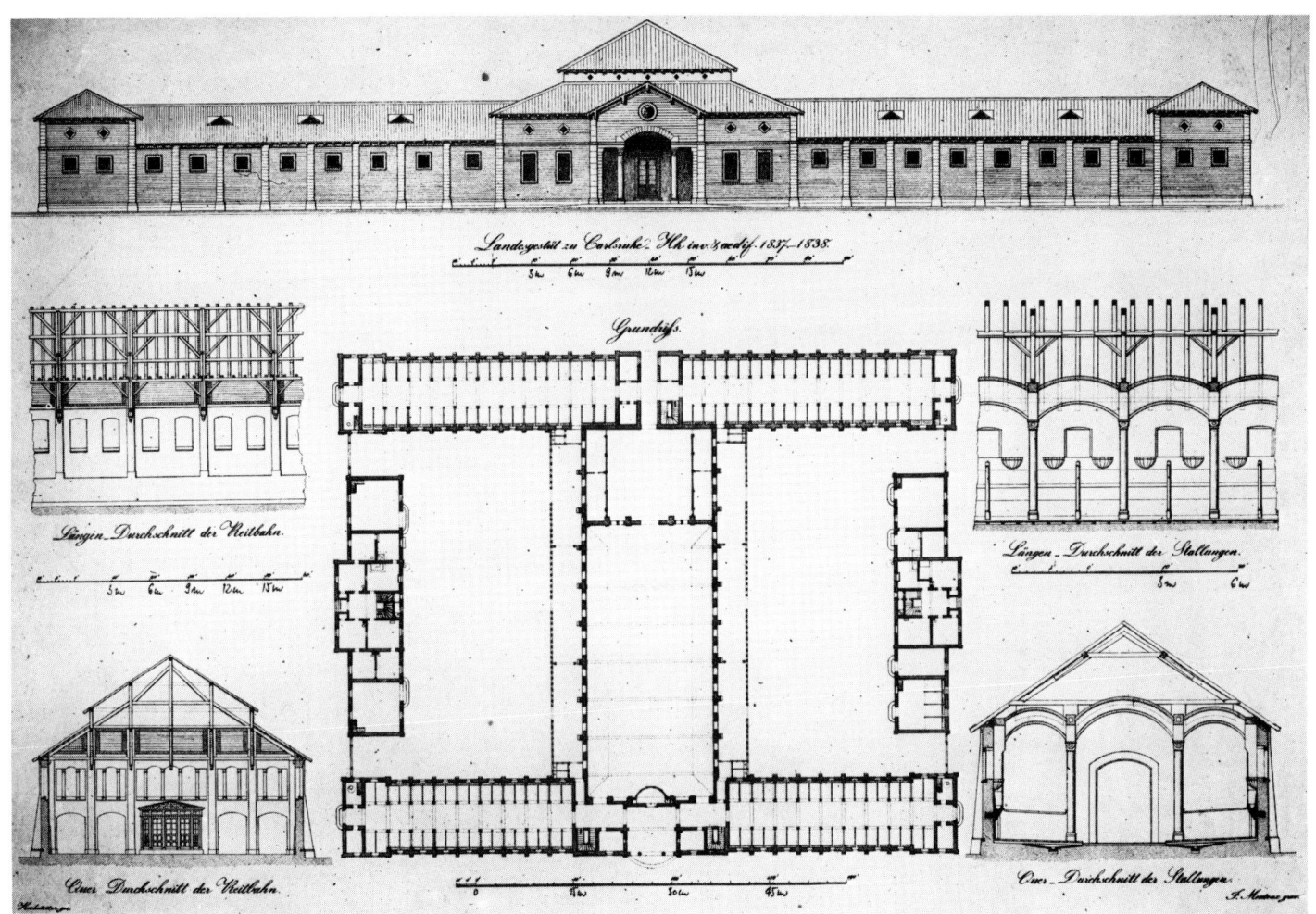

Landesgestüt zu Carlsruhe. Hh inv. & aedif. 1837-1838.

Grundriß.

Längen-Durchschnitt der Reitbahn.

Längen-Durchschnitt der Stallungen.

Quer-Durchschnitt der Reitbahn.

Quer-Durchschnitt der Stallungen.

39
„Landesgestüt zu Carlsruhe – Hh inv.
& aedif. 1837–1838.“, Grundriß, Vorderansicht und Quer- u. Längsschnitte,
Bauwerke, 1. Folge, Tafel 10.

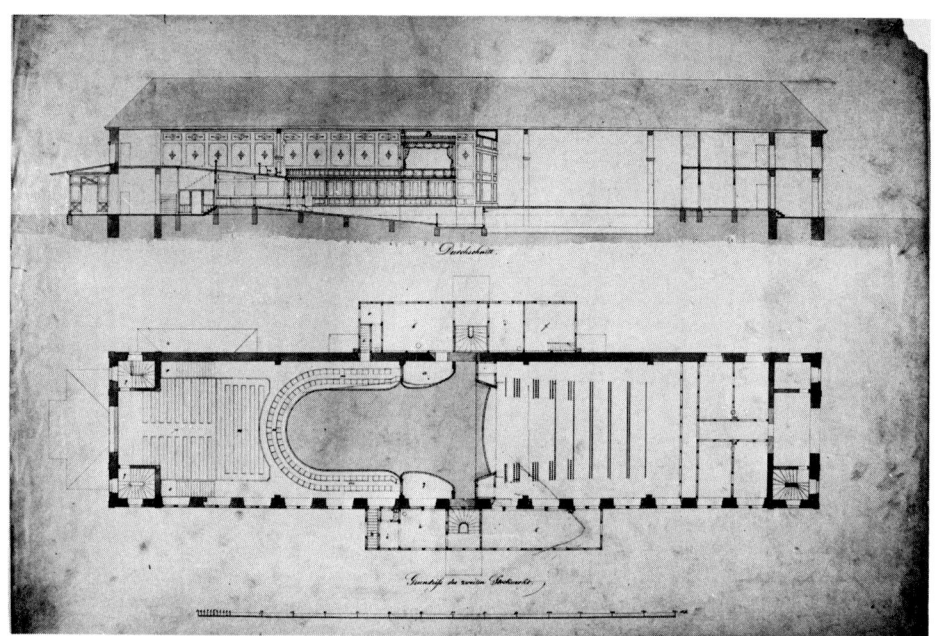

40 (ohne Abbildung)
Nottheater in Karlsruhe, bez. „Plan /
zur Einrichtung eines Theaters in dem
Grossherzoglichen Orangerie-Gebäu-
de", Grundriß, Längs- u. Querschnitt,
von dem Zeichner sign. „I. Mühldorfer.
1847.", Tuschezeichnung, teilw. angelegt, Karton, 47,7 × 75,0 cm. IfB o.
Inv.Nr.

41
Nottheater in Karlsruhe, „Grundriss
des zweiten Stockwerks. / Durchschnitt.", Tuschezeichnung, angelegt,
Karton, 50,1 × 74,0 cm. IfB o. Inv.Nr.

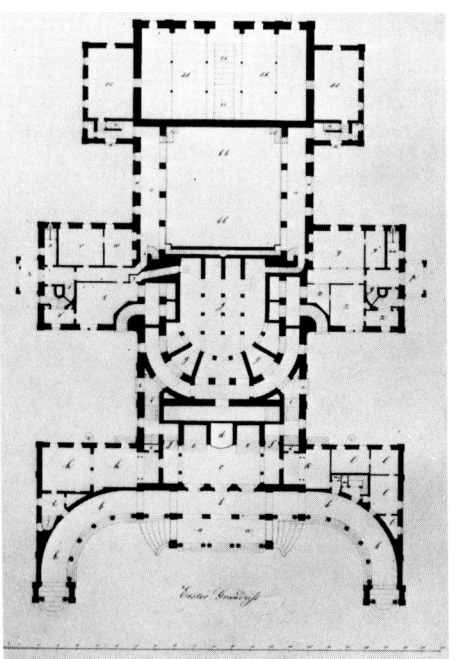
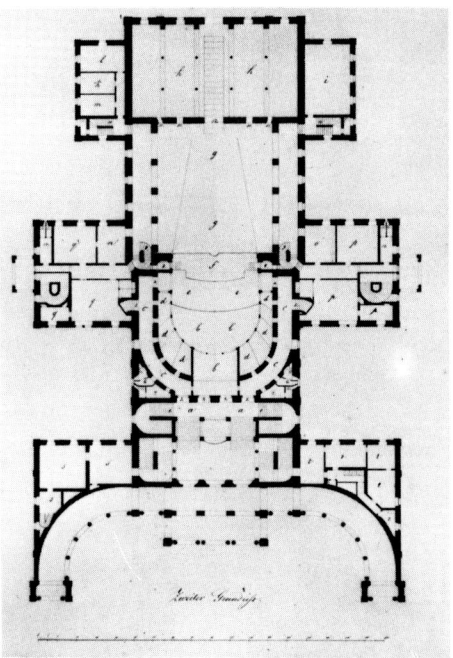

42
„Entwurf zum neuen Grosherzoglichen
Hof=Theater. / Erster Grundriss.", Tuschezeichnung, angelegt, Ingrespapier,
64,5 × 49,2 cm. SKK o. Inv.Nr.

43
„Entwurf zum neuen Grosherzoglichen
Hof=Theater. / Zweiter Grundriss.", Tuschezeichnung, angelegt, Ingrespapier,
64,7 × 49,2 cm. SKK o. Inv.Nr.

Entwurf zum neuen Grosherzoglichen Hof-Theater.

Vordere Façade.

44
„Entwurf zum neuen Grosherzoglichen
Hof=Theater. / Vordere Façade.", Bleistiftzeichnung, zart grünlich u. terrakot-
tenfarbig angelegt, Karton 45,2 × 64,8
cm. SKK o. Inv.Nr.

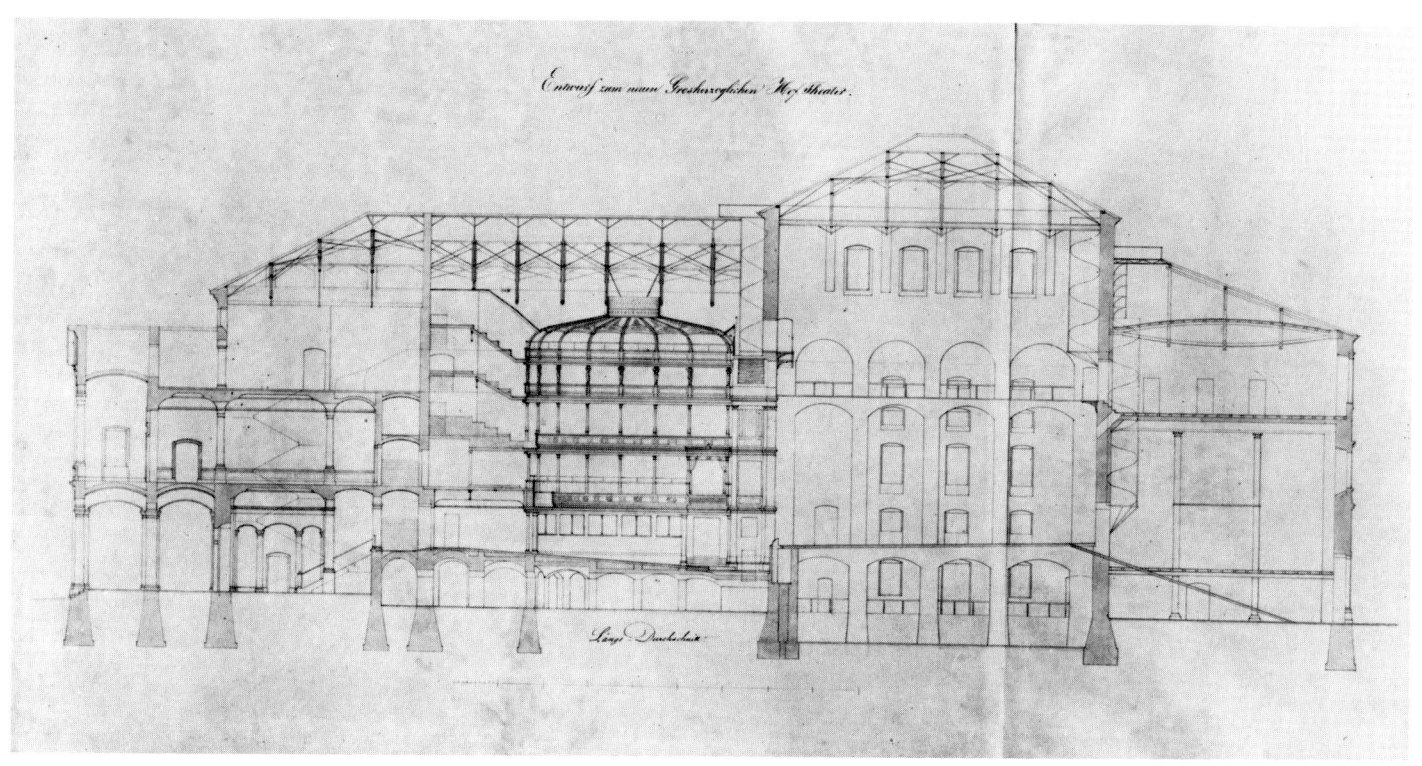

Entwurf zum neuen Grosherzoglichen Hoftheater.

Längs Durchschnitt.

45
,,Entwurf zum neuen Grosherzoglichen
Hof=Theater. / Länge-Durchschnitt.'',
Tusche- u. Bleistiftzeichnung, ange-
legt, Karton, rechts angestückt, 47,7 ×
90,4 cm. SKK o. Inv.Nr.

46   (ohne Abbildung)
,,Entwurf zum neuen Grosherzoglichen
Hof=Theater. / Quer=Durchschnitt.'',
Tusche- u. Bleistiftzeichnung, teilw.
angelegt, Karton, 40,2 × 41,4 cm. SKK
o. Inv.Nr.

47   (rechte Seite)
Hoftheater in Karlsruhe, ,,Skizzirte Perspektivische Ansicht / des Auditoriums.'', Bleistiftzeichnung, angelegt.
SKK o. Inv.Nr.

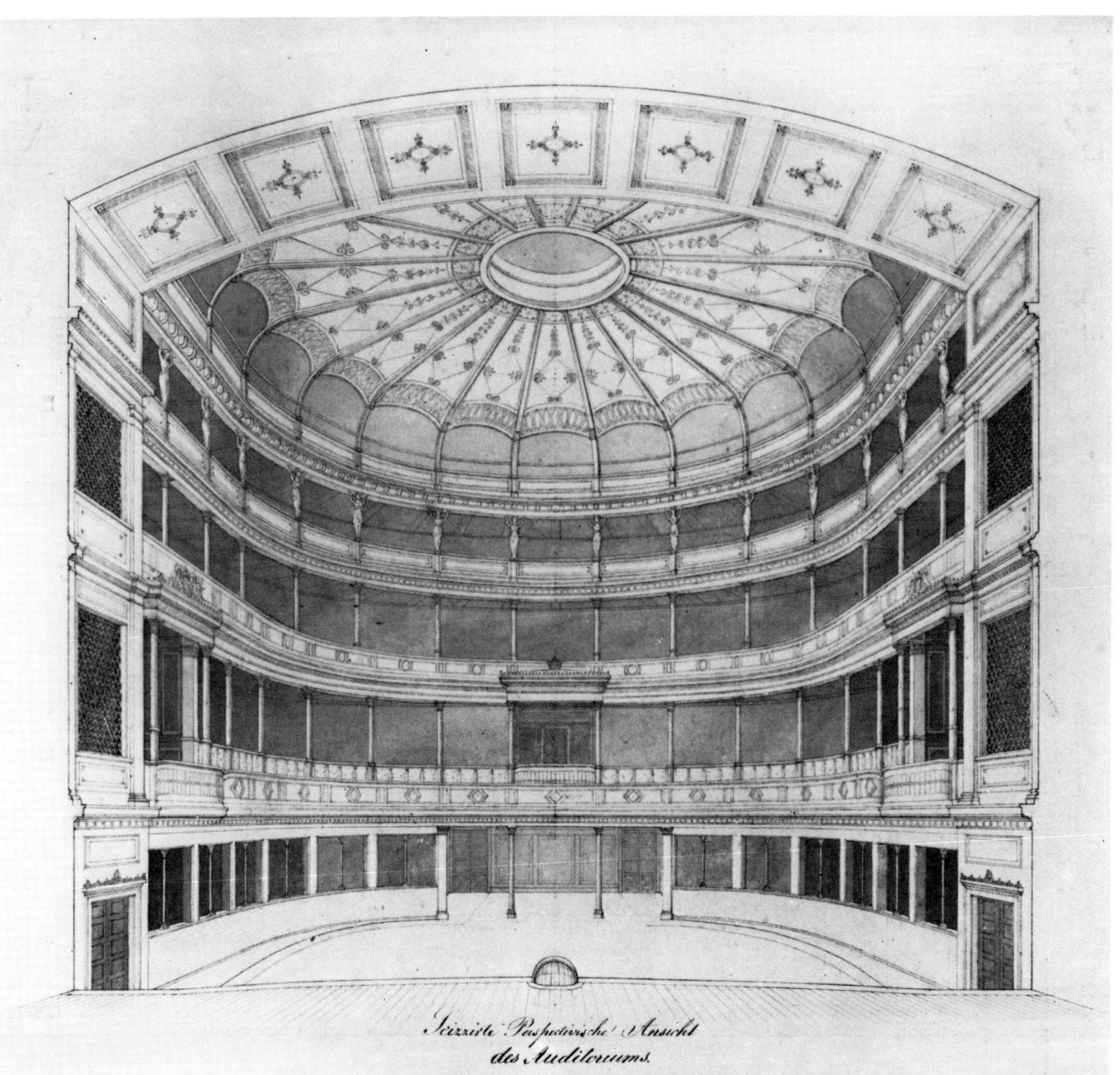

Skizzirte Perspectivische Ansicht
des Auditoriums.

48
Hoftheater in Karlsruhe (Vorentwurf), persp. Vorderansicht, Bleistiftzeichnung, angelegt u. aquarelliert, Papier, 47,0 × 60,3 cm. IfB o. Inv.Nr.

49
Hoftheater in Karlsruhe, unvollendeter Entwurf zur Wanddekoration des Foyers, Ansicht mit Tekturen, skizzenhafter Grundriss u. Deckenschnitt mit Maßangaben, Bleistiftzeichnung, angelegt, Karton, ca. 43,0 × 66,5 cm. IfB o. Inv.Nr.

50 (Farbtafel S. 60/61)

Hoftheater in Karlsruhe, auf dem Karton bez. „VORDERFAÇADE DES NEUEN HOF-THEATERS ZU CARLS-RUHE", perspektivische Ansicht, Bleistift- u. Tuschezeichnung, angelegt u. aquarelliert, Ingrespapier mit Wz 1850, 40,0 × 61,8 cm. SKK 1963–53.

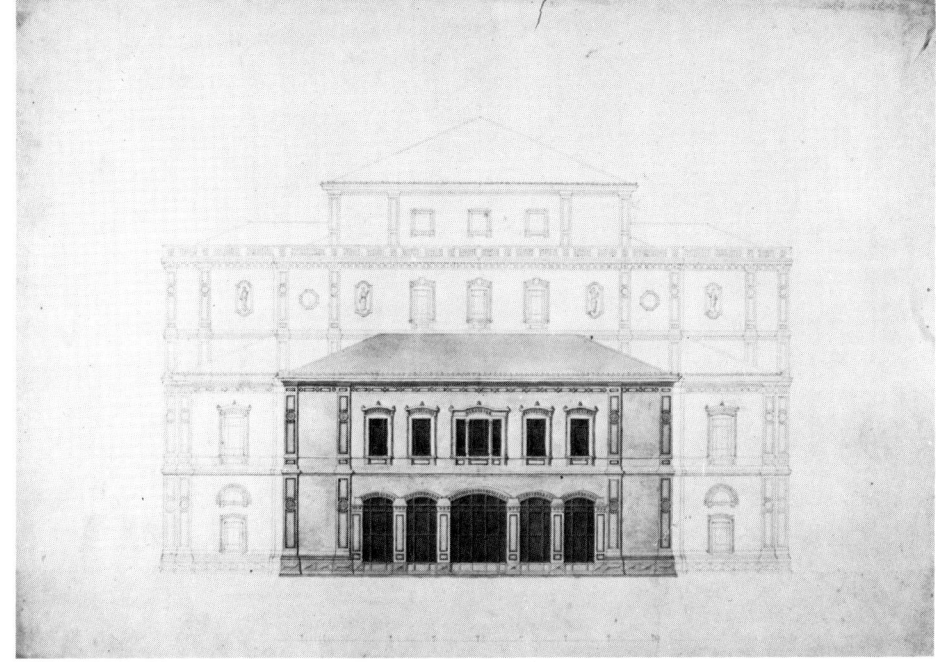

51

Hoftheater in Karlsruhe (Ausführungsentwurf), Rückfront, Bleistiftzeichnung, teilw. angelegt, Papier, max. 46,9 × 63,6 cm. IfB o. Inv.Nr.

52 (ohne Abbildung)

„Neues Hof Theater in Carlsruhe. / Quer Durchschnitt durch das Auditorium.", Bleistift- u. Tuschezeichnung, teilw. angelegt, Transparentpapier auf Karton, 44,1 × 55,5 cm. SKK 1963–52.

53

„Neues Hof Theater in Carlsruhe. / Grundriss des Parterres.", Tuschezeichnung, angelegt, Transparentpapier auf Karton, 50,7 × 37,6 cm. SKK 1963–51.

54

„Neues Hof Theater in Carlsruhe. / Grundriss des ersten Logen Ranges.", Tuschezeichnung, angelegt, Transparentpapier auf Karton, 50,5 × 37,9 cm. SKK 1963–52.

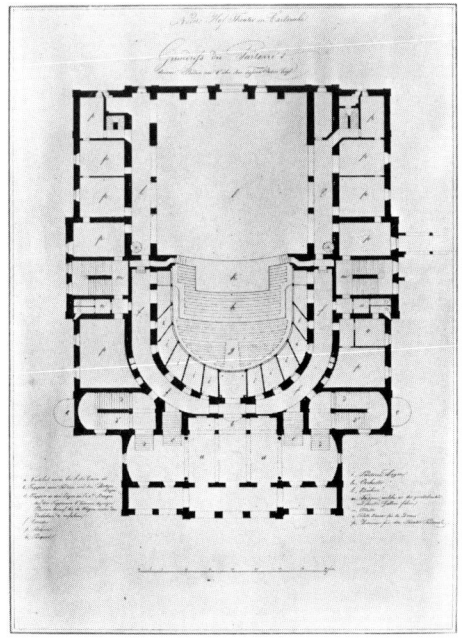

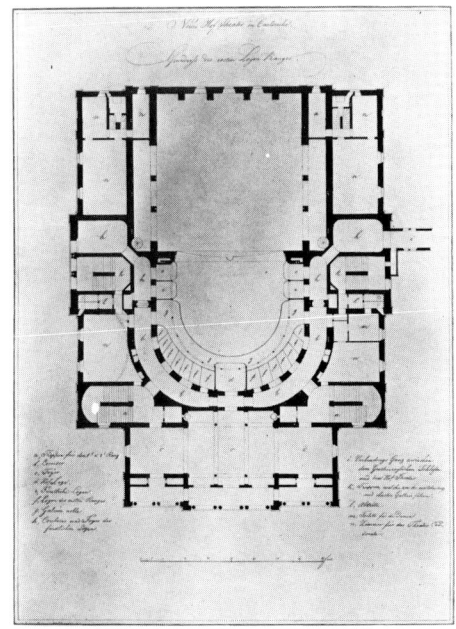

55   (ohne Abbildung)
„Pavillon im Museumsgarten." in Karlsruhe, Grundriß und Ansicht der Straßenfront, Tusche- u. Bleistiftzeichnung, Papier mit Wz 1823, 40,4 × 50,0 cm. GLA, G K'he 226.

56
Pavillon im Museumsgarten in Karlsruhe, perspektivische Ansicht, Sign. des Zeichners „A. Blum Carlsruhe 1851.", Bleistiftzeichnung, Papier mit Wz 1850, 36,0 × 50,0 cm. IfB, Hübsch 134.

57   (unten)
„Pavillon im Museumsgarten." in Karlsruhe, Ansicht der Gartenfront, Bleistiftzeichnung, Transparentpapier auf Karton, 11,3 × 33,1 cm. GLA, G K'he 228.

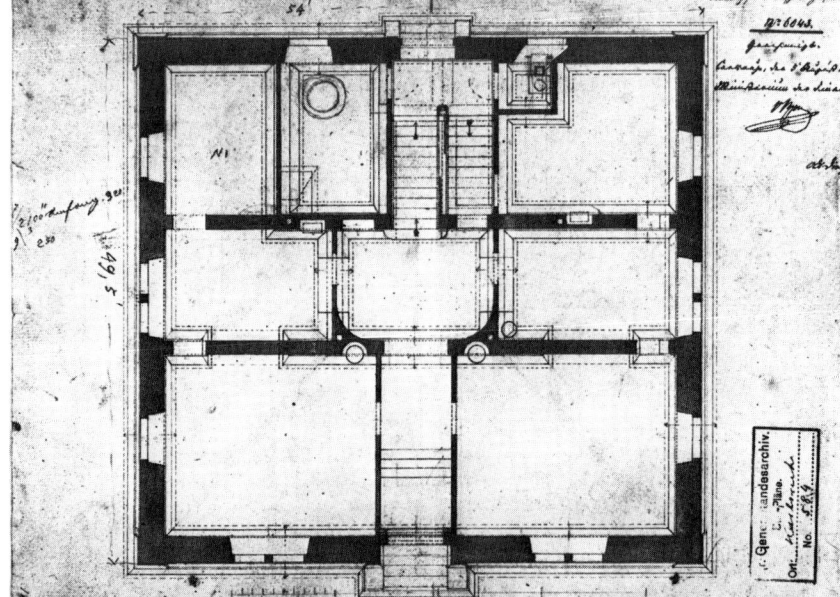

58
Botanischer Garten in Karlsruhe, „Wohnung für den Hofgarten Inspector / Vordere Facade" mit Genehmigungsvermerk vom 5. August 1841, Bleistiftzeichnung mit Korrekturen, Ingreskarton, 26,3 × 35,0 cm. GLA, G K'he 586.

59
Botanischer Garten in Karlsruhe, „Wohnung für den Hofgarten Inspector / Grundriss des I. Stockes", Genehmigungsvermerk vom 5. August 1841, Ingreskarton, 26,5 × 35,0 cm. GLA, G K'he 584.

Die Staatliche Kunsthalle Karlsruhe
Ein Museum – vier Architekten

Es mag zunächst wundern, wenn eine Publikation zu Heinrich Hübsch auf die gesamte, fast 150jährige Geschichte der Staatlichen Kunsthalle Karlsruhe, deren erster Architekt er war, eingeht. Bei näherer Betrachtung wird aber deutlich, daß sich die drei folgenden Architekten Joseph Durm (1837–1919), Heinrich Amersbach (1850–1928) und Heinz Mohl (geboren 1931) in ihren Entwürfen mit dem 1845 vollendeten Bauflügel und mit Hübschs Idealplan von 1852 auseinandersetzten. So entstand ein vierflügeliger Museumsbau, dessen äußere und innere Gestalt sehr unterschiedliche Eindrücke vermittelt[1].

Der erste Bauabschnitt
Projekte und Pläne von Heinrich Hübsch

Am 5. Mai 1846 wurde die Großherzogliche Kunsthalle nach achtjähriger Bauzeit erstmals dem Publikum geöffnet. Neben der Absicht, Räume für eine sachgemäße Unterbringung und Darbietung des Sammlungsbestands zu schaffen, war an eine erzieherische Wirkung auf die Bürger im allgemeinen und die Künstler im besonderen gedacht[2]. Das Bauprogramm sah deshalb auch Arbeits- und Studiensäle, heizbare Kabinette und einen Raum für die Wechselausstellungen des Kunstvereins vor[3]. Im Juli 1837 beschloß der badische Landtag, dem Großherzog die Bau- und Ankaufsmittel zur Verfügung zu stellen[4]. Pläne, die das Projekt veranschaulichen sollten, lagen dem Landtag sicherlich vor; sehr wahrscheinlich war es der vier Blätter umfassende „Entwurf zu einem Museum", den Hübsch am 1. März 1837 erläutert hatte[5].

Der Entwurf für die Fassade im Südwesten zeigt einen zweigeschossigen Bau mit je drei Fensterachsen links und rechts des Mittelrisalits, dessen untere drei Arkaden die Vorhalle für den Haupteingang umfangen und dessen obere drei Arkaden eine Loggia begrenzen. Als horizontale Gliederungselemente sind Sockel-, Gurt-, Fensterbank-, Kranzgesims und Friese vorgesehen. Für die vertikale Gliederung verwendet Hübsch paarweise Eck- und Wandvorlagen („Lissenen" wie er sagt) unterschiedlicher Länge. Die Fensteröffnungen sind dem sog. Palladio-Motiv nachgebildet. Hübsch bewirkt mit der Anordnung seiner Einzelformen eine differenzierte Gewichtung der Fassadenabschnitte und deren Rhythmisierung bei einer vergleichsweise geringen Anzahl unterschiedlicher Einzelformen.

Die beiden Grundrisse[6] geben Aufschluß über Anordnung und Verwendungsabsicht der Räume im Erd- und Obergeschoß, über den Anschluß an das bereits 1786 errichtete Akademiegebäude im Nordwesten und über die nächste Vergrößerung im Südosten an der Waldstraße; hier sollte möglichst bald die Baulücke zum Hofkassengebäude geschlossen werden.

Die zwei Schnitte zeigen, wie Hübsch sich Gestalt, Einrichtung und Verwendung einiger Räume vorstellte: Fast alle Räume sind überwölbt, Gewölbe und dazwischenliegende Wandflächen farbig gefaßt; im Erdgeschoß stehen Skulpturen, im Obergeschoß sind Bilder gehängt.

Hübsch, begleitet von Schwind und Lotsch, überreicht die Pläne für den Bau der Kunsthalle, Karikatur von M. v. Schwind

Kat.-Nr. 62

Vgl. Kat.-Nr. 64, 66

Vgl. Kat.-Nr. 65

In mehreren undatierten Fassadenplänen[7], die wohl vor März 1837 entstanden sind, beschäftigt sich Hübsch mit der Ausgestaltung des Mittelrisalits. Diese Konzepte sind durch rundbogige Fenster und durch weniger aufwendig strukturierte Flächen charakterisiert. Zeitlich und stilistisch liegen diese Entwürfe näher bei den Karlsruher Bauten für die Technische Hochschule und die Finanzkanzlei, dem heutigen Regierungspräsidium Karlsruhe.

Kat.-Nr. 60, 61

Kat.-Nr. 27–35

Ein Jahr nach Baubeginn veröffentlichte Hübsch im September 1838 seinen „Idealplan" einer vierflügeligen Anlage. Er ging davon aus, daß die Zeichenakademie und das Hofkassengebäude abgerissen würden. Fassaden- und Grundrißkonzept für den Hauptflügel liegen aus äußerlichen Gründen zeitlich in unmittelbarer Nachbarschaft des vier Blätter umfassenden, undatierten Entwurfs im Kupferstichkabinett der Staatlichen Kunsthalle Karlsruhe[8], auch wenn dieser nur den Hauptflügel wiedergibt. Die entscheidende Veränderung in der Gestalt der Hauptfassade erreicht Hübsch dadurch, daß er, abgesehen vom Mittelrisalit, die stützenden und rahmenden „Lissenen" auf das Obergeschoß beschränkt, wie später auch am ausgeführten Bau. Aus dem Begleittext zum Idealplan geht hervor, daß Hübsch die Fassade weder zu verputzen noch anzustreichen beabsichtigte; er hatte sich für unterschiedliche Raumgrößen entschieden: Wie aus italienischen Museen bekannt, bewirkten sie nämlich einen angenehmen Eindruck und dienten der zweckmäßigen Aufstellung der verschiedenartigen Sammlungsbestände. Hübsch projektierte keine Hervorhebung der dem Schloß zugekehrten Seite der Kunsthalle.

Kat.-Nr. 63–66

Kat.-Nr. 71

Kat.-Nr. 69

Daß Hübsch seinen Idealplan so spät veröffentlichte, hatte sicherlich auch taktische Gründe: Er wollte Kritik am ausgeführten Flügel vorbeugen, die Diskrepanz zwischen dem genehmigten und dem idealen Programm aufzeigen und frühzeitig auf die Notwendigkeit baulicher Ergänzungen hinweisen.

Die nächste Gruppe von Entwürfen ist durch die neue Gestalt des Eingangsrisalits gekennzeichnet[9]. Zeitlich liegt sie unmittelbar vor der Ausführungsphase, obgleich Hübsch immer noch die vierflügelige Anlage darstellt. Der Beginn der Ausführungsphase wird durch seinen Brief vom 22. Januar 1839 an das Finanzministerium belegt[10] und in einem neuen Entwurf zur Hauptfassade dokumentiert[11], auf dem erstmals auch die kleinteiligen Sprossenfenster zu erkennen sind. In diesem Zusammenhang dürfte auch der Aufriß der Seitenfassade[12] stehen, die in ihrer „idealen" Länge gezeichnet ist. Nachdem der Bau zum Jahresende 1845 vollendet war, veröffentlichte Heinrich Hübsch einen weiteren Idealplan[13], der den ausgeführten Südwestflügel und die drei anderen Flügel als Varianten zum Plan von 1838 zeigt. Hübsch gibt in seiner Publikation keinen Hinweis darauf, daß nur ein Teil errichtet werden konnte. Für den Aufriß der Seitenflügel greift er das Palladio-Motiv der Hauptfassade wieder auf und betont so die drei mittleren Achsen. Auch in diesem zweiten Idealplan behält Hübsch die Richtung des Gebäudes bei: Die Hauptseite bleibt dem Schloß abgewandt.

Kat.-Nr. 68

Kat.-Nr. 67

Kat.-Nr. 70

Die für die Fassade verwendeten Materialien ergeben, nach Art und Farbe, Form und Größe geordnet, eine Hierarchie des Aufrisses: Fußsockel, Sockel, Wandflächen, Fries, Gesims usw. Ortquader und „Lissenen" übernehmen rahmende und tragende Funktionen. Der Bau steht auf festem „Fuß" und wird nach oben leichter; das schwere Dach liegt nicht nur auf, sondern wird zusätzlich durch die „Lissenen" im Obergeschoß gestützt. Könnte es sein, daß sich auch in dieser Organisation der architektonischen Teile Gesellschaft, Weltanschauung, Verhältnis zur gewachsenen Natur und zugleich die Forderung an die „Untertanen" wiederspiegeln, das Erreichte als gute Ordnung anzuerkennen und sich nicht über die „Naturgesetze" erheben zu wollen?[14] Unterstützt wird diese Vermutung durch das Programm der plastischen und malerischen Ausstattung, durch Sinnsprüche und erzieherische Argumente. Die damals so verstandenen Höhepunkte der italienischen und der deutschen Kunst werden in den Leitbildern Michelangelo und Raphael – unter den Wappen der Städte Rom und Florenz, Dürer, Holbein und Vischer – unter den Zeichen des Deutschen Reiches, in den Eingangsreliefs personifiziert dargestellt, so auch die drei Bereiche der romantischen, der christlichen und der vaterländischen Kunst. Darüber stehen auf den Balkonbrüstungen Statuen als Sinnbilder der Malerei und Bildhauerei. Hoch oben im Giebelfeld befindet sich ein lateinischer Spruch mit dem Hinweis, daß Großherzog Leopold von Baden das Haus im Jahre 1843 den Künsten gewidmet habe. Auf der zweiflügeligen Bronzetür steht die auf den Besucher bezogene lateinische Inschrift, die den Freund der Musen willkommen heißt[15].

Das Bildprogramm im Treppenhaus und in den Ausstellungsräumen besteht ebenfalls aus Allegorien der Künste und der Wissenschaften, aus idealisierenden und vaterländischen Historienbildern, mythologischen Darstellungen und dem Anspruch, daß die Architektur als vornehmste aller Künste von Kirche und Staat beschützt werde[16]. Architektur, Plastik, bildnerische und dekorative Malerei bestimmen den Charakter des Hauses als Gesamtkunstwerk im Sinne der Nazarener. Der Bau war also nicht nur funktional als Haus für Kunstwerke gedacht, sondern darüber hinaus auch als staats- und kulturpolitischer Bedeutungsträger geplant und ausgeführt. Daß Hübsch seine stilistischen Vorbilder in der italienischen Architektur der Frührenaissance und in der Romanik suchte, ist nicht allein aus dem von ihm aus aktuellem Anlaß entwickelten technischen und architekturhistorischen Konzept[17] zu erklären. Schon bei einem oberflächlichen Vergleich der gesellschaftlichen Strukturen im Großherzogtum Baden mit jenen der italienischen Stadtstaaten aus dem Blickwinkel des 19. Jahrhunderts ergeben sich Übereinstimmungen etwa in der „liberalen" Beziehung der sozialen Schichten zueinander, in den Autonomiebestrebungen und den Darstellungen des regionalen Selbstverständnisses im Unterrichtswesen und schließlich in den Künsten[18]. Interessant in diesem Zusammenhang ist der konservative Zug in der Politik des Großherzogs, der gegen die bürgerlichen Stände eingestellt war. Programmatisch ist dies in Schwinds großem Wandbild angelegt, was einen weiteren Grund für die Frage liefert, ob die politische Tendenz nicht auch auf die Architekturkonzeption übertragen werden kann[19].

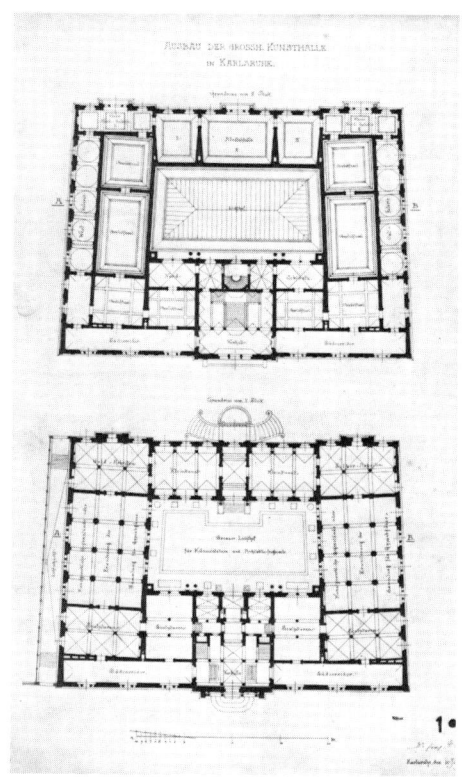

Geplante Erweiterung der Kunsthalle, J. Durm

Der zweite Bauabschnitt
Projekte und Pläne von Joseph Durm

Am 23. Oktober 1889 erhielt der Oberbaudirektor Joseph Durm den Auftrag, die Vollendung des Museums auf der Grundlage des 1852 von Hübsch publizierten Idealplans (II) zu projektieren[20]. Durm legte am 10. Juli 1890 seine Entwürfe dem Großherzoglichen Ministerium der Finanzen vor[21]. Am 13. Mai 1893 genehmigte

Ausbau der Kunsthalle, Ansicht Waldstraße, J. Durm

Geplanter Ausbau der Kunsthalle, Ansicht zum Botanischen Garten, J. Durm

das Ministerium den Bau des Waldstraßenflügels mit dem einachsigen Anbau für ein Treppenhaus am nördlichen Ende der Hoffassade; ausgeführt wurde der Bau von April 1894 bis Ende 1896.

Der Entwurf für die Rückfassade zeigt einen symmetrischen, zweigeschossigen Aufriß mit insgesamt 13 Fensterachsen und einer zweiarmigen, gekrümmten Freitreppe vor den mittleren Achsen. Die „Kopfenden" der beiden Seitenflügel risalieren leicht; sie werden durch Vorbauten in der Mittelachse betont. Das Obergeschoß der Vorbauten ist als Ädikula ausgebildet; das Motiv wird im Eingangsrisalit wiederverwendet.

In der Gestaltung verwendete Joseph Durm teilweise Elemente des von Hübsch errichteten Baus: so das rechteckig gerahmte, rundbogige Fenster mit den dekorativen Reliefs, das sog. Palladio-Motiv, die horizontale Gliederung durch mehrere Gesimse und durch verschiedene Materialien, die Freiplastiken auf den Balkonen. Diese Elemente stehen jedoch in einem neuen Zusammenhang, da Durm Motive hinzufügt und über einen gestuften Grundriß eine andere Abfolge der einzelnen

Baukörper konzipiert. Die für den Bau von Hübsch typische Flächigkeit, das Verhältnis von Fläche und Öffnung wird von Durm vor allem im Obergeschoß aufgegeben; sein Entwurf ist plastisch durchgeformt und orientiert sich eher am barocken Schloß oder Palais. Es liegt nahe zu vermuten, daß Durm die Kunsthalle „umzudrehen" beabsichtigte, um sie mit dem Schloßplatz und den Nachbargebäuden in Verbindung zu bringen; eine entsprechende Andeutung machte er immerhin[22]. Er schlug übrigens als erster vor, den Hof zu überdachen und so in einen Lichthof zu verwandeln.

Dem ausgeführten Bauprogramm lag jedoch ein geänderter Plan zugrunde: Für das obere Geschoß der nordöstlichen Fassade verzichtete Durm zu Gunsten der rundbogigen Fenster auf die Fensterformen seines Idealplans; dekorative Details wurden abgewandelt; ein seitliches Treppenhaus war notwendig geworden. Nachdem auch Durm die Gesamtanlage nicht genehmigt worden war, stellte er mit der Beschreibung des ausgeführten Teils sein geändertes Konzept für eine spätere Erweiterung vor.

Auf eine Besonderheit des Durm-Baus soll noch hingewiesen werden: Für den Rückflügel waren zwischen den Fenstern im Erdgeschoß vorgestellte Dreiviertelsäulen geplant, die „Standbilder berühmter Künstler"[23] tragen sollten. Hübsch hätte dieses Dekorationssystem gewiß abgelehnt, da die Säulen keine architektonische Funktion haben.

Die überwölbten Innenräume wurden mit wertvollen Materialien, mit einem umfangreichen Wandbildprogramm und dekorativen Malereien gestaltet[24]; auch Joseph Durm zielte auf ein Gesamtkunstwerk.

Joseph Durm erwies mit seinen Entwürfen und dem ausgeführten Bau seine Referenz nach drei Seiten: Die Waldstraßenfassade wurde genau nach Hübschs Vorschlag errichtet; das Kopfende hingegen ist eine Mischung aus Elementen des Altbaus, der italienischen Hochrenaissance und des „preußischen (Neu-)Barock".

Der Unterschied in der historischen Situation wird deutlich. Während zu Hübschs Zeiten die regionale Selbständigkeit, verbunden mit einer vergleichsweise liberalen Grundhaltung erklärtes Ziel der Staatsführung war, wurde in den Jahren nach der Reichsgründung die Loyalität zum preußischen Kaiserhaus als Richtschnur der badischen Politik angesehen. Nachdem für den bürgerlichen Hausbau italienische Pallazzi und die „malerischen" Formen altdeutscher Burgen vorbildlich geworden waren, prägten Staatsarchitekten die neubarocke Architektur als Spiegel eines „Neuabsolutismus"[25].

Der dritte Bauabschnitt
Projekte und Pläne von Heinrich Amersbach

Der Anlaß für die Errichtung des dritten Flügels der Kunsthalle war die Schenkung zahlreicher Bilder des damaligen Galeriedirektors, Akademieprofessors und Künstlers Hans Thoma (1839–1924), der kurz vor der Vollendung seines 70. Lebensjahres stand[26]. 1907 wurde Heinrich Amersbach[27], Oberbaurat und Vorstand des Großherzoglichen Hofbauamtes, beauftragt, mit Hans Thoma ein Projekt für ein Thoma-Museum zu entwerfen. Zunächst war an ein besonderes Gebäude im

Botanischen Garten gedacht worden; aber der Plan wurde aufgegeben. Der neue Trakt sollte im Erdgeschoß das Thoma-Museum aufnehmen, hier mit einem achteckigen, in den Hof einspringenden Saal verbunden werden und einen eigenen Eingang vom Schloßplatz aus erhalten. Zwei weitere Stockwerke waren als Ergänzung für die Bildergalerie vorgesehen. Zu dem Projekt in diesem Stadium sind keine Plände nachweisbar. Dies ist um so bedauerlicher, als die Entwürfe Heinrich Amersbachs auf Kritik stießen. Im Oktober 1908 wurde beschlossen, daß der Anbau im Äußeren die Architektur des von Hübsch erbauten Teils erhalten solle; auch Joseph Durm war damit einverstanden. Das Thoma-Museum wurde am 2. Oktober 1909, dem Geburtstag von Hans Thoma, eröffnet; die oberen Geschosse waren im Juni 1910 eingerichtet[28].

vgl. Abb. S. 86

Der Rückgriff auf die Fassadengestaltung von Heinrich Hübsch dürfte jener Tendenz in der Karlsruher Architektur nach der Jahrhundertwende entsprechen, die unter der Führung von Friedrich Ostendorf (1871–1915) Ideen des Klassizismus wiederaufnahmen. Da für den dritten Flügel aber nun Gestaltungsgrundsätze von Friedrich Weinbrenner (1766–1826), der hinwiederum von Hübsch als Anhänger eines „architektonischen Karnevals" bezeichnet worden war, nicht übernommen werden konnten, blieb als Ausweg nur das Vorbild Hübschs. Eine andere Lösung der Fassadengestaltung war offensichtlich undenkbar, obwohl der Widerspruch zwischen der zweigeschossigen Fassadengliederung und dem dreigeschossigen Innenbau, zwischen der Ästhetik im Formalen und der tatsächlichen Nutzung kaum größer sein könnte.

Es ist auffallend, daß man den dritten Flügel nicht von einem der Karlsruher Privatarchitekten ausführen lassen wollte. Seit langem hatten etwa Hermann Billing, Robert Curjel, Karl Moser regional und überregional Anerkennung gefunden; für staatliche Bauaufträge wurden sie jedoch sehr selten beansprucht. Auch Hans Thoma mag seinen Einfluß geltend gemacht haben, war er in jener Zeit doch längst vom „zornigen jungen Mann" der sechziger und siebziger Jahre zur Leitfigur des betont konservativen Kulturlebens geworden. Die sog. Thoma-Kapelle mit dem Bilderzyklus aus dem Leben Christi und die Schauwand mit Keramiken und Buntglasfenstern in der Galerie neben weiteren Werken von Hans Thoma legen davon Zeugnis ab[29]. Diese ebenso als Gesamtkunstwerk konzipierte Raumfolge und Raumausstattung wird es im Neubau des vierten Abschnitts bedauerlicherweise nicht mehr geben.

‚Thoma-Kapelle', H. Amersbach

Der vierte Bauabschnitt
Die Planungen von Heinz Mohl und ihre Voraussetzungen

Nachdem ein Projekt des Staatlichen Hochbauamts Karlsruhe im Jahr 1965 zurückgestellt werden mußte, wurde zum 18. September 1978 ein regional offner Wettbewerb mit dem Ziel ausgeschrieben, Vorschläge für eine Erweiterung der Kunsthalle auf dem Grundstück der im Krieg zerstörten Zeichenakademie zu erhalten. Der Ausführungsauftrag erging an den Karlsruher Architekten Heinz Mohl. Seit Mai 1982 wird gebaut; gegen Ende des Jahres 1985 soll der Bau fertig sein.

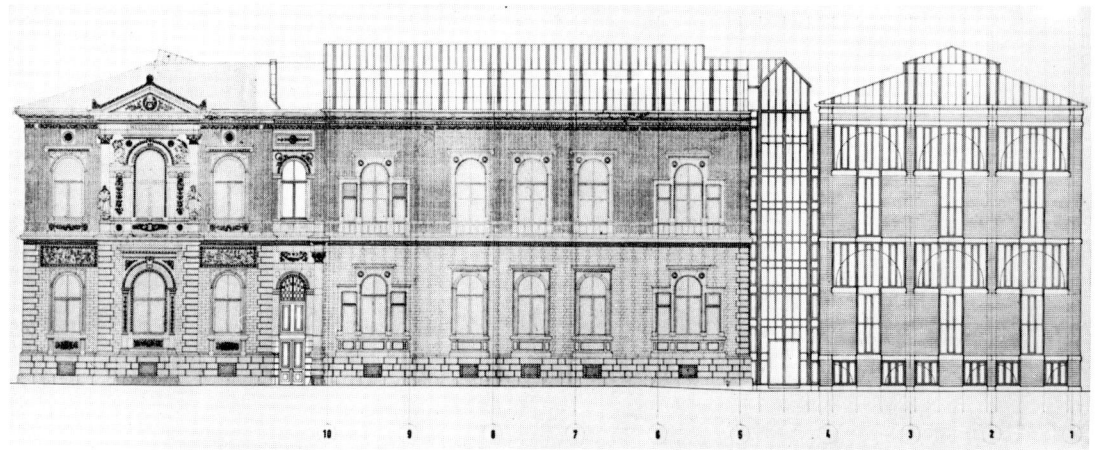

Ausbau der Kunsthalle, Ansicht zum Botanischen Garten, Bestand: J. Durm (links) u. H. Amersbach (Mitte), Neuplanung: H. Mohl

Als Rahmenbedingungen des Wettbewerbs galten die städtebauliche Situation, der Idealplan von Hübsch aus dem Jahr 1852, die in den drei älteren Bauabschnitten gewahrte „Kontinuität" (auch im Hinblick auf das Baumaterial), die Öffnung historischer Schauräume (in denen Arbeitsplätze eingerichtet worden waren) für die Besucher, die Erhaltung der sog. Hans-Thoma-Kapelle und die Herstellung eines Rundgangs im Hauptgeschoß der Galerie. Das Raumprogramm bezog sich vor allem auf die Gemäldegalerie, die graphische Sammlung, die Bibliothek, die Werkstätten, die Verwaltung und den wissenschaftlichen Bereich. Der Umfang dieses Raumprogramms mag überraschen; er wird jedoch verständlich, wenn man bedenkt, daß in den früheren Jahren so gut wie keine Arbeitsräume gebaut worden waren: Hierfür hatte man immer wieder auf die alte Zeichenakademie zurückgegriffen. Nach dem Krieg mußten die Arbeitsplätze im Erdgeschoß des Hübsch-Flügels und in Notbauten untergebracht werden. Von Anfang an war das Projekt mit dem Problem verbunden, wie das Raumprogramm und seine Rahmenbedingungen auf dem kleinen Grundstück verwirklicht werden könnten. Das Problem wurde noch schwieriger, nachdem das ursprünglich geplante Bauvolumen aus Kostengründen verringert worden war.

Der im Mai 1980 zur Ausführung freigegebene Entwurf sieht einen Stahlbeton-Skelettbau mit Stützen, Unterzügen und Flachdecken vor; im Nordwesten einen kräftig vorspringenden, siebenachsigen, an den Hübsch-Flügel angelehnten Ergänzungsbau mit zwei Haupt- und zwei Emporengeschossen über einem ausgebauten Kellergeschoß; im Nordosten den Abbruch des dreigeschossigen Amersbach-Flügels, dessen Fassade jedoch erhalten bleibt, und den Wiederaufbau mit Halb- und Vollgeschossen über einem ausgebauten Kellergeschoß mit der nochmals tiefer liegenden „Thoma-Kapelle" sowie mit einem Dachaufbau für die Bibliothek; ein Treppenhaus zwischen dem Amersbach-Flügel und dem Ergänzungsbau; schließlich die Unterkellerung des Hofs, verbunden mit einer Anhebung des Hofniveaus.

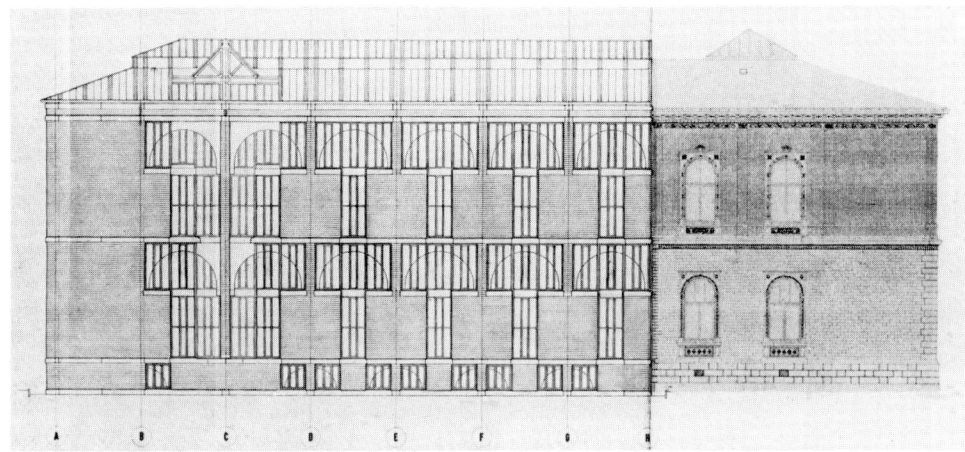

Ausbau der Kunsthalle, nordwestliche Seitenfassade, Bestand: H. Hübsch, Neuplanung: H. Mohl

Mohl greift für die Grundrißdisposition auf den zweiten Idealplan Durms, für das konstruktive Raster und für die Hauptgliederung seines Entwurfs auf den Baubestand zurück: Die Stützenabstände entsprechen jenen des Altbaus; Sockel-, Gurt- und Kranzgesims werden in der Neubaufassade weitergeführt, deren nördliche Achse als geschlossene Wandfläche das entsprechende Motiv des Hübsch-Flügels wiederholt. Alle Fassadenflächen werden mit gleichformatigen Klinkern verblendet. Die verschiedenen Fensterformen trennen die einzelnen Geschosse voneinander und markieren deren unterschiedliche Deckenhöhe. Die Halbkreise in den Fensteröffnungen sind als Teile einer raumseitigen zweiten Wandschale zu verstehen. Mohl übernimmt die Elemente dieser Fenstergliederung aus dem Altbau, dessen rundbogige Fenster rechteckig gerahmt sind. Das Dach wird in einer glasgedeckten Stahlkonstruktion ausgeführt. In der Achse C liegt ein im Grundriß quadratischer Einschnitt, der sich vom „Sockel" bis in das Dach zieht und von einer verklinkerten, nach außen abgerundeten Stütze in der Fassadenflucht betont wird.

Mohl wählt nicht das Prinzip des organischen Aufbaus, wie es am Altbau mit den verschiedenen Materialien und Gliederungselementen sichtbar ist, sondern gibt jenem Grundsatz der technischen Produktion den Vorzug, der auf eine unkomplizierte Vervielfältigung von Teilen bedacht ist. Die Teile sind dann austauschbar und auch vielseitig verwendbar. Die einmal gefundene kleinste Einheit wird so lange (re-)produziert, bis der Bedarf gedeckt ist. Hier werden Sachlichkeit und Funktionalität nicht im Sinne des „Bauhauses" verstanden, sondern vielmehr selber als Varianten im gedanklichen und produktiven Schaffen des Architekten eingesetzt. Auch dieser Erweiterungsbau ist ein „Kind seiner Zeit"; ein „Gesamtkunstwerk" kann er als serieller Rasterbau mit Verblendfassaden jedoch nicht darstellen.

Wilfried Rößling

Anmerkungen

1 Eine Darstellung der Baugeschichte fehlt. Um so mehr bin ich Ute Fahrbach, Sybille Gerke und Wolfgang Schepers zu Dank verpflichtet. Ihre zu verschiedenen Anlässen verfaßten Aufsätze (als Manuskripte) mit Quellen- und Literaturangaben erleichterten mir meine Arbeit. Gert Reising danke ich für seine Bereitschaft mitzudenken.

2 Großherzog Leopold von Baden in einem Brief vom 10. Januar 1837 an den Minister Freiherrn von Blittersdorf (GLA 235/6733) und Galeriedirektor und Hofmaler Carl Ludwig Frommel, in: Verzeichniß der Kunstgegenstände in der Großherzoglichen Kunsthalle zu Karlsruhe, Karlsruhe 1847, Vorwort.

3 Verhandlungen der II. Kammer 1837. Beilage Nr. 1 zum Protokoll der 36. öffentlichen Sitzung vom 5. Juni 1837. – Der Kunstverein war 1818 gegründet worden.

4 Großherzoglich Badisches Staats- und Regierungsblatt vom 18. Juli 1837, S. 145.

5 GLA, 237/4443.

6 Auf die Wiedergabe der Grundrisse (GLA, G Karlsruhe 499 und 500) wird verzichtet; sie ähneln jenen aus dem Bestand der Staatlichen Kunsthalle Karlsruhe, siehe Anm. 8.

7 Einige Pläne sind publiziert in: 150 Jahre Universität Karlsruhe 1825–1975. Architekten der Fridericiana. Ausstellung Karlsruhe 1975, Abb. 24–27, 31.

8 Inv. Nr. 1944–101 bis 104.

9 GLA, G Karlsruhe 367, 371, 512.

10 GLA, 237/4443.

11 GLA, G Karlsruhe 509.

12 GLA, G Karlsruhe 511.

13 Heinrich Hübsch, Bauwerke, 2. Folge, Heft 1, Karlsruhe 1852.

14 Literarische Parallelen lassen sich in Adalbert Stifters Erzählungen „Condor" (1840) und „Der Hochwald" (1842) finden. – Hübsch nimmt hierbei Gottfried Sempers „Wissenschaft, Industrie und Kunst", Braunschweig 1852 vorweg; doch formulierte Semper wie Hübsch seit den 30er Jahren ähnliche Gedanken; siehe: Gottfried Semper und die Mitte des 19. Jahrhunderts. Basel, Stuttgart 1976.

15 Ausgeführt wurden alle plastischen Werke am Außenbau von Franz Xaver Reich (1815–1881).

16 Das Programm für die Malerei wurde unter Mitwirkung von Moritz von Schwind aufgestellt, von ihm und seiner Werkstatt ausgeführt. Literatur dazu bei: Jan Lauts/Werner Zimmermann, Katalog Neuere Meister, Staatliche Kunsthalle Karlsruhe, Textband, Karlsruhe 1971, S. 238 f. Ferner: Richard Foerster, Moritz von Schwinds Philostratische Gemälde, Leipzig 1903. – Zur Interpretation: Donat de Chapeaurouge, Die deutsche Geschichtsmalerei von 1800 bis 1850 und ihre politische Signifikanz, in: Zeitschrift des Deutschen Vereins für Kunstwissenschaft, Band XXXI, H. 1/4, Berlin 1977, S. 131–133.

17 Heinrich Hübsch, In welchem Style sollen wir bauen? Karlsruhe 1828: „Den Künstlern welche sich zur Säcular=Feier Albrecht Dürers am sechsten April 1828 zu Nürnberg versammeln".

18 Siehe dazu Dokumente, Kommentare und Literaturangaben in: Baden. Land – Staat – Volk. 1806–1871. Herausgegeben vom Generallandesarchiv Karlsruhe, Karlsruhe 1980.

19 Dazu: Donat de Chapeaurouge, wie Anm. 16. – Ein analoger Vorgang, teilweise mit den gleichen Personen, spielte sich um das Städel in Frankfurt am Main ab; siehe: Claudia Reising-Pohl, Johann David Passavant. Der Wandel eines Künstlerbewußtseins zur Zeit der Entstehung der Kunstwissenschaft. Ms. Diss. Frankfurt am Main 1980, besonders Kap. VII.

20 Joseph Durm, Die Kunsthalle in Karlsruhe, in: Zeitschrift für Bauwesen, 50 (1900) Spalte 179 und Abb. im Atlas, Blatt 24–26.

21 Die Entwürfe liegen zur Zeit im Staatlichen Hochbauamt I, Karlsruhe.

22 Wie Anm. 20, Spalte 182.

23 Wie Anm. 20, Spalte 182.

24 Nachzulesen bei: Durm, wie Anm. 20.

25 Quellen, die Aufschluß über die Gründe des reduzierten Bauvolumens für den II. Bauabschnitt geben, konnten nicht mehr eingesehen werden.

26 GLA, 56/3094, 235/40233, 237/42067.

27 Über Leben und Werk des Heinrich Amersbach ist fast nichts bekannt.

28 Karlsruher Tagblatt vom 15. Juni 1910.

29 Die im Zweiten Weltkrieg zerstörten Glasfenster sollen in den nächsten Jahren in Anlehnung an das Spätwerk von Hans Thoma neu geschaffen werden.

Weitere Literatur:

Jan Lauts, Katalog Alte Meister, Staatliche Kunsthalle Karlsruhe, Textband, Karlsruhe 1966, S. 9–19.

Volker Plagemann, Das deutsche Kunstmuseum 1790–1870, München 1967, S. 93–101 mit Abb.

Klaus Schwirkmann, Josef Durm (1837–1919), in: Jahrbuch der Staatlichen Kunstsammlungen in Baden-Württemberg, 16. 1979, S. 117–144.

Otto Zirk, Zur Geschichte der Karlsruher Kunsthalle, Karlsruhe (1954).

60
Kunsthalle in Karlsruhe, Vorentwurf
zur Hauptfassade, Bleistiftzeichnung
auf Transparentpapier, 17,3 × 54,3 cm.
GLA, G K'he 502.

61 (ohne Abbildung)
Kunsthalle in Karlsruhe (Vorentwurf),
Grundriß und ‚perspektivische' Vorder-
ansicht, Bleistiftzeichnung, verbräuntes
Papier, 33,2 × 41,0 cm. GLA, G K'he
501.

62
Kunsthalle in Karlsruhe, Entwurf zur
Hauptfassade, Bleistiftzeichnung, an-
gelegt, Papier, 31,8 × 53,8 cm. GLA, G
K'he 508.

Haupt Facade.

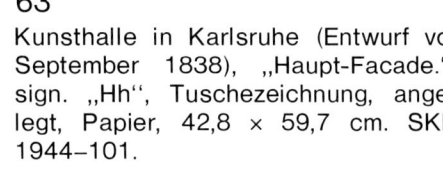

63
Kunsthalle in Karlsruhe (Entwurf vor September 1838), „Haupt-Facade.", sign. „Hh", Tuschezeichnung, angelegt, Papier, 42,8 × 59,7 cm. SKK 1944–101.

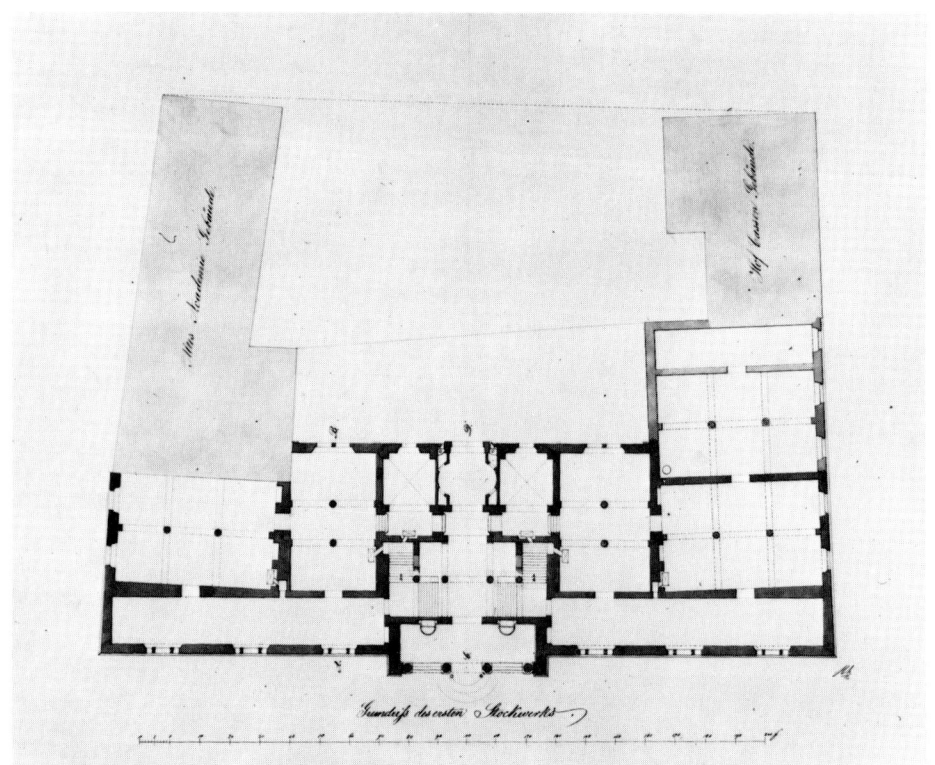

Grundriß des ersten Stockwerks.

64
Kunsthalle in Karlsruhe (Entwurf vor September 1838), „Grundriss des ersten Stockwerks.", sign. „Hh", Tuschezeichnung, angelegt, Papier, 42,8 × 59,8 cm. SKK 1944–102.

65
Kunsthalle in Karlsruhe (Entwurf vor
September 1838), „Durchschnitt nach
der Linie C–D / ... A–B.", sign. „Hh",
Tuschezeichnung, angelegt, Papier mit
Wz 1833, 41,2 × 53,9 cm. SKK
1944–104.

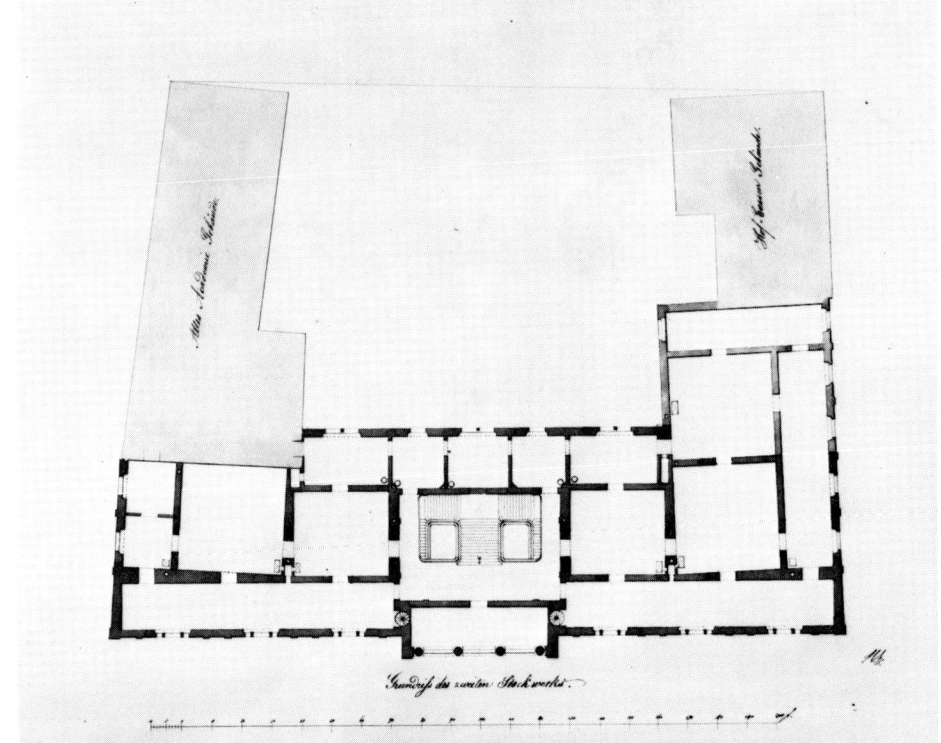

Durchschnitt nach der Linie C–D   Durchschnitt nach der Linie A–B.

Grundriß des zweiten Stockwerks.

66
Kunsthalle in Karlsruhe (Entwurf vor
September 1838), „Grundriss des
zweiten Stockwerks.", sign. „Hh",
Tuschezeichnung, angelegt, Papier,
42,7 × 59,4 cm. SKK 1944–103.

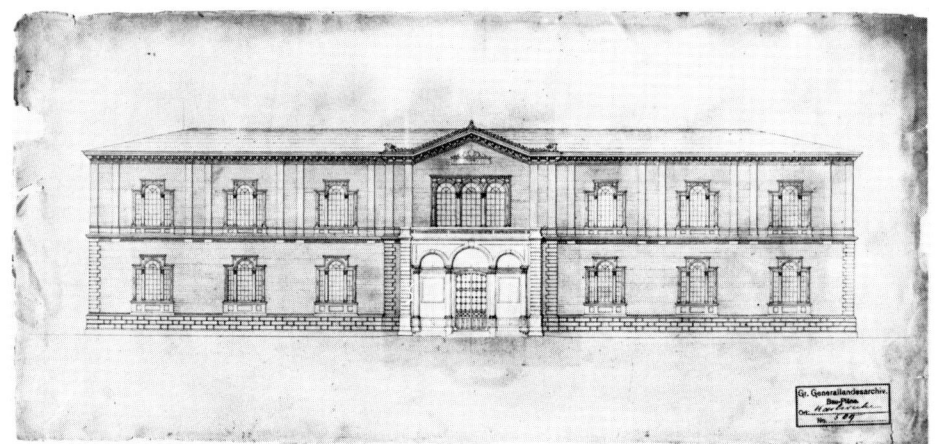

67
Kunsthalle in Karlsruhe, Ausführungsentwurf zur Hauptfassade, Tektur über
dem Erdgeschoß des Mittelrisalits,
Bleistift- u. Tuschezeichnung, Papier,
29,4 × 62,1 cm. GLA, G K'he 509.

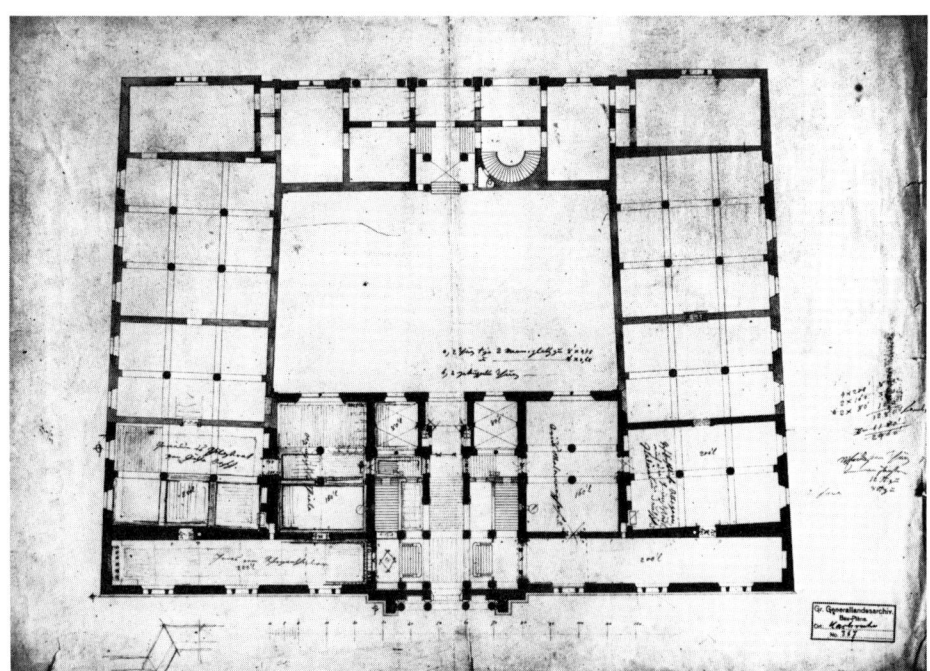

68
Kunsthalle in Karlsruhe, Erdgeschoßgrundriß der Gesamtanlage, Tuschezeichnung, entsprechend den geplanten Bauabschnitten verschieden angelegt, Ingrespapier, 51,9 × 73,8 cm. GLA,
G K'he 367.

92

69
Kunsthalle in Karlsruhe, Entwurf für die Rückfront, unvollendet, Bleistiftzeichnung, Karton, 29,3 × 59,0 cm. GLA, G K'he 512.

70
Kunsthalle in Karlsruhe, Entwurf für die Seitenfronten, Bleistiftzeichnung, Karton, 29,9 × 62,5 cm. GLA, G K'he 511.

71

Kunsthalle in Karlsruhe, persp. Vorderansicht, gezeichnet wohl von A. Blum, Bleistiftzeichnung, in Grautönen angelegt u. aquarelliert, Papier, 42,3 × 57,5 cm, aufgezogen auf Karton. IfB, Hübsch 125.

72 (ohne Abbildung)
Kunsthalle in Karlsruhe, Entwurf für ein Deckengemälde, versch. Randskizzen u. Anmerkungen, Bleistift- u. Tuschezeichnung, partiell angelegt, Ingrespapier, ca. 54,0 × 37,5 cm. GLA, G K'he 315.

73 (ohne Abbildung)
Kunsthalle in Karlsruhe, Tektur zu vorigem Deckengemälde, Bleistift- u. Tuschezeichnung, angelegt, 53,7 × 38,2 cm. GLA, G K'he 314.

74
Kunsthalle in Karlsruhe, Ansicht des Hauptportals und versch. Detailskizzen, Bleistiftzeichnung, angelegt, Papier, ca. 70,0 × 46,7 cm. GLA, G K'he 337.

Die Bauten für den Botanischen Garten

Im September 1843 erhielt der Baudirektor Heinrich Hübsch ein Schreiben des Großherzoglichen Ministeriums der Finanzen in Karlsruhe mit dem Auftrag, eine Ergänzung der Einfassung des botanischen Gartens vorzuschlagen[1]. Nach Fertigstellung des neuen Wohnhauses für den Gartendirektor und dem Abbruch seiner alten Wohnung sei eine neue Einfassung notwendig geworden, Baudirektor Hübsch wird beauftragt, „ein Projekt hierzu unter Benehmen mit dem Gartendirektor Held zu entwerfen", ein Kostenanschlag sei dazu einzureichen[2]. Hübsch fertigte einen Vorschlag, bei dem zwischen die „vorhandenen Pfeiler und Heiser" eine „eiserne Grillage" vorgesehen war. Im Januar 1844 erhielt er eine Antwort aus dem Finanzministerium: „Soviel uns bekannt, ist es die Absicht des großh. Hofdomainen Intendanz, in dem botanischen Garthen, gegenüber der Academiestraße eine Anlage herzustellen, die keiner Einfassung durch ein eisernes Gitter bedarf"[3]. Mit diesem Bescheid kündigt sich vielleicht schon der Plan des Großherzogs an, um den botanischen Garten neue Gewächshäuser bauen zu lassen.
Die Pflege der Botanik war am badischen Fürstenhof, wie schon Artur Valdenaire formuliert, „von jeher allgemein"[4]. Valdenaire weist auf die große Tulpen- und Zwiebelblumensammlung hin, berichtet von der Expedition, die der Hofgärtner Karl Wilhelms mit dem Leipziger Professor Hebenstreit nach Afrika unternommen hatte und erwähnt die große Anteilnahme Karl Friedrichs und Caroline Luises von Baden an botanischen Fragen.

Vorgängerbauten im 18. und 19. Jahrhundert

Schon in der Residenzanlage der ersten Hälfte des 18. Jahrhunderts hatten Orangeriebauten den Lustgarten, der sich in dem viertelkreisförmigen Gelände zwischen Schloß und Zirkel erstreckte, auf der Westseite gerahmt[5]. Mit der Stadterweiterung zum Mühlburger Tor hin – nach der Wende zum 19. Jahrhundert – wurde das Gelände nördlich dieser Bauten zwischen Schloß und neuer Linkenheimer Vorstadt wichtiger und zentraler gelegen: hier dachte man jetzt ebenfalls an eine Veränderung. In einem Plan für diese Stadterweiterung nach Westen ist der Bereich nordwestlich der alten Orangeriebauten bereits als „Bauplätze für Orangerien und Botanische Gärten" ausgewiesen[6].
Zusammen mit der Einrichtung des „botanischen Gartens" geht die Umgestaltung des Karlsruher Schloßgartens als Landschaftsgarten – eine Maßnahme, die die Eigenart der Karlsruher Sternanlage nicht berücksichtigen konnte, andererseits aber auch keine neuen großartigen Gartenräume hervorgebracht hat. Die nach den Entwürfen Friedrich Weinbrenners erstellten neuen Orangerien und Treibhäuser standen damals etwa in der Verlängerung der heutigen Bismarckstraße zum Schloß hin. Friedrich Weinbrenner hatte mit der Planung nach dem Jahr 1806 begonnen. Sein erster Entwurf läßt – wie die zeitlich noch früheren Projekte Wilhelm Jeremias Müllers – noch eine ganz der Tradition barocker Orangeriebauten entsprechende Haltung spüren: ein Kuppelraum betont die Mitte der

78 „Orangerie längs der Linkenheimer Thorstrasse" in Karlsruhe

Bauzeile, einfache rechteckige Bauten mit Walmdächern schließen sich an den Seiten des Mittelbaus an[7]. Zur Hans-Thoma-Straße präsentiert sich keine geschlossene Bauzeile, vielmehr richten sich dorthin die Schmalseiten zweier weiterer einfacher, langrechteckiger Treibhäuser. Fast zeitgleich mit der Planung der neuen Pflanzenhäuser, die in der Ausführung doch erheblich einfacher gerieten als es die ersten Entwürfe vermuten lassen[8], entstand nach Plänen Weinbrenners das neue Hoftheater an der Stelle des mittleren der drei alten barocken Orangeriebauten am Schloßplatz[9]. Arnold Tschira kommentiert diese Anlage: „So entstand damals schon auf den Plänen Weinbrenners ein Gebäudekomplex, der sich um einen Garten gruppierte und außer den Pflanzenhäusern für höfische und gärtnerische Zwecke ein Lehrgebäude, eine Gemäldesammlung und ein Theater umfaßte"[10].

Die Entwürfe Heinrich Hübschs für die neuen Bauten im botanischen Garten

Nach dem Brand des Weinbrenner'schen Theaters hatte Heinrich Hübsch am gleichen Platz einen neuen Bau geplant – seiner Vollendung sah man im Jahr 1853 entgegen[11]. Nun war die Möglichkeit gegeben, den wohl des notwendig gewordenen Theaterneubaus wegen zurückgestellten Wunsch nach Erweiterung und Neuordnung des botanischen Gartens zu verwirklichen. Baudirektor Hübsch erhielt vom geheimen großherzoglichen Kabinett am 20. Januar 1853 die von ihm angefertigten Kostenzusammenstellungen für die „neu herzustellenden Gewächshäuser im botanischen Garten" mit den dazugehörigen Plänen zurück und wurde angewiesen, „alle jene Vorarbeiten vornehmen zu lassen, welche gestatten, die Baulichkeiten gleich nach Beendigung des neuen Hoftheaters zu beginnen"[12]. Am ersten April 1853 wurde der Bauplatz abgesteckt.
Heinrich Hübschs Entwürfe für die Anlage des neuen botanischen Gartens sind in erfreulicher Anzahl erhalten[13]. Bei den Blättern finden sich Vorentwurfsstadien für die Hauptteile der Anlage, Entwürfe, die der Ausführung der Bauten weitgehend entsprechen, und eine große Zahl Skizzen zu Konstruktion und Detailausbildung. Obwohl alle Pläne undatiert geblieben sind, lassen sich doch aufgrund von Planvergleichen und mit Hilfe der Bauakten die Entwürfe ordnen und zeitlich recht gut bestimmen. Schon in den noch vorhandenen Lageplänen wird deutlich, wie Heinrich Hübsch auf der älteren vergleichsweise strengen Anlage aufbauend, seine Bauten zunehmend freier ausbildete und anordnete.

Die Entwurfsphasen in den Lageplänen

Kat.-Nr. 75 Die zuerst geplante Anlage[14] respektiert in ihrer Ausdehnung die Fläche des nach der Jahrhundertwende eingerichteten Botanischen Gartens – an ihrer Nordseite kann sich die Grünwinkler Allee (heute Bismarkstraße) bis zur Nordseite des Schloßbaus ungestört fortsetzen. Die Grundflächen der beiden östlichen dem Schloß zugewandten großen Gewächshäuser sollen jetzt durch zwei gleichförmige „Italienische Gärten" mit jeweils dahinterliegendem „Bedecktem Gang" eingenommen werden; zur Stadt hin setzt sich die Bauzeile fort in einem „Warmen

Haus", dessen Mitte akzentuiert wird durch ein sich dort halbkreisförmig aus-
buchtendes „Warmes Bassin". Rechtwinklig zu dieser langen Bauzeile schließt –
das Gelände zur Linkenheimer-Tor-Straße hin fassend – der neue Orangeriebau
an, ebenfalls in diesem Entwurfsstadium noch axialsymmetrisch entwickelt[15]. Auf
dem „Situationsplan", der wohl zur Gruppe der an Hübsch im Januar 1853 zu-
rückgegebenen Pläne gerechnet werden darf, ist bereits ein „Torbau" in Ansät-
zen erkennbar: er markiert den Durchgang an der Nordseite der ehemaligen botanischen Gärten zum Schloßgarten hin und trennt die Teile des „Italienischen
Gartens".

Im zeitlich auf dieses Blatt folgenden Vorentwurfsstadium[16] ist dann der große
Orangeriebau schon in der prinzipiell verwirklichten Grundrißform zu erkennen[17]:
die Mittelbetonung des Baukörpers ist aufgegeben – ein nicht mehr gebogener
langrechteckiger Bau wird jetzt von zwei verschieden großen „Eckpavillons"
eingerahmt. Der nördliche „Eckpavillon" steht genau über der Verlängerung der
Grünwinkler Allee zum Schloß hin, das Ende der Stephanienstraße wird durch
den südlichen Abschlußpavillon der Orangerie optisch markiert. Nachdem der
Verlauf der Grünwinkler Allee durch den Orangeriebau unterbrochen war, lag das
Verschieben der langen Bauzeile, die Orangerie und Schloß verbinden sollte,
nach Norden hin nahe – so konnte zusätzliche Fläche für den botanischen Garten
gewonnen werden. Die „neue" nach Norden verlegte Bauzeile ist in Bleistift über
dem älteren Entwurf angegeben, jetzt wird auch bereits der „italienische Garten"
als Kreissegment – nach Norden aus der Bauzeile ausschwingend – und getrennt
vom „Torbau" sichtbar[18].

Ein dritter, dem verwirklichten Bauensemble entsprechender Lageplan zeigt, wie
jetzt Orangerie, „Warmes Haus" mit Palmenhaus, „Torbau" und „Italienischer
Garten" wie zu einer Kette gereiht die räumliche Fassung des botanischen Gartens bilden.

Kat.-Nr. 76

Die Entwurfsblätter vom Spätjahr 1852

Als dem zuerst vorgestellten „Situationsplan" zugehörig lassen sich fünf Blätter
mit Ansichten, Grundrissen und Schnitten der Bauten bestimmen: der Plan der
„Bedeckten Orangerie laengs der Linkenheimer Thorstraße", die „Ansicht des
warmen Hauses mit dem Bassin", die „Ansicht des italienischen Gartens mit dem
Pavillon und Durchgang in den Schloßgarten" und die beiden Blätter mit den entsprechenden Querschnitten aller Bauten.

Kat.-Nr. 77
Kat.-Nr. 79
Kat.-Nr. 86
Kat.-Nr. 81
Kat.-Nr. 82

Alle Ansichten sind axialsymmetrisch entwickelt: breitlagernde nicht viel höher
als eingeschossige Baukörper werden in der Mitte durch eine Kuppel, einen dop-
pelgeschossigen Giebel oder eine zweigeschossige Doppelturmfassade durch-
drungen und betont. Die neue Orangerie, deren Grundriß ganz ähnlich dem nicht
verwirklichten Entwurf Friedrich Weinbrenners einen über die Flucht der Seitenflügel hinausragenden quadratischen Mittelbau aufweist, ist durch Pilaster und
dazwischengestellte hohe Rundbogenfenster gegliedert. Über dem Kranzgesims
ist eine Balusterattika sichtbar, die das nur teilweise verglaste, flach abgewalmte
Dach verdeckt. Die Pilasterachsen sind über der Attika mit Vasen markiert, deren
Bepflanzung die Umrißlinie bewegt. Der mittlere Saal wird über innen ausgerun-

Kat.-Nr. 77

dete Ecken in ein Säulenrund über dem Dach hinaufgeführt, wo er durch eine mächtige gläserne Kuppel abgeschlossen wird. Ein Kämpfergesims wird als waagerechte Teilung über Pilaster und Wände um den ganzen Bau herumgeführt, die Bogenzwickel sind durch runde Medaillons akzentuiert. Der Eingang unter der Kuppel zeichnet sich durch ein etwas größeres Bogenformat vor den Fenstern aus, die Wandfelder daneben sind durch Nischen und Figuren geschmückt. Die Enden des Baus werden jeweils nur durch eine doppelte Pilasterstellung betont, die Umrißlinie des Baus dort nicht verändert. Am Ansatz der Kuppel, deren Konstruktion offenbar in eisernen Bogenbindern gedacht war, läuft eine geländerartige zweite Horizontallinie um, entlang der Bogenrippen und hier sind grüne Kletterpflanzen gezeichnet.

Kat.-Nr. 79   Das zweite Blatt mit der „Ansicht des warmen Hauses mit dem Bassin" zeigt einen Bau, der sich im Gegensatz zur Orangerie nur zu einer Seite hin entfaltet: die nach Norden weisende Rückseite wird von einer geschlossenen Wand gebildet, Südseite und Dächer sind verglast[19]. Schlanke Eisenstützen werden geknickt in den Bindern des Satteldaches weitergeführt und setzen auf der Nordwand auf. Durch ein an der Innenseite gekrümmt entlanglaufendes Zugband ist die gesamte Raumhöhe frei nutzbar. Das in der Mitte des Baukörpers über die Gewächshäuser hinausragende Palmenhaus ist dagegen mit einer außerordentlich schlank ausgebildeten Sandsteinpfeiler-Architektur versehen[20]. Das Dach des Palmenhauses ist als glasgedecktes Satteldach rechtwinklig zu den Dächern des „Warmen Hauses" angeordnet; die Figuren, die in der Fortsetzung der schlanken Pfeiler das Dach tragen, sind auf einem dem Giebelverlauf folgend abgetreppten Horizontalgesims aufgesetzt[21]. Flach vor dem Palmenhaus lagert sich in einem Halbrund das Glasdach über dem Becken für die Victoria Regia[22].

Kat.-Nr. 86   Das dritte Blatt mit der „Ansicht des italienischen Gartens mit dem Pavillon und Durchgang in den Schloßgarten" zeigt wie das zweite eine nur nach Süden orientierte Bauzeile[23]. Auf ein Sockelgeschoß gesetzte Bogenarkaden reihen sich rechts und links eines von zwei Rundtürmen flankierten Durchgangs. Der Arkadengang wird jeweils kurz vor den Türmen über Treppen schräg nach oben geführt, wo er über dem flach gerundeten Bogen des Durchgangs in einem zur Süd- und Nordseite befensterten Saal mündet. Die im unteren Bereich nur als Halbrund heraustretenden Türme werden bekrönt durch kleinere runde überkuppelte Aufbauten. Die Fassade des „überdeckten Gangs" wird in der Zeichnung in weiten Teilen überschnitten von den Ansichten davor gezeichneter Palmen, Pinien, Zypressen und Orangenbäume: sie reihen sich entlang der geraden Frontlinie, wo

Kat.-Nr. 81   sie im Winter von einem hohen Glashaus, wie es der Schnitt zeigt, geschützt werden könnten.

Ein Vorprojekt für eine neue Orangerie beim Schloß

Kat.-Nr. 85   Durch Bauakten nicht zu belegen ist die Entstehungszeit eines Planes, der wohl eine Entwurfsvorstufe zu den Planungen im Bereich des „Italienischen Gartens" darstellt. Ein zweigeschossiger Torbau, der zwischen runden Türmen über der breiten Durchfahrt eine gläserne Galerie trägt, über deren Dachhöhe die Türme nicht hinausragen, steht zwischen zwei symmetrisch ausgebildeten verglasten

Bogenarkaden. Die gläsernen Füllungen in den auf schmalen Pfeilern ruhenden Bogenöffnungen reichen fast bis zum Erdboden hinunter – die Tiefe der „Seitenflügel" entspricht etwa der Ausdehnung der alten Gewächshäuser am Schloß. So liegt der Gedanke nahe, das Blatt als ein noch vor den gezeigten Planungen entstandenes Projekt für den Ausbau des botanischen Gartens anzusprechen, in dem das Vorhaben eines neuen Orangeriebaus noch auf dem Gelände direkt beim Westflügel der Schloßanlage verwirklicht werden sollte[24].

Die Pläne vom Frühjahr 1853

Im Juni 1853 antwortete Baudirektor Hübsch auf eine Mahnung der großherzoglichen Hofdomainen Intendanz, Kopien der Pläne der „in Ausführung begriffenen Gebäulichkeiten des großherzoglichen botanischen Gartens" anfertigen zu lassen und zur Verfügung zu stellen, er lege dem Schreiben folgende Pläne bei:
„a, den Grundriß der neuen Orangerie
b, den Grundriß der warmen Häuser mit Baßin
c, den Grundriß der Pavillons
d, den Grundriß des italienischen Gartens".
Der betreffende Situationsplan befinde sich bereits seit längerer Zeit in den Händen der Hofdomainen Intendanz. Die Fertigung der „Thorbau Grundriß u. Nebenbauten" werde – „bei den übrigen gegenwärtig dringenden Geschäften noch einige Zeit in Anspruch nehmen"[25].
Erste Arbeiten am Bauplatz waren im Juni 1853 schon im Gange, die großen und aufwendig gezeichneten Pläne der Serie, die wohl als eine der Grundlagen zur Bauausführung gedient hat, zeigen dennoch in manchen Einzelheiten nicht die endgültige Ausformung der Bauten. Offenbar wurde während des Baus noch an den Plänen gearbeitet und geändert, vielleicht wurden auch manche Entscheidungen am Bau getroffen und sind nicht konsequent in Ausführungsplänen dargestellt worden.
Wohl als erstes Blatt der Serie, die den Stand der Planung im Frühsommer 1853 zeigt, ist eine Ansicht der neuen Orangerie an der Linkenheimer Torstraße entstanden[26]. Nun ist die gläserne Kuppel an das Südende des Baus gerückt, der nördliche Abschluß wird durch einen rechteckigen ebenfalls befensterten Dachaufsatz etwas zurückhaltender betont. Über dem langen Verbindungstrakt tritt ein gebogenes, vollkommen verglastes Dach über die Attika heraus, im übrigen entsprechen Materialwahl und Detailausbildung dem Projekt vom Spätjahr 1852[27]. Das Blatt vermittelt zwei Planungsstadien: unter aufklappbaren Tekturen, die jeweils die „Pavillons" an den Enden des Baus überdecken, ist die ältere Planung sichtbar, sie stimmt mit dem Grundriß überein, der unter der Ansicht unverändert geblieben ist. Die hauptsächliche Veränderung besteht darin, daß aus dem im unteren Blatt und im Grundriß noch wenig langrechteckig angelegten südlichen Eckpavillon im zweiten Planungsstadium ein quadratischer Bau wird; beim nördlichen, in der Sichtachse der Grünwinkler Allee stehenden Endpavillon wurde vor allem der Verlauf der Dachgesimslinie vereinfacht.
Temperierte Gewächshäuser und Palmenhaus liegen nun in einer, dem früheren Entwurf im wesentlichen ähnlichen Form vor: die Satteldachausbildung der „War-

Kat.-Nr. 78

men Häuser" ist nun durch ein pultartig an die Rückwand anschließendes Dach ersetzt, das Dach des Palmenhauses soll sogar – ähnlich dem Bogenverlauf der Eisenbinder über dem Langhaus der Orangerie – leicht gekrümmt von allen Seiten zur großen Mittelstütze ansteigen[28].

Kat.-Nr. 80
Kat.-Nr. 83

Eine vollständig neue Ausformung hat der „Italienische Garten" erfahren. Der nun nach Norden halbkreisförmig ausschwingende schmale Bogengang wird, unabhängig von einer Durchfahrt, betont durch einen nur wenig aus der Flucht heraustretenden Mittelrisalit. Der neue „Torbau" steht nun zwischen „Warmen Häusern" und dem Bogengang des „Italienischen Gartens": wie schon in den Vorentwürfen wird die Durchfahrt von zwei Rundtürmen flankiert, im Obergeschoß findet sich der Saal. In dem Blatt, das der Ausführung weitgehend entspricht, werden Elemente aus beiden Vorentwürfen kombiniert; als „malerische Bereicherung" sind an den Außenseiten der Türme „zeltartige Aufbauten" dargestellt, die fast an Chinoiserien denken lassen[29].

Kat.-Nr. 84

Kat.-Nr. 87

Skizzen zur Bauausführung

Von den vielfältigen und für die Mehrzahl der Bauten noch recht zahlreichen Skizzen zur Bauausführung sollen hier nur zwei Blätter herausgegriffen werden: eine perspektivische Ansicht des südlichen Eckpavillons der Orangerie und eine Ansicht zweier Fensterachsen des Baus mit Materialangaben. Die Schrägansicht mit der Studie des Eckpavillons – noch nicht in allen Einzelheiten der Bauausführung entsprechend – zeigt, wie der Eingang zur Orangerie durch eine figurenbekrönte Säulenarchitektur herausgehoben werden soll; die Nischenfiguren an den Seiten fallen daher weg. Das Dachgesims wird über dem Eingang nicht mehr aufgebogen, der Kubus unter der Kuppel so klarer konturiert. In dem ebenfalls leicht perspektivisch gezeichneten Außenwandausschnitt ist die Anordnung der verschiedenfarbigen Sandsteine und Klinker durch Buchstaben deutlich gemacht[30].

Perspektivische Skizze zur Fassadengestaltung der Orangerie mit Materialangaben, Ausschnitt, H. Hübsch

Orangen oder Palmen?
Heinrich Hübschs Auseinandersetzungen mit der Gartendirektion

Der Bauablauf der Anlage soll hier nicht im einzelnen rekonstruiert werden[31], einige Diskussionen und Meinungsverschiedenheiten über Form und Inhalt der Planungen verdienen aber wiedergegeben zu werden, weil sie prinzipielle Bedeutung haben.

Im Januar 1855 wurde dem Baudirektor Hübsch mitgeteilt, der „Italienische Garten" solle nun eingerichtet werden, „mit demontablem Gewächshaus". Auf diese Anweisung hin verfaßte Hübsch ein 16seitiges Memorandum, das hier in Auszügen zitiert werden soll: „Bei meinem zur Ausführung genehmigten Entwurfe", schreibt der Baudirektor, „der in den botanischen Garten zu errichtenden neuen Bauten war als Grundlage angenommen: daß außer den großen Glashäusern für die exotischen und tropischen Pflanzen und außer dem großen Organgeriegebäude, worin die Orangenbäume während des Winters in solcher Weise aufgestellt werden konnten, daß in der Mitte Platz bleibe, um hier Gesellschaften zu geben, ein italienischer Garten angelegt werden sollte, in dem ein Theil der Orangen und

101

Citronen= bäum zum besseren Gedeihen der früchte ... und wegen des schönen Anblicks in das freie Land gepflanzt würden". Er habe deshalb hierfür eine Anlage konzipiert, deren Winterüberdachung zu Beginn der milden Jahreszeit weggenommen werden könne: „auf solche Weise wird die hiesige Gartenanlage einen sehr großen und ganz eigenthümlichen Reiz erhalten – und zwar mit verhältnismäßig geringem Aufwande"[32]. Um Kosten zu sparen, wolle man Teile der Glashaut der zum Abbruch bestimmten alten Gewächshäuser für diese Überdachung wiederverwenden. Nun versucht Hübsch aufzuzeigen, daß die Anlage schon in der jetzt zur Ausführung bestimmten Form aufwendiger und teurer als ursprünglich veranschlagt gewesen sei, zusätzliche Forderungen nach noch größervolumigen Wintergartenräumen, wie sie offenbar von der Gartendirektion vorgebracht worden waren, aber schon vom finanziellen Rahmen her untragbar wären. Die schon jetzt absehbaren Mehrkosten seien darin begründet, daß kurz vor und bei der Ausführung der Bauten „verschiedene Modifikationen"[33] eingetreten seien. Zuerst sei, als man gerade mit der Fundamentierung begonnen habe, durch den Gartengehilfen Löffler festgestellt worden, daß die beabsichtigte Lage der „Warmen Häuser" und des „Italienischen Gartens", zu deren Rückmauern aus Gründen der Kostenersparnis man habe die in noch gutem Zustand befindlichen Rückmauern der alten „Kalten Häuser" verwenden wollen, sich so nahe an dem großen Theaterbau befänden, daß „dessen Schlagschatten nachtheilig einwirken würde". Man habe daraufhin – die Richtigkeit dieser Bemerkung erkennend – beschlossen, auf die Benützung der alten Mauern zu verzichten „und sämtliche neue Bauten weiter vom Theater weg und in den Schloßgarten zurückzusetzen". Nun müsse er erfahren, daß die Gartendirektion in einer Konferenz über die Anlage gesprochen habe und neue Vorstellungen verwirklicht sehen wolle: so solle der „Italienische Garten", der ursprünglich in erster Linie als Standort für die Orangen- und Zitronenbäume vorgesehen gewesen sei, eine andere Zweckbestimmung erhalten, nämlich ein zusätzlicher „Wintergarten" werden, der einer sehr viel aufwendigeren Heizung bedürfe. Damit sei aber auch die Grundidee der Anlage, die Bedachung im Sommer „ganz spurlos" hinwegnehmen zu können, gegenstandslos geworden[34].

Hübsch führt zur Frage des Wintergartens ausführlich seinen Standpunkt aus und bezieht sich dabei auf die einschlägige Literatur: „>Wintergarten< nennt man gewöhnlich diejenigen ganz mit Glas überdeckten Häuser, worin der natürliche Boden sichtbar ist, in welchem die Bäume und Pflanzen ... unmittelbar eingepflanzt sind. Diese unmittelbare Einpflanzung in den freien Boden gewährt (namentlich wenn der Heizapparat ganz dem Auge entzogen wird) einen großen Reiz, und wird über dieß von den ersten Autoritäten in der Kunstgärtnerei namentlich (z.b.v. Neumann – Grundsätze über Glashäuser aller Art p. 67), nicht allein für die exotischen sondern auch für die tropischen Bäume als sehr vorteilhaft erkannt, und der Haltung in Kübeln und Kästen vorgezogen[35]. Hofgärtner Mayer will nun gleichwohl mehr die letztere Art anwenden"[36]. Ein „nicht-demontieren" der Winterumhüllung, glaubt Hübsch, werde von den Gärtnern vor allem deshalb vorgezogen, weil sie die jährliche Arbeit vermeiden wollten; ein Traggerippe als ständige Unterkonstruktion der Glashaut im Sommer lehnt der Architekt ab, da er dadurch eine Beeinträchtigung der Südansicht des „Italienischen Gartens" befürchtet[37].

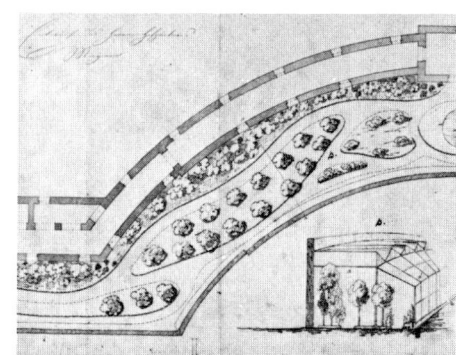

Ausschnitt aus einem Vorschlag des Hofgärtners Mayer zur Gestaltung des Italienischen Gartens
siehe Kat.-Nr. 75

siehe Kat.-Nr. 84

Der Baudirektor beantragt, bei der Ausführung des italienischen Gartens möge man von der ursprünglich genehmigten Form nicht abgehen, damit die „Arcadenfassade des Corridors" nicht durch einen stehen bleibenden Überbau zerschnitten werde[38]. Er wendet sich ausdrücklich gegen den Standpunkt der seiner Meinung nach nur von botanischer Sammlerleidenschaft und dem Wunsch, möglichst viele neue Exoten besitzen zu wollen, geleiteten Gartendirektion. Bei dem Orangengarten, glaubt Hübsch, „sollte nicht die botanische Seite und die blos wissenschaftlich interessante Abwechslung von allerhand Pflanzen, sondern die vorzugsweise den Laien ansprechende Schönheit und Großartigkeit – also die massenhafte Anpflanzung des gleichmäßigen vorherrschen"[39]. Einen wichtigen zeitgenössischen Bezug gibt Hübsch, wenn er zur Bekräftigung seines Vorschlags, im Italienischen Garten junge Bäume, und nicht die durch häufiges Schneiden „monströs" gewordenen alten Bäume einzupflanzen, darauf hinweist, daß man „bei der Anlage des kleinen Orangengartens nächst der pompejanischen Villa S. M. des Königs Ludwig die bäumchen eigens aus Italien [habe] kommen lassen"[40].

Zur stilistischen Haltung der Anlage

Heinrich Hübsch hat die Architektur des Botanischen Gartens selbst folgendermaßen vorgestellt: „In Übereinstimmung mit seinem Zwecke, dem Pflanzenreiche zu dienen, das uns hier in der Fülle seiner freien Formen und mannigfaltigen Farben entgegentritt, wie in Übereinstimmung mit der umgebenden Gartenanlage, finden wir hier nicht das Prinzip einer starren Symmetrie und geometrischen Strenge festgehalten, sondern in der ganzen Anlage tritt eine gewisse grössere Freiheit und Mannigfaltigkeit der Form hervor, und eine Berücksichtigung des malerischen Effektes, so weit es die richtigen architektonischen Grundsätze gestatten"[41].
Von den Bauten Hübschs ist das Bauensemble um den Botanischen Garten gewiß der Entwurf, in dem sich das malerische Element am freiesten entfaltet. Sowohl die großzügig bewegte Umrißlinie, die Anordnung der Baumassen, die architektonische Vielfalt der Teile des Ensembles wie auch die reich, durch Farb- und Materialwechsel und teilweise reliefierte Oberflächen ornamentierte Außenhaut der Bauten stehen für diese Einordnung. Die Bauzeile scheint komponiert für die Betrachtung von einem bestimmten Standort: wohl am reizvollsten entfaltet sich die Anlage, wenn der Besucher am Rondell mit dem Brunnen in der Mitte des Gartens steht und nach Norden und Westen schaut; von hier aus wirkt das Bauensemble fast wie ein „Architekturprospekt" im Sinne einer „Kulisse". Die Bauten sind mit Ausnahme der Orangerie, die „doppelseitig" konzipiert ist, nur zur Südseite hin orientiert, die Fassaden – vor allem die des „Italienischen Gartens" – geben mehr Bauvolumen vor als die Bauten besitzen. Die „Wellenlinie" des Umrisses wird durch Wechsel in Material und Form akzentuiert: Glaskörper kontrastieren mit Stein- und Ziegelarchitektur – runde Formen wechseln mit kantigen ab. Eine „räumliche Inszenierung" findet sich dagegen nicht. Der Maßstab der einzelnen Baukörper scheint sich vor allem aus funktionalen Überlegungen ergeben zu haben, es werden keinerlei „perspektivische Effekte" ausgespielt; was

ihre „Maßstäblichkeit" angeht, stehen die Bauten eher heterogen nebeneinander. Nur bei der großen Glaskuppel der Orangerie ist ein Ansatz zur „optischen Überhöhung" spürbar: Hübsch dachte sich diese Kuppel „gleichsam aus dem Grünen herauswachsend", wenn erst einmal die vier Ecken des Unterbaus „mit Bosketts von immergrünen Sträuchern" bepflanzt wären[42]. Dieser Gedanke, das Fundament eines Baukörpers der visuellen Überprüfung durch den Betrachter zu entziehen, wurde schon im ausgehenden 18. Jahrhundert gerne bei Tempelarchitekturen in Landschaftsgärten umgesetzt, er gehört zu den Kunstgriffen, „Szenen aus einer entfernten Welt" als „romatisch entrückt" zu präsentieren. Die Orientierung der Karlsruher Orangeriekuppel auf eine der Sternstraßen der Stadt steht diesem Prinzip nicht entgegen.

„Blick auf die Schlösser", Muskau

Formensprache und Bautyp des Ensembles um den Botanischen Garten setzen als „allgemeinen theoretischen" und räumlichen Hintergrund den Landschaftsgarten voraus, die Bauten wenden sich aber zugleich ab von der seit gerade einem halben Jahrhundert anglisierten Anlage, trennen sie und rahmen einen eigenen „Innenhof" – nur durch den Bogen des Torbaus ist die Gartenlandschaft in der Ferne sichtbar. Natürlich finden wir hier keine „Stilvielfalt" der Bauten vor, wie sie im Landschaftsgarten der zweiten Hälfte des 18. Jahrhunderts zu erwarten gewesen wäre, sondern eine aus dem Inhaltlichen abgeleitete additiv entwickelte, aber stilistisch nicht heterogene „Szene", die wie ein Bilderbogen „aufgeklappt" ist; die Anlage ist aus dem großen Garten räumlich ausgeklammert. So gesehen ist es durchaus folgerichtig, daß Hübsch in der Bepflanzung der Anlage zu große Varianz der Formen und pittoreske oder bizarre Effekte (Araucarien!) ausschließen möchte, seine Architektur verkörpert das malerische Element im Detail wie im Gesamtkonzept. Die Natur soll die Wirkung der Architektur steigern und konterkarieren, nicht aber in formale Konkurrenz treten.

Großes Gewächshaus in Syon House bei London, Ch. Fowler, 1820–27

Zeitgenössische Bezüge und Vorbilder

Sicherlich ist für Hübschs Sympathie für die regelmäßig angeordneten Orangenbäume das von ihm auch zitierte Vorbild italienischer Villen maßgebend, und er steht mit dieser Vorliebe unter den Architekten seiner Zeit durchaus nicht allein: neue Orangerien werden in manchen der Landschaftsgärten jener Zeit mit maßvoll regelmäßig angelegten Gartenteilen kombiniert, wie überhaupt in der gartenkünstlerischen Entwicklung der Jahre nach 1820 die Alleinherrschaft des Landschaftsgartens durch solche zum Teil als Zitate italienischer Vorbilder neu gestalteten regelmäßigen Teile in Frage gestellt wurde: so beispielsweise in Charlottenhof und Sanssouci, wo ebenfalls 1851 eine neue Orangerie geplant wird, dort finden wir auch einen „Nordischen und Sizilianischen Garten"[43].

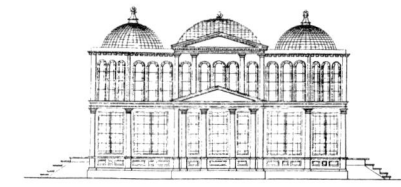

Doppelgeschossiges Orangenhaus mit gläsernen Kuppeln, M. Neumann

In seiner Argumentation gegen die Bevorzugung „neuer Exoten" durch die Hofgartendirektion stellt Hübsch die Belange der Botanik explicit hinter die Interessen der Laien[44], wobei er mit seinem Verzicht auf „Spielereien mit exotischen Bäumen" unter seinen Zeitgenossen wiederum nicht allein steht: Hermann Fürst von Pückler-Muskau, eine der für die Landschaftsgärtnerei der ersten Hälfte des 19. Jahrhunderts bedeutendsten und eigenwilligsten Persönlichkeiten, hat ähnliche Gedankengänge formuliert: „Du weißt ..., daß ich auf die bloße Seltenheit

Detail aus einem Schnitt für die Glashäuser neben der Orangerie, wohl 1853, H. Hübsch

Wintergarten, Eisenkonstruktion in Form von Bäumen, M. Neumann

wenig Werth lege, und auch in der Pflanzenwelt mich nur an dem Schönen ergötze"[45]. Pückler hat 1834 in seinen „Andeutungen über Landschaftsgärtnerei" eine Tafel „XX Blick auf die Schlösser" publiziert, die schon A. Tschira als mögliches Vorbild für Hübschs Torbau im botanischen Garten angesprochen hat. Der Entwurf für das dann nicht ausgeführte Schloß in Muskau stammte von Karl Friedrich Schinkel, der uns als Architekt von Schloß Charlottenhof schon begegnet ist[46].

Durch Hübschs eigene Hinweise wird deutlich, daß er die Neubauten und theoretischen Veröffentlichungen seiner Zeit gut gekannt hat. Er hat sehr wahrscheinlich auf seiner Englandreise im Jahr 1846 einige der damals in Europa führenden Lösungen für neue Gewächshausbauten gesehen. So haben Richard Turner und Decimus Burton zu dieser Zeit gerade an dem neuen Palmenhaus in den Royal Botanic Gardens in Kew bei London gebaut, das von Charles Fowler bei Syon House in der Nähe Londons errichtete Gewächshaus mit der schönen Eisen-Glas-Kuppel war damals schon fast 20 Jahre alt.

Neue Gewächshausbauten aus England waren zur Mitte des 19. Jahrhunderts natürlich auch auf dem Kontinent bereits publiziert, so war etwa die „Encyklopädie des Gartenwesens" von John Claudius Loudon in London 1818 erschienen und schon 1823 ins Deutsche übertragen worden; zwei englische Beispiele finden sich im 1846 zum ersten Male in deutscher Übersetzung erschienenen Glashausbuch des Pariser Gärtners M. Neumann, der von Hübsch als Fachautorität erwähnt wird[47]. Dort wird beispielsweise auch ein Vorschlag für ein „doppelgeschossiges Orangenhaus" mit gläsernen Kuppeln zur Aufnahme besonders großer Bäume abgebildet[48].

Daß Hübsch zwar viele Bezüge zur Geschichte und Gegenwart herstellte, in seinen Bauten aber doch immer wieder zu sehr „eigenen" und unverwechselbaren Lösungen kam, mag an einem kleinen Entwurfsdetail sichtbar werden, das der Karlsruher Baudirektor zunächst vielleicht aus der Literatur übernommen haben mag, in der Ausführung aber als ihm in Form und Stil „fremd" wieder verwarf: In einem Schnitt für die Glashäuser neben der Orangerie findet sich eine gußeiserne Stütze in der Form eines Baums mit abgesägten Ästen, eine Anregung, die vielleicht aus dem „Glashausbuch" Neumanns kommt, wo ein „Entwurf zu einem Wintergarten mit Eisenkonstruktion in Gestalt von Bäumen" erläutert wird. In einem solchen Glashaus würde – nach Neumann – „das Innere alles sein, das Äußere durchaus keine Ansprüche machen"[49]. Heinrich Hübsch berechnet dagegen seine Bauten um den botanischen Garten vorrangig auf „Außenwirkung", auch seine Glashäuser sind mehr „Architektur" als „Ingenieurbaukunst"[50].

Uta Hassler

Anmerkungen

1 GLA, 422/366. „Die Einfassung des botanischen Gartens zwischen dem neuen Academie Gebäude und der neuen Garten Direktors Wohnung 1843, 1844".

2 In der Akte befinden sich zwei Blätter mit Zeichnungen für Einfassungen; einer der Vorschläge zeigt ein eisernes Gitter, der zweite eine in Holz konstruierte Einfriedigung.

3 Brief vom 24. Januar 1844 (in GLA 422/366). Für das zwischen Kunsthalle und Wohnung des Gartendirektors noch auszuführende Gitter regt das Finanzministerium die Verwendung von Guß- statt Schmiedeeisen an. Ein Tor sei nicht notwendig. Das verwirklichte Gitter entspricht weitgehend diesem Kompromiß.

4 Artur Valdenaire, Heinrich Hübsch, Karlsruhe 1926, 65.

5 Arnold Tschira beschreibt diese Vorgängerbauten ausführlich in: Orangerien und Gewächshäuser, Karlsruhe 1937, 109 ff.

6 GLA, Abt. G, Baupläne, Karlsruhe Nr. 477: „Entwurf zur Vergrößerung der hiesigen Fürstlichen Residenz". - Wilhelm Jeremias Müller war schon im Jahr 1790 beauftragt worden, für das Gelände neue Pflanzenhäuser zu entwerfen, die Bauten wurden aber wohl aus finanziellen Gründen nicht ausgeführt. Abbildungen bei Tschira Nr. 90–92.

7 Abgebildet bei Tschira, 113, Abb. 93.

8 So wurde der Kuppelbau nicht realisiert, das westliche - schon bestehende - Orangeriegebäude wurde nur geringfügig umgebaut, im wesentlichen entstand eine Anlage, die weniger Repräsentationscharakter als vielmehr die Eigenarten eines Nutzgartens besaß. - Dazu Tschira, 114.

9 In einem Verzeichnis über notwendige Baukosten vom 3. März 1803 (zit. bei Valdenaire, Weinbrenner, S. 80) werden im Punkt 4 für „die Einrichtung der neuen Orangerien und Treibhäuser" 50 000 fl in Ansatz gebracht. Die Baukosten der durch Heinrich Hübsch später erbauten Anlage erreichen einen mehr als viermal höheren Betrag.

10 Tschira, 114, Abb. 95.

11 Wahrscheinlich war der Neubau der Anlage aufgeschoben worden, weil durch den Theaterbrand die Finanzmittel unvorhergesehen beansprucht worden waren.

12 GLA, 422/440. Im März erhielt Hübsch die Anordnung, mit den Arbeiten beginnen zu lassen, sobald das Wetter es erlaube.

13 Großenteils im Institut für Baugeschichte der Universität Karlsruhe (IfB).

14 Der besprochene Plan dürfte wohl noch 1852 entstanden sein. Er zeigt das wiedererrichtete „Hoftheater" - jetzt freistehend zwischen der Front der alten Orangerien, die neue Kunsthalle an der Ecke Waldstraße/Linkenheimer-Torstraße und die Hofgärtnerswohnung wieder. Im Bereich der neu geplanten Orangerie sind noch als Umrisse die von Weinbrenner rechtwinklig zur Linkenheimer-Torstraße gebauten alten Gewächshäuser zu sehen. Der Plan ist beschriftet: „Situationsplan des großherzoglichen Botanischen Gartens mit den alten und den neu errichteten Gebäuden sowie mit den projektirten Gewächshäusern".

15 Ein noch älteres Blatt, das noch den Theaterbau Friedrich Weinbrenners wiedergibt, allerdings schon den Neubau der Kunsthalle und das Wohnhaus des Gartendirektors, zeigt möglicherweise frühe Überlegungen für eine neue Orangerie am Rande der Linkenheimer-Torstraße (IfB).

16 Weitere Lageplanstudien mit geringfügigen Varianten ebenfalls im IfB.

17 Der verwirklichte Bau besitzt im Gegensatz zu der hier erkennbaren Grundrißform einen quadratischen südlichen Eckpavillon.

18 Das Blatt ist offenbar als „Einlegeblatt" zum beschriebenen Lageplan gefertigt worden und hat entsprechende Umrißlinien.

19 Einer ausführlichen Erörterung bedürfte die Frage, wie die Glasdachkonstruktionen im Detail ausgeführt waren. Da sämtliche entsprechenden Bauteile nicht mehr den orginalen Bestand zeigen und die Pläne nicht über alle Details der Ausführung Auskunft geben, sind wir hier doch in vielen Fällen auf Vermutungen angewiesen. Artur Valdenaire schreibt (Hübsch, S. 67): „Das Gerippe der Glasdachungen war ... fast ausschließlich aus Holz construirt, was zur Folge hatte, daß nach Umlauf von nur wenigen Jahren das Holzwerk in sämtlichen Gewächshäusern von Fäulnis gänzlich zerstört war und die Glasdecken erneuert werden mußten. So wurde bereits im Jahr 1863 die Glasdecke im Palmenhaus erneuert und nach dem Plan von Oberbaurath Berckmüller durch ein neues Glasdach in Eisenkonstruktion ersetzt. Auch die übrigen Gewächshäuser, das Kamelienhaus, grosses Warmhaus und Victoriahaus in gleichen Gründen in den Jahren 1868 und 1869 vollständig umgebaut nach den Plänen von Bauinspektor Dyckerhoff, bei welchen ebenfalls die Glasflächen in Eisenkonstruktion freitragend hergestellt wurden". Über die Unterkonstruktionen der Glasdächer geben die Pläne Hübschs folgende Auskünfte: Bei den meisten Glashäusern scheint eine „Mischkonstruktion" vorgesehen gewesen zu sein - eiserne Binder mit in Holzdächer eingesetzten Gläsern - einige Bauteile zeigen auch hölzerne Binder (z. B. im Querschnitt des italienischen Gartens im Entwurf vom Herbst 52, auch beim Langhausdach des zeitgleichen Orangerieentwurfs. Die in den Entwurfsstadien Sommer 53 vorgesehenen meist gekrümmten Glasdachflächen sind in den Plänen mit eisernen Bindern gezeichnet. Ein nicht datierbarer Plan mit Angaben zur Beheizung des Palmenhauses zeigt einen hölzernen Dachbinder, Stützen und Dachkonstruktion des „Victoria-Regia-Hauses" dagegen in Eisen (IfB).

Carl August Sckell hat sich – im Hinblick auf den gerade vollendeten neuen Gewächshausbau im Nymphenburger Park bei München im April 1825 „Über die Anlage von Gewächshäusern nach englischer Bauart" geäußert (in: neues Kunst- und Gewerbeblatt Nr. 17, 11. Jg. 1825). Sckell vertritt die Auffassung, daß die in England erarbeiteten Lösungen auf dem Kontinent nicht anwendbar seien, 1. weil das Klima different sei, 2. die technischen Möglichkeiten der Gußeisenherstellung hier weit weniger perfekt seien und das Konstruieren damit noch nicht ausreichend beherrscht werde und 3. die englischen Konstruktionen zu teuer seien. Deshalb sei den aus Holz und Glas gefertigten Konstruktionen der Vorzug vor den Eisen-Glas-Bauten zu geben.

20 Georg Kohlmaier und Barna von Sartory schreiben über die ausgeführte Konstruktion, in: Das Glashaus, ein Bautypus des 19. Jahrhunderts, München 1981, 365: „Man wird schwerlich ein Bauwerk der Steinarchitektur finden, in welchem das tragende Steinwerk in ähnlich radikaler Weise zu einem filigranen Tragskelett reduziert ist. Der dabei erzielte Querschnitt hätte ebenso eine Ausführung des Traggerüstes in Gußeisen gerechtfertigt. Den Architekten kam es vielleicht darauf an, die Gebrechlichkeit des Steines und Glases gleichzusetzen und daraus eine romantische Wirkung zu erzielen. Wie sehr dieses architektonische Ziel sich auf Kosten einer logisch aufgebauten Tragstruktur erfüllen mußte, zeigt die verwendete eiserne Mittelstütze, welche – zugleich als Lüftungsrohr dienend – das flache Pyramidendach mittträgt". – Hübsch selbst betrachtete, wie wir aus seinen theoretischen Äußerungen wissen, die „Zierlichkeit" der Bauglieder an sich als formale Qualität. Hübsch, In welchem Style, 10 f.

21 Derartiger figürlicher Schmuck findet sich bei den Glashäusern des 19. Jahrhunderts verhältnismäßig selten. Verwendung für einen Orangerieentwurf fand das Karyatidenmotiv bemerkenswerterweise durch den späteren Preußenkönig Friedrich Wilhelm IV im Jahr 1829. In der Villen- Schloß- und Theaterarchitektur des 19. Jahrhun-

derts sind entsprechende Stützfiguren hingegen ein immer wieder abgewandeltes und zunehmend stereotyp eingesetztes Motiv. – Dazu: Magdalena Dushart, Sylvaine Hänsel und Michael Scholz, Karyatiden an Berliner Bauten des 19. Jahrhunderts, in: Berlin und die Antike, Aufsatzband, Berlin 1979, 531 ff.

22 Das Blatt zeigt eine nachträgliche Änderung: Der ursprünglich unter der Ansicht gezeichnete Grundriß wurde durch ein helleres kleines Blatt mit einem neuen Grundriß überklebt. Wie auch bei den anderen Blättern stimmen hier Maßstab von Ansicht und Grundriß nicht überein.

23 Die unregelmäßig verteilten Mauervorlagen der Rückwand des „bedeckten Gangs" sprechen für die beabsichtigte Übernahme dieser Bauteile aus den alten Orangerien.

24 Die Form der Türme, die eine verglaste Galerie fassen, wird beim Ausführungsprojekt für den „Torbau" modifiziert wieder aufgenommen.

25 GLA 422/440, Heinrich Hübsch am 7. Juli 1853.

26 Kolorit und Zeichenweise der Planserien entsprechen sich weitgehend, lediglich in den Grundrissen fällt ein Wechsel von zunächst etwas dunkleren Rot-Braun-Tönen zu einem mittleren Rotton auf. In den späteren Lageplänen finden sich neue hell-Lila und Mauve-Töne.

27 Die Skizze einer „Zwischenlösung" (IfB) verdeutlicht, daß das Anliegen Hübschs offenbar zunächst darin bestand, die große Kuppel aus der Mitte des Baus zu rücken: in der Entwurfsskizze reihen sich von Norden nach Süden ein „Pavillon", der etwas schräg und hinter die Flucht der Außenwand zurücktretend an den Hauptbau anschließt, ein schmaler „Übergang" (in der Breite einer Fensterachse), dann der Raum mit der Kuppel – und schließlich nach Süden hin weitere sechs Fensterachsen des bereits mit einem gerundeten Glasdach

überdeckten Orangenhauses, der Abschluß im Süden bleibt ohne Eckbetonung.

28 Hier werden, deutlicher als bei den anderen Entwürfen, Assoziationen zu den Glashausbauten der englischen Gärtner-Architekten wach, die zu Beginn des 19. Jahrhunderts die Entwicklung in Europa bestimmten.

29 Ein fast übereinstimmendes weiteres Entwurfsblatt zeigt den Torbau mit fünf Fensterachsen im Saal über dem Torbogen (IfB).

30 Hübsch hat für die Bauten des Botanischen Gartens eine Vielfalt von Materialien verwandt: Klinker in verschiedenen Formaten und Farben, Sandsteine in rot und gelb, Marmor, Kacheln und Terrakotten. Ein besonders reizvolles Flächenornament ergibt sich an den Außenwänden der Orangerie durch den Wechsel von ganz licht beigegelben Klinkern in lagernden Querformaten und quadratischen Platten, die durch rote Ziegelbänder gefaßt sind.

31 Das Wintergartengebäude neben der Orangerie war im Sommer und Herbst 1853 soweit fertiggestellt, daß im Januar 1854 die Abschlußrechnung für die Glaserarbeiten präsentiert werden konnte, die Orangerie hingegen scheint im Sommer 1854 noch ohne Dach gewesen zu sein (GLA 422/440). Das niedere halbrunde „Victoria-Regia-Haus" vor dem Palmenhaus wurde wohl erst 1855 ausgeführt. – Im Mai 1854 berichtete Hübsch über einen Unfall beim Orangeriebau: zwei Arbeiter seien vom Gerüst gefallen und erheblich verletzt worden. – Im Juni 1854 wird der Baudirektor von der Hofdomainen Intendanz wegen des langsamen Baufortschritts der Orangerie gemahnt. Man erklärt, die Genehmigung zum Abbruch des „alten kalten Hauses" sei nur unter der Bedingung erteilt worden, daß der Neubau im Spätjahr die Orangenbäume würde aufnehmen können. Hübsch wird ersucht, die Dachdeckung unbedingt schnell fertigstellen zu lassen. Mitte November 1854 wird auf die Fertigstellung der Heizungseinrichtungen gedrängt, eine handschriftliche Notiz

Hübschs gibt darüber Auskunft, daß die Kessel zunächst undicht gewesen seien und beim Guß der Heizungsröhren ebenfalls Verzögerungen aufgetreten seien. Ende November war die Räumung des Platzes von Baumaterialien angeordnet. Im Dezember 1854 werden von der Hofdomainen Intendanz die Aufrisse sämtlicher Nebenbauten der Anlage angefordert.

32 GLA, 422/440. Dem Schreiben zufolge hatte der Gartendirektor Held Hübschs Entwürfe zunächst akzeptiert, nachträglich aber Einwendungen vorgebracht, die Hübsch nun mit dem Nachweis zu entkraften sucht, daß nach der Realisierung seiner Entwürfe ein größeres Raumvolumen an temperierten Häusern zur Verfügung stehen werde als zuvor. Die Gartendirektion hatte vor allem eine „größere Breite" der geplanten Glashaut beim italienischen Garten verlangt.

33 Hübsch streicht in seinem Konzept den Begriff „Modifikationen" und schreibt darüber „Erweiterungen". – Einige Schriftstücke Hübschs an die Großherzogliche Baudirektion und den Regenten beziehen sich auf die Kostensteigerungen der Anlage, die der Architekt mit den mehrmals seit der Genehmigung der ersten Projekte beschlossenen Planänderungen begründet. So seien durch die Entscheidung, die gesamt Bauzeile um 64 Fuß nach Norden zu verschieben und die Arkaden des „Italienischen Gartens" in einer „concaven Kreislinie mit einem Fronton in der Mitte anzunehmen", Mehrkosten von 7476 fl entstanden; für den „Durchfahrtspavillon mit dem großen Saale im zweiten Stock", der der besseren Aussicht wegen zwischen Arkaden und Glashaus gesetzt worden sei, und demzufolge zwei kleine Flügelbauten mit Plattform erhalten habe, sei ein Mehraufwand von 4766 fl entstanden. Die Hofgärtnerswohnung zwischen Glashaus und Orangerie habe eine Kostensteigerung von 6349 fl bewirkt, die Verbreiterung des Verbindungsgangs incl. Maschinerien für Heizung und Springbrunnen einen Mehraufwand von 8010 fl. Die breitere Überdeckung des „Italienischen Gartens" werde weitere Mehrkosten vo 5770 fl bewir-

ken; insgesamt sei also eine Kostensteigerung der Anlage um 33 692 Gulden zu erwarten (alle Schriftstücke GLA 422/440).

34 Von der Gartendirektion werde offenbar „kein Werth darauf gelegt", ob die Winterüberdachung im Sommer ganz spurlos hinweggenommen werden könne, oder ob das Geripp ("zur entstellenden Markierung") stehen bleibe. Die von der Gartendirektion gewünschte Verbreiterung des Glashauses von 25 auf 40 Fuß glaubt Hübsch mit einer völlig demontierbaren Konstruktion nicht erreichen zu können.

35 Hübsch bezieht sich hier auf das zuerst 1842 in Weimar in deutscher Übersetzung erschienene Werk von M. Neumann, „Grundsätze und Erfahrungen über die Anlegung, Erhaltung und Pflege von Glashäusern aller Art" – aus dem französischen übersetzt von F. Freiherr von Biedenfeld. – Im folgenden nennt Hübsch noch als Größenvergleich den „Wintergarten der kaiserlichen Burg in Wien", der kaum etwas größer sei als der neben der Orangerie befindliche Wintergarten sei (der Wiener Garten wurde 1852 von Franz Antoine veröffentlicht). Die große Zahl stattlicher Orangen- und Zitronenbäume war nach Meinung Hübschs eine der „brillantesten Partien" des Karlsruher Botanischen Gartens, ihr Anblick im Freien, der schon unter südlichem Himmel jeden entzücke, werde in Deutschland von noch weit großartigerer Wirkung sein, zumal die Möglichkeit einer so ausgedehnten Ausstellung bisher einzigartig sei. Die Karlsruher Hofgärtner waren wahrscheinlich der sicherlich noch aus dem 18. Jahrhundert stammenden Sammlung von Orangenbäumen etwas überdrüssig geworden und wünschten eher, ihre Sammlung „neuer Exoten" auszubauen. Die Orange war als Modepflanze vor allem um die Wende zum 18. Jahrhundert als eines der Ausstattungsstücke des „regelmäßigen Gartens" beliebt, schon in den zwanziger und dreißiger Jahren des 18. Jahrhunderts wurden allerdings viele Orangerien schon wieder aufgegeben. Zu Beginn des 19. Jahrhunderts ist das Orangenhaus im Grunde ein Anachronismus, da „Exoten" aus fernen Ländern jetzt

das Interesse von Gärtnern, Botanikern und anderen Liebhabern gefunden hatten (siehe beisp.weise die Sammlungen von Borsig in Berlin oder die privaten Palmensammlungen von Foulchiron).

36 Die von Hofgärtner Mayer und von Gartendirektor Held vorgeschlagenen Lösungen für ein breites Glasdach beim italienischen Garten sind erhalten geblieben (IfB). Hübsch bemängelt an diesen Vorschlägen, daß die vorgesehenen Glasdächer im italienischen Garten die Bogenöffnungen des rückwärtigen „Corridors" vollständig überdecken würden. So würde der Gang zu wenig Licht erhalten und werde mithin ungeeignet zum winterlichen Aufstellen der in Töpfen und Kübeln gepflanzten „Zwerg-Citronen". In Hübschs eigenem Vorschlag hatte das Glasdach auf einer „gedachten Kämpferlinie" der Rundbogenöffnungen des Arkadengangs angesetzt und so im Bereich des darüberliegenden Bogens eine direkte Außenbelichtung ermöglicht.

37 Das Auf- und Abschlagen der Winterhaut könne man nach Meinung Hübschs von einem Dutzend Zimmerleuten innerhalb einer Woche bewerkstelligen lassen – vorausgesetzt, eine „mäßige Tiefe" des Daches werde gestattet werden.

38 Der Umbau des Wintergartens durch Dyckerhoff läuft den Intentionen Hübschs also eindeutig zuwider.

39 Hübsch hatte offenbar genaue Vorstellungen, wo er welche Bäume und Sträucher anzupflanzen vorschlagen wollte, dabei ließ er sich vor allem von formalen Überlegungen leiten. So schlägt er vor, die vorhandenen Zypressen und Lorbeerbäume in die Mitte des Runds zu setzen, dazu aber neu nur solche Bäume zu pflanzen, „die gleich den ersteren volle Cronen haben und nicht so stachelig oder so zaserig und unregelmäßig sind, wie z. b. die Aurocarien pp, die gegen die dichtbelaubten und regelmäßigen Orangen allzusehr contrastieren und viel zu hoch über letztere hinausragen würden". Hübsch wendet sich nocheinmal ausdrücklich gegen den Vorschlag des Hofgärtners

Mayer: „von diesem Standpunkte aus dürfte ... an dem Projekte B des hofgärtners Mayer, das den Orangenbaum, den man in den Villen Italiens nur in regelmäßiger Stellung sieht, in mehr zufälliger Weise untereinandersetzt, und mit vielen anderen ... Pflanzen untermischt, und den Platz, statt mit einem breiten Wege, mit vielen schmalen Wegen durchschneiden will, manches auszusetzen seyn" (GLA 422/440).

40 Hübsch meint hier das von Friedrich von Gärtner 1842 bis etwa 1846 für König Ludwig I von Bayern am Mainufer bei Aschaffenburg erbaute „Pompejanische Haus", das das Vorbild des „Hauses des Castor und Polux" in Pompeji übernimmt und im Sinne des 19. Jahrhunderts umdenkt. – Dazu: Oswald Hederer, Friedrich von Gärtner, München 1976, 178 ff.
Ein letzter Hinweis Hübschs gilt der 1842–46 durch Ludwig von Zanth errichteten Wilhelma in Stuttgart, deren „Corridors ... kaum so weit" wie der Arkadengang des „Italienischen Gartens" seien. Das Memorandum ist datiert mit dem 12. Jan. 1855 (GLA 422/440).

41 Zitiert nach Valdenaire, Hübsch, 69. – Leider findet sich das Zitat sowohl bei Valdenaire als auch in dem Band: Karlsruhe 1870 (Baugesch. u. ingenieurwissenschaftl. Mitteilungen) 66, ohne Quellenangabe; ein entsprechender Hinweise bei Kohlmaier/Sartory (s. Anm. 21) bezieht sich irrtümlich auf einen Aufsatz A. Voits zum botanischen Garten in München.

42 Auf dem Balkon im Innern sollten Kästen angebracht werden, „woraus Efeuranken sowohl über denselben hinabhängend Guirlanden bilden, als auch an den Rippen der Kuppel hinaufwachsend, die obere Höhenregion dieser Rotunde beleben sollten". – Zitat nach Tschira, 115 f.

43 Dazu Alfred Hoffmann, Geschichte der Deutschen Gartenkunst, Bd. 3, Hamburg 1965, 213 ff.: „In diesem Jahr (1826) war mit dem Bau von Charlottenhof begonnen, der die italisierende Epoche einleitet, die erst nach 1840 ihre Wirksamkeit in größe-

rem Umfang entfaltete. ... Den Garten zurückzuführen in sein früheres Abgegrenztsein, das zugleich Anderssein bedeutete ... hieß auch, die alte Trennung von Park und Garten wieder anerkennen ...".

44 Der Gedanke findet sich in anderer Form in Hübschs architekturtheoretischen Überlegungen wieder: „Die Gebäude werden nicht mehr einen historisch-conventionellen Charakter erhalten, so daß dem Gefühle, ehe es sich kundgeben darf, zuvor ein archäologischer Unterricht erteilt werden muß; sondern sie werden einen wahren, natürlichen Charakter erhalten, wobei der Laie dasselbe fühlt, was der unterrichtete Künstler". – Hübsch, In welchem Style, 52.

45 Hermann Fürst v. Pückler-Muskau, Briefe eines Verstorbenen, 4 Bände, Stuttgart 1831. Zit. nach Hoffmann, wie Anm. 43, 247.

46 Bei der Anlage von Schloß Charlottenhof hat Schinkel mit Peter Josef Lenné zusammengearbeitet. Zur Anlage siehe: Karl Friedrich Schinkel 1781–1841, Ausstellungskatalog Berlin (Ost) 1981, S. 175 ff.

47 Im Neumann'schen „Glashausbuch" (siehe Anm. 35) sind die Anlagen von Chatsworth (Paxton) und Birmingham (Osborn) abgebildet. Bemerkenswerterweise vertritt Neumann in der Frage des im „Sommer demontablen Wintergartens" einen anderen Standpunkt als Hübsch. Im Kapital über die Wintergärten schreibt er: „Man könnte auch einen Wintergarten bauen, dessen ganzes Zimmerwerk in der schönen Jahreszeit weggenommen wird; allein die hieraus entspringende Annehmlichkeit wäre nicht groß genug im Vergleich zu dem dafür unvermeidlichen Aufwand von Zeit und Geld ...". 2. Auflage, Weimar 1852, 32.

48 Wie oben, Taf. V, Fig. 28; Erläuterungstext S. 26.

49 Neumann führt hier (s. Anm. 47, S. 68) Überlegungen aus „über das Malerische bei'm Bau der Glashäuser": „Die Garten-

kunst darf sich nicht lediglich darauf beschränken, daß sie Sammlungen von schönen und seltenen Pflanzen anlegt. Das Schöne der Kunst, der Triumph des Geschmacks gebieten das Erstreben und Hervorbringen wahrhaft malerischer Wirkungen". In einem Bildpaar wird der „naturnahe geformte" Wintergarten einem zweiten, eher „architektonisch" ausgebildeten Innenraum gegenübergestellt. Neumann schließt seine Ausführungen zu den Titelbildern mit der Bemerkung: „Fügt man zu diesen Bedingungen das Vorhandensein eines bedeckten Ganges von der Wohnung des Besitzers bis in das Glashaus, so vollendet man dadurch die Reize und Genüsse eines Aufenthaltes im Schmuck des lebenvollsten Grüns, im Glanz und Duft der buntesten Blüthen, während außen die ganze Natur trauert".

50 Die Auseinandersetzungen von Gärtnern und Architekten über die Ästhetik des reinen Glas-Eisenbaus haben einige Aspekte der „Funktionalismusdebatte" bereits in der ersten Hälfte des 19. Jahrhunderts vorweggenommen. Der Gärtner John Claudius Loudon hat in England schon im zweiten Jahrzehnt des 19. Jahrhunderts für Glashäuser eine „Ingenieurbaukunst" propagiert, die sich nur nach „Zweckmäßigkeit" ausrichten sollte und dadurch „Schönheit" hervorbringen werde. Gottfried Semper drückt dagegen stellvertretend für viele seiner Architekten-Zeitgenossen Vorbehalte gegen reine Eisenkonstruktionen aus, wenn er über den Wintergarten in Paris im Jahr 1849 schreibt: „Mir ist noch nicht ein einziges Beispiel einer künstlerisch genügenden sichtbaren Eisenkonstruktion an monumentalen Bauwerken vorgekommen". Zeitschrift für praktische Baukunst 1849, 522. – Kohlmaier/Sartory, 51, sehen diesen Widerstreit als „zeittypisch": „Der ästhetische Konflikt, den die Erbauer der Pflanzenhäuser in der Kombination Glas-Eisenarchitektur mit dem >Stilbau< erblickten, charakterisiert das gesamte 19. Jahrhundert". – Die Anlage um den botanischen Garten ist leider durch Umbauten und Kriegszerstörungen vor allem im Bereich der Glaseindeckungen nicht unwesentlich in ihrem Erscheinungsbild verändert.

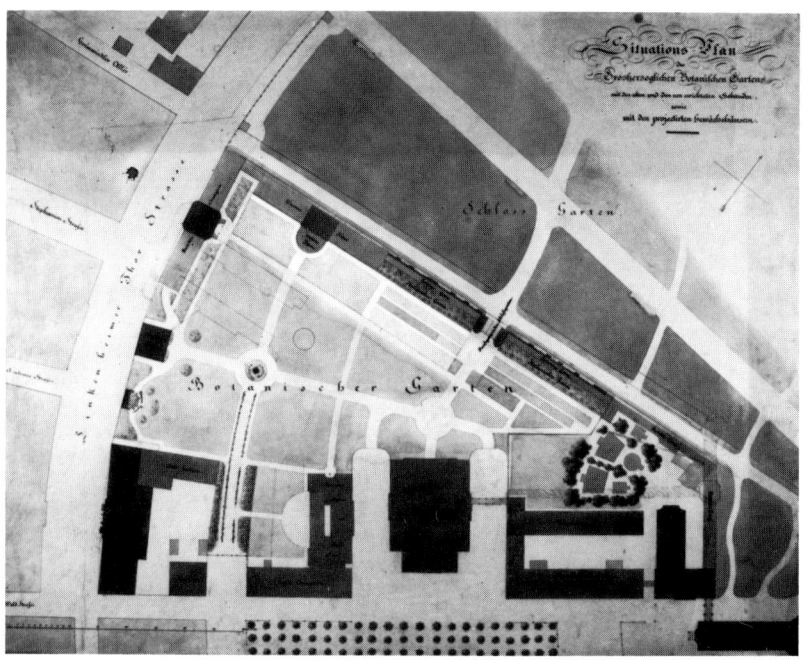

75

Karlsruhe, „Situationsplan / des / Großherzoglichen Botanischen Gartens / mit den alten und neu errichteten Gebäuden / sowie / mit den projektierten Gewächshäusern". Planung 1852, Tuschezeichnung, angelegt, mit Bleistift-Korrekturen, Karton, 61,8 × 78,0 cm. IfB o. Inv.Nr.

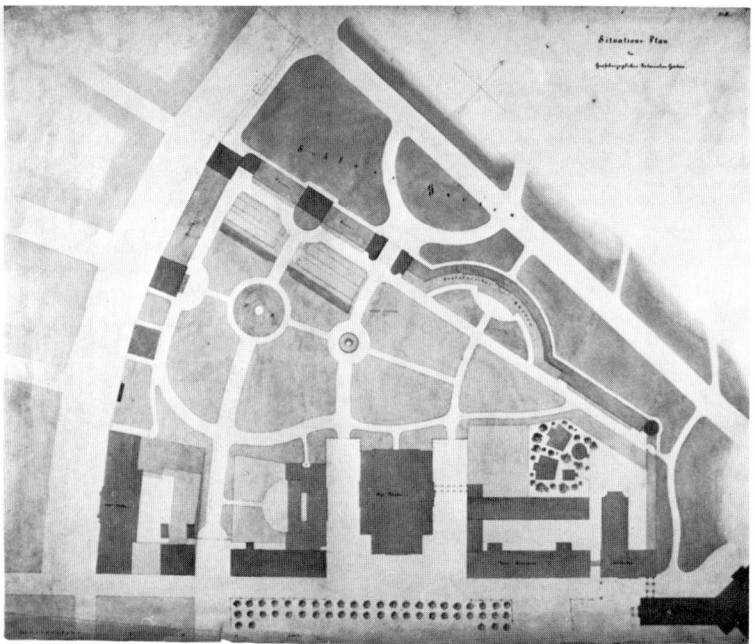

76

Karlsruhe, „Situations-Plan / des / Grossherzoglichen Botanischen Gartens" mit Hoftheater und Kunsthalle, Planung 1853, Bleiststift- und Tuschezeichnung, angelegt, Karton, 66,7 × 80,3 cm. IfB o. Inv.Nr.

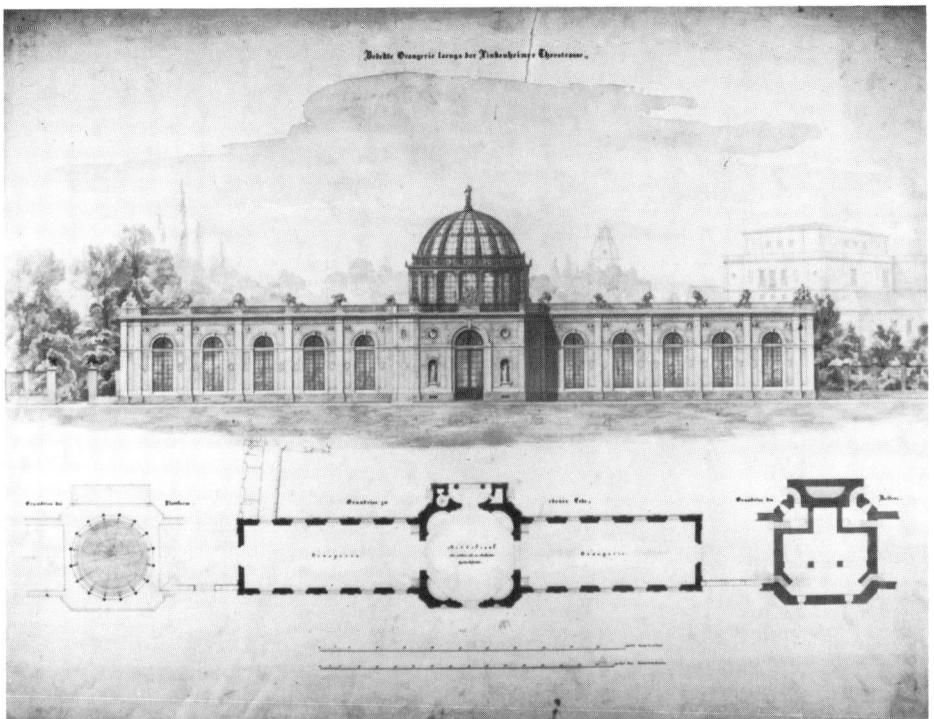

77
Botanischer Garten in Karlsruhe, „Be-
deckte Orangerie laengs der Linkenheimer Thorstrasse", (Entwurf 1852),
Ansicht (mit dem Hoftheater im Hintergrund) und Grundrisse, Bleistift- und
Tuschezeichnung, angelegt und aquarelliert, Karton, 66,5 × 86,0 cm. IfB
o. Inv.Nr.

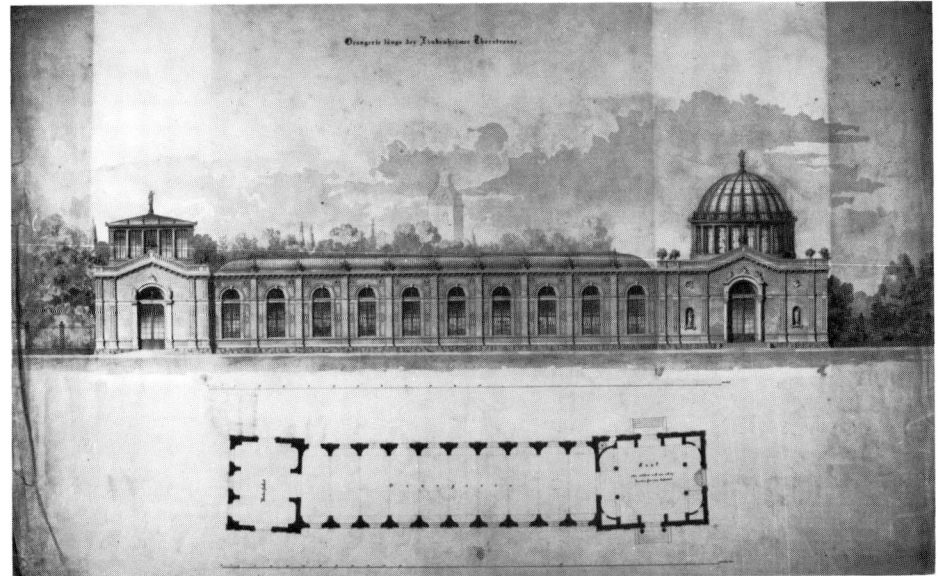

78   (u. Farbtafel S. 96/97
Botanischer Garten in Karlsruhe,
„Orangerie längs der Linkenheimer
Thorstrasse"; Entwurfsvarianten 1853,
Grundriß und Ansicht mit Tekturen
über den Kopfbauten, Bleistift- und Tu-
schezeichnung, aquarelliert und ange-
legt, Karton, 59,7 × 98,0 cm. IfB o.
Inv.Nr.

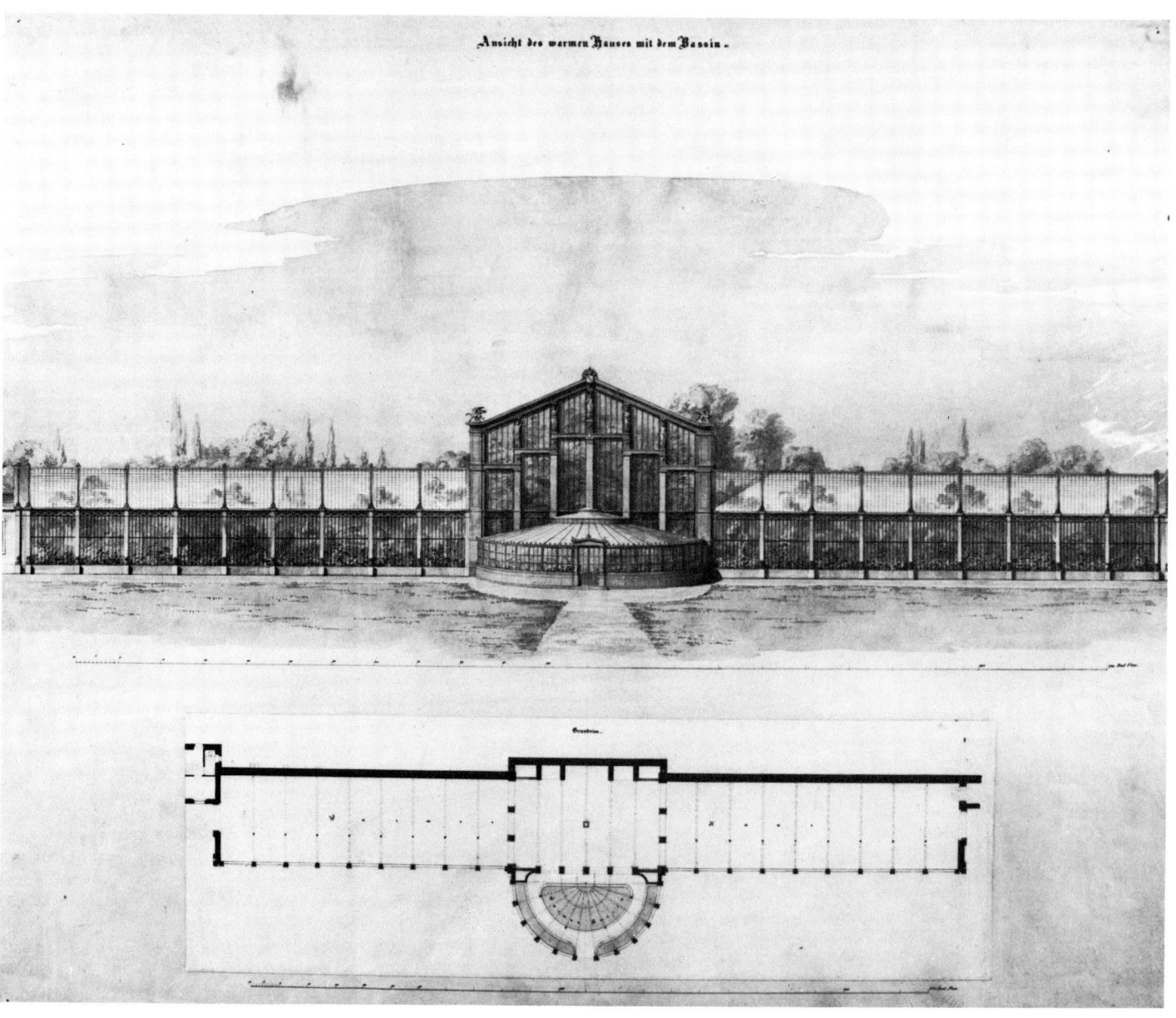

Ansicht des warmen Hauses mit dem Bassin.

112

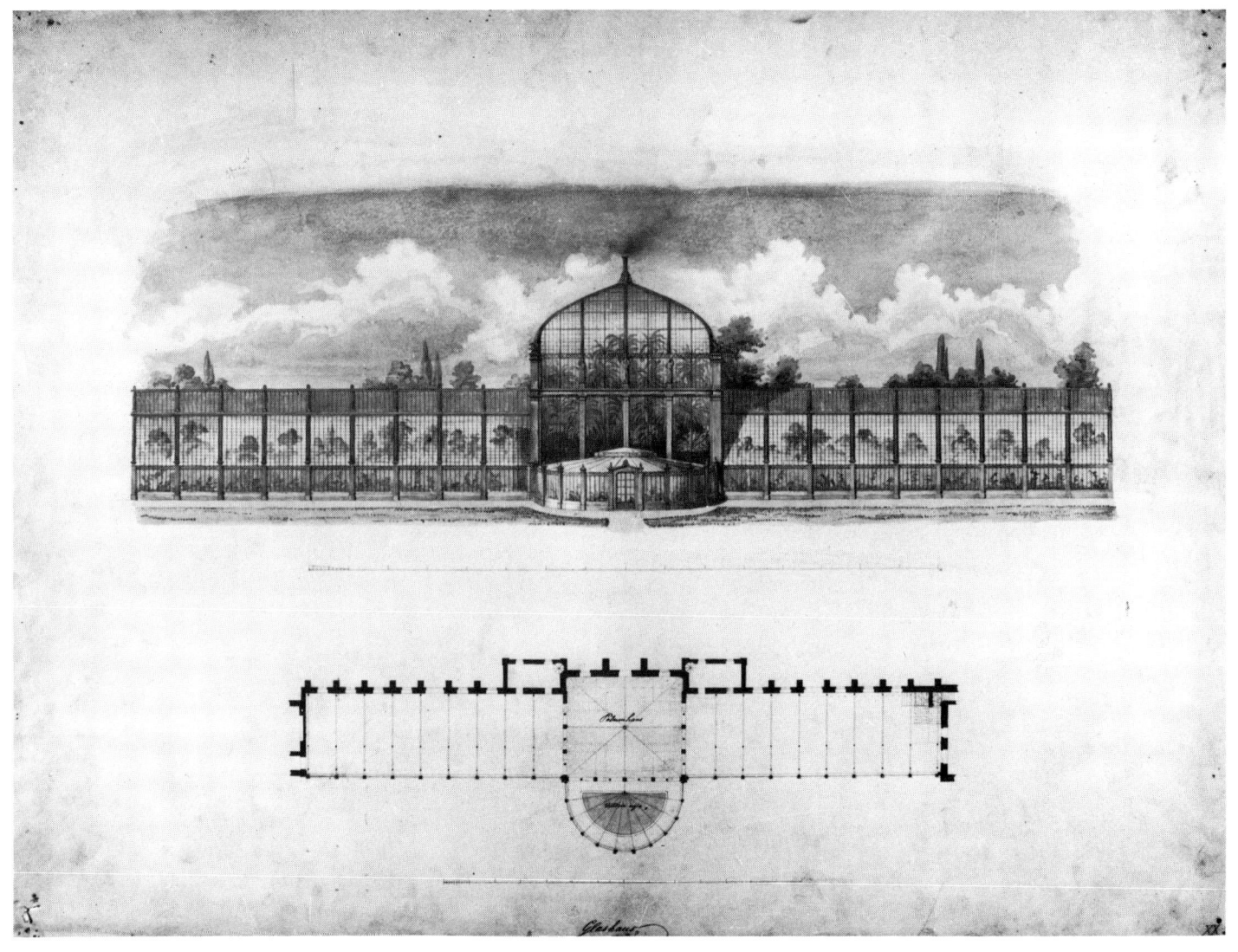

79   (linke Seite)
Botanischer Garten in Karlsruhe, Gewächshaus (Entwurf 1852), bez. „Ansicht des warmen Hauses mit dem
Bassin" und „Grundriss" (als Tektur),
Bleistift- und Tuschezeichnung, angelegt und aquarelliert, Karton, 59,2 ×
70,0 cm. IfB o. Inv.Nr.

80
Botanischer Garten in Karlsruhe, Gewächshaus (Entwurf 1853), bez.
„Glashaus", Grundriß und Vorderansicht, Bleistift- und Tuschezeichnung,
angelegt und aquarelliert, Karton, 60,0
× 80,5 cm. IfB o. Inv.Nr.

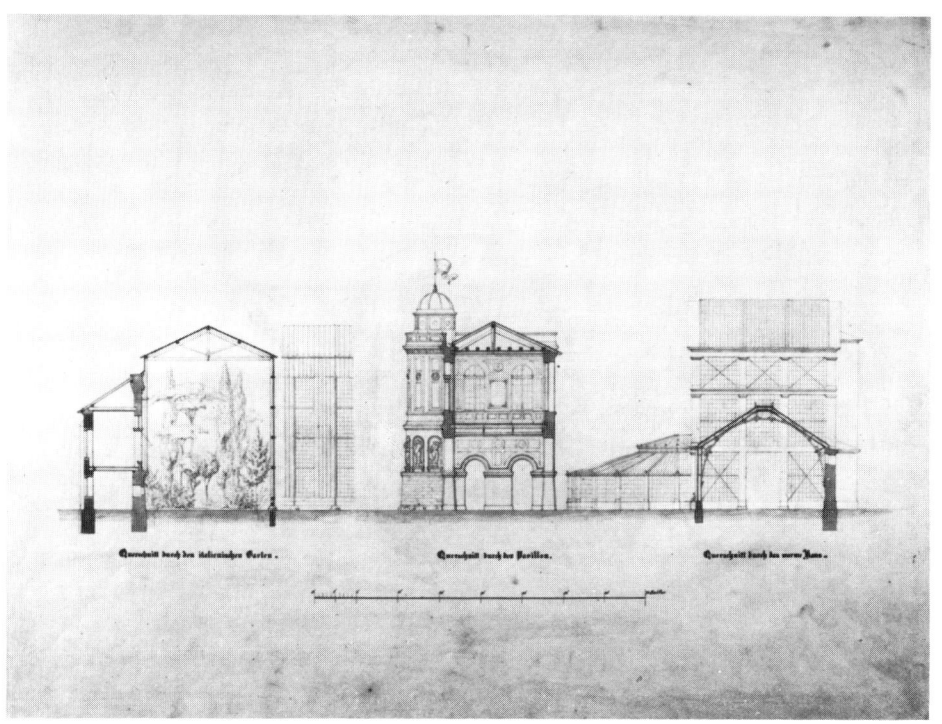

81
Botanischer Garten in Karlsruhe, „Orangerie / Giebelansicht / Laengendurchschnitt / Querdurchschnitt" (Entwurf 1852), Tuschezeichnung, angelegt, Karton, 46,0 × 65,2 cm. IfB o. Inv.Nr.

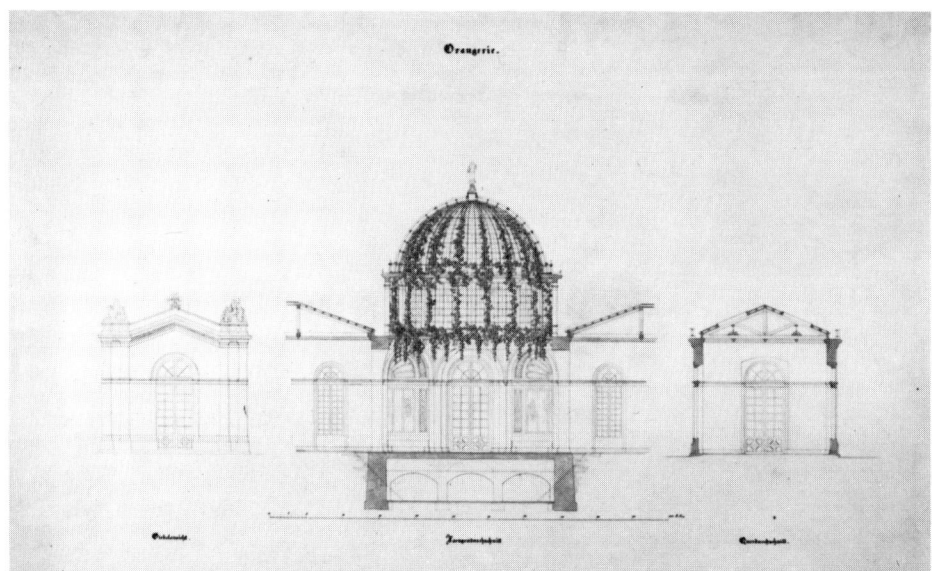

82
Botanischer Garten in Karlsruhe, „Querschnitt durch den italienischen Garten / ... den Pavillon / ... das warme Haus" (Entwurf 1853), Bleistiftzeichnung, teilweise in Tusche ausgezogen, angelegt, Karton, 43,2 × 58,2 cm. IfB o. Inv.Nr.

83
Botanischer Garten in Karlsruhe, Arkadengänge des Italienischen Gartens (Entwurf wohl 1853), Ansicht, Grundriß als Tektur in Transparentpapier, bez. „Italienischer Garten", Bleistift- und Tuschezeichnung, angelegt und aquarelliert, Karton, 61,0 × 90,5 cm. IfB o. Inv.Nr.

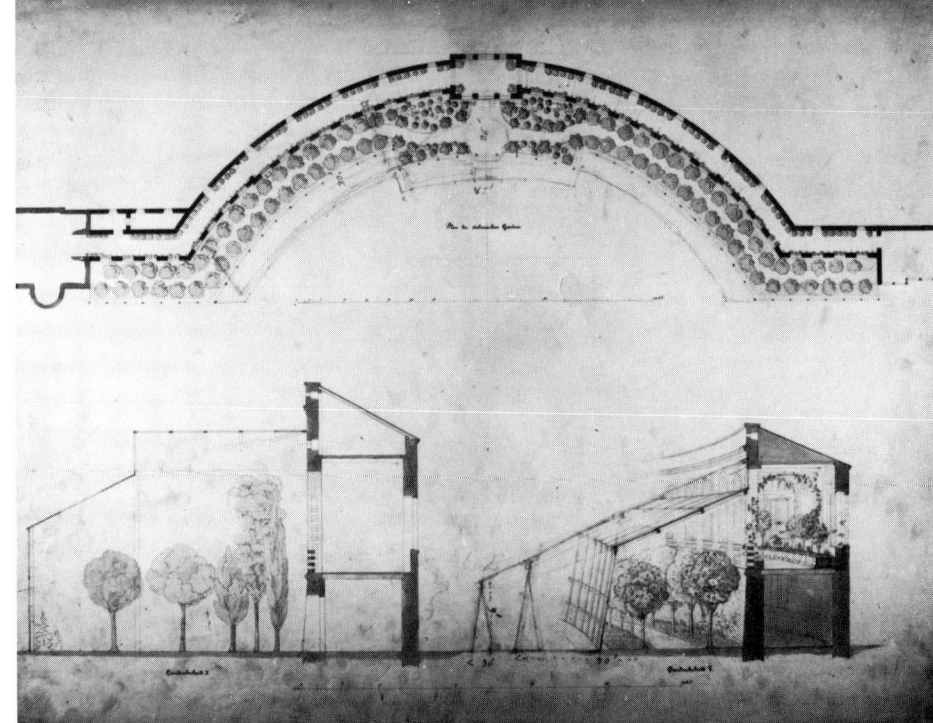

84
Botanischer Garten in Karlsruhe, Arkadengänge des Italienischen Gartens mit Vorschlag zur demontablen Glasüberdachung, Grundriß und zwei Schnitte, Tusche- und Bleistiftzeichnung mit Korrekturen, angelegt, Karton, 64,5 × 82,5 cm. IfB o. Inv.Nr.

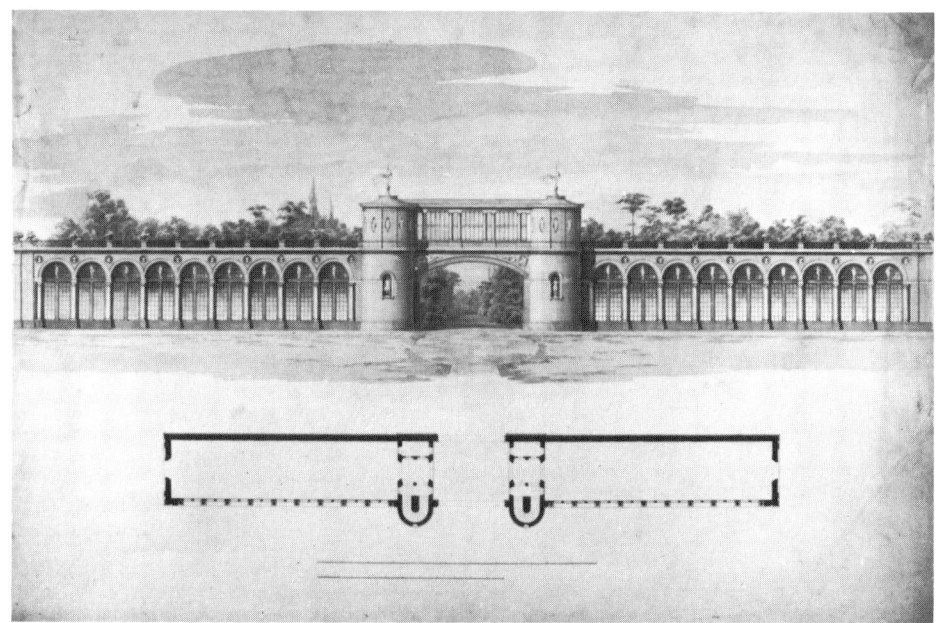

85
Botanischer Garten in Karlsruhe, Torbogen mit seitlichen Orangerien (erster
Vorentwurf), Ansicht und Grundriß,
Bleistift- und Tuschezeichnung, angelegt und aquarelliert, Karton, 60,9 ×
94,2 cm. IfB o. Inv.Nr.

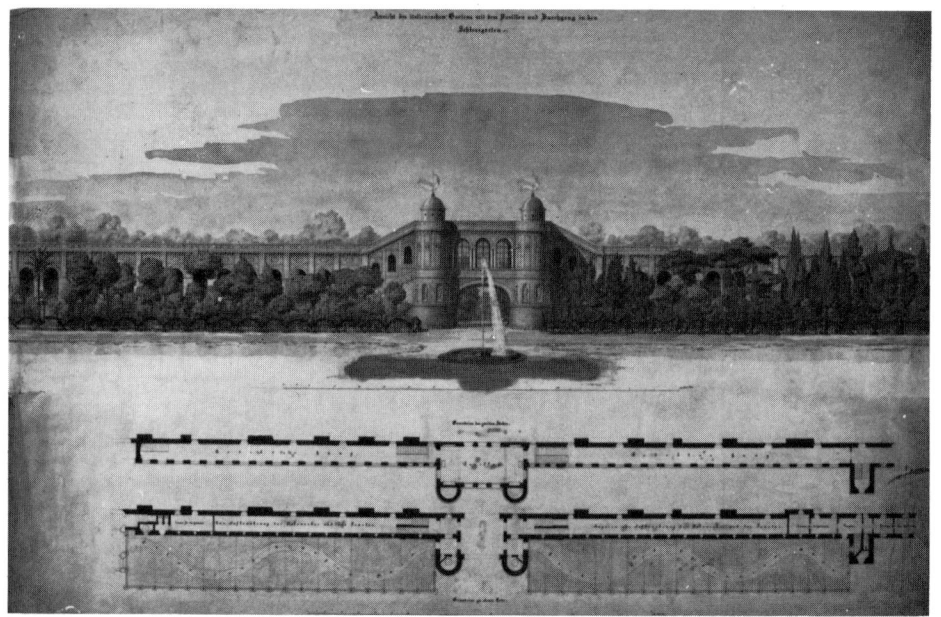

86 (vgl. Umschlagabbildung)
Botanischer Garten in Karlsruhe, bez.
„Ansicht des italienischen Gartens mit
dem Pavillon und Durchgang in den
Schloßgarten / Grundriß zu ebener
Erde / Grundriß des zweiten Stokes"
(Entwurf 1852), Bleistift- und Tusche-
zeichnung, angelegt und aquarelliert,
Karton, 62,2 × 98,8 cm mit zwei seitli-
chen Annexen. IfB o. Inv.Nr.

116

87
Botanischer Garten in Karlsruhe, Torbogen mit Anschluß der Gewächshäuser und der Arkadengänge des Italienischen Gartens (Ausführungsentwurf
nach Mitte 1853), Grundrisse Erd- und
Obergeschoß, persp. Ansicht, Bleistift-
und Tuschezeichnung, angelegt und
aquarelliert, Karton, 65,9 × 42,0 cm. IfB
o. Inv.Nr.

Profanbauten außerhalb Karlsruhes

Eine Reihe seiner Bauaufträge erhielt Hübsch – wie dies schon bei dem Karlsruher Landesgestüt der Fall gewesen war – über seine gutachterliche Tätigkeit. Die Entwürfe der untergeordneten Bezirksinspektionen wurden von den jeweils auftraggebenden staatlichen Stellen vielfach zur Stellungnahme an die Baudirektion in Karlsruhe geschickt und stellten sich in verschiedenen Fällen als so unzureichend heraus, daß Hübsch gleich überzeugendere Alternativlösungen entwickelte und damit den Auftrag an sich zog. Dies war auch der Fall bei den folgenden zwei Beispielen, bei denen Hübsch eine ganz neue bzw. eine alte Bauaufgabe in ganz neuer Weise zu lösen hatte.

Der Zollhof in Mannheim

Die Anlage eines Zollhofs, bestehend aus Lagergebäuden und einem Gebäude für die Verwaltung, wurde durch den Beitritt Badens zum deutschen Zollverein erforderlich. Er sollte wegen der verkehrsgünstigen Lage in Mannheim an dem ab September 1834 erbauten neuen Hafen vor dem Rheintor errichtet werden. Die Pläne von Bezirksbaumeister Dyckerhoff[1] wurden vom Auftraggeber, der Zolldirektion, zur Begutachtung an die Baudirektion geschickt, und Hübsch sah sich sofort, im Februar/März 1836, zu einem noch skizzenhaften Alternativentwurf veranlaßt, sicherlich nicht zuletzt auch wegen der noch ganz weinbrennerischen Architekturauffassung Dyckerhoffs. Der Plan hat sich erhalten; ein regelrechtes „Arbeitsblatt" mit zahlreichen Korrekturen, Radierspuren und erläuterndem Text.

Kat.-Nr. 88

Im Gegensatz zu Dyckerhoffs, den unregelmäßigen Gegebenheiten folgender Konzeption schlägt Hübsch eine streng axialsymmetrische Anordnung vor. Grundriß und Ansicht der Landseite zeigen zwei winkelförmige Lagerhaustrakte, die einen sehr langgestreckten, querrechteckigen Hof umgreifen und durch einen in Arkaden aufgelösten, eingeschossigen Torbau locker verbunden werden. An der vierten Seite zum Hafen hin steht mittig der Bau der Zollverwaltung, flankiert durch offene Ladehallen, die „Freischoppen", die den Mittelbau mit den Seitenflügeln der Lagertrakte lose verknüpfen. Die Breite des Verwaltungsgebäudes entspricht genau der Lücke in der Vorderfront zwischen den Lagerhäusern, und man könnte versucht sein, sich den Entwurfsvorgang so vorzustellen, daß Hübsch aus einer zunächst vollständigen Dreiflügelanlage den Mittelbau herausgetrennt und an die offene Seite des Hofes vorgeschoben hat. Diese Konzeption der ‚verschobenen Mitte‘ erzeugt ein interessantes räumliches Spannungsverhältnis, insbesondere auf der Landseite, wo sich die ‚klaffende Lücke‘ der Vorderfront erst schließt, wenn der Betrachter sich einem Standpunkt in der Mittelachse nähert und nach dessen Einnahme den durch die Arkaden sichtbar werdenden Verwaltungsbau als Mittelpunkt der ganzen Anlage wahrnehmen kann. Vom Hafen aus erscheint der Bau Casino-artig freistehend, gerahmt durch die Lagerhaustrakte, mit denen er nur durch die luftigen Freischoppen verbunden ist, so daß – von dieser Seite aus gesehen – die Dominanz des Verwaltungsgebäudes von vornherein außer Zweifel steht. Die fast manieristisch wirkende Zwiegesichtigkeit einer versteckten bzw. offenen ‚Erscheinung' des architektonischen Mittelpunktes macht den besonderen Reiz dieses Entwurfs aus, und Hübsch wird sich nur zögernd von dieser Konzeption trennen. Verschiedene praktische Gründe sprechen jedoch gegen die Plazierung der Verwaltung an der Hafenseite und zwar nicht nur die geltend gemachte stärkere Hochwassergefährdung, sondern vor allem auch funktionelle Überlegungen: So ist es wohl nicht sehr sinnvoll, die ruhig arbeitende Verwaltung mitten im lärmenden Trubel des Verladegeschäfts unterzubringen, wie andererseits das Verwaltungsgebäude den räumlichen Zusammenhang der Freischoppen zerreißt und seinerseits das Verladegeschäft behindert.

Die Überarbeitung des Entwurfs führt zu zwei alternativen Lösungen für den Standort des Verwaltungsgebäudes[2]: zum einen wieder an der Hafenseite und zum anderen in der Mitte der Vorderfront, wo es zwischen den etwas verkürzten Lagerhaustrakten als selbständiger Baukörper erscheint, von Durchfahrten flankiert. Zwei weitere, aus Kostengründen die Baumasse reduzierende Entwürfe[3] verzichten auf die kurzen seitlichen Flügel und zeigen für die Lage des Verwaltungsbaus wieder die genannten Standortalternativen.

Kat.-Nr. 89, 90

Kat.-Nr. 91

Erst nach der Besichtigung entsprechender Hafenbauten in Köln entwickelt Hübsch Ende September/Oktober 1836 aufgrund der zweiten Variante einen Entwurf[4], der nun das Verwaltungsgebäude endgültig an der Stadtfront plaziert. Er stimmt in den wesentlichen Punkten mit dem in den „Bauwerken I" publizierten ausgeführten Entwurf überein, dessen kurze Seitentrakte als künftige Erweiterungsmöglichkeiten zu verstehen sind. Die Baumasse des Verwaltungsbaus, der in den vorausgehenden Entwürfen die Mittelachse blockiert hatte, wird zerlegt in zwei, nun die Mittelachse flankierende Bauten mit je fünf Fensterachsen, die wiederum frei in der nochmals vergrößerten Lücke zwischen den Lagerhaustrakten stehen. Dadurch entsteht eine lebhaft gegliederte, von den eingeschossigen Arkaden nur locker zusammengebundene Bautengruppe. Die Mittelachse ist durch die etwas breitere Arkadenstellung des Portals und seine plastische, Handel und Schiffahrt symbolisierende Bekrönung nur wenig hervorgehoben. Valdenaires kritische Anmerkung: „Gruppierung und Gliederung der Massen könnte man sich interessanter denken" erscheint nicht unberechtigt; bei dem ausgeführten, mehr durch die bewegte Silhouette wirkenden Entwurf ist tatsächlich der in der räumlichen Wirkung liegende Reiz des ersten Entwurfs verloren gegangen.

Nach der endgültigen Genehmigung des Plans im März 1837 beginnen sogleich die Bauarbeiten, und Hübsch beansprucht und erhält nicht nur die oberste Bauleitung, sondern auch die eigentlich der Bezirksinspektion zustehende, konkretere obere Bauleitung. Offenbar hat er an dem Wohlgelingen dieses Bauwerks ein großes persönliches Interesse und wird sich zum Beispiel selbst um die Beschaffung qualitätvoller Ziegelformsteine kümmern.

Die Beschreibung der Anlage in den „Bauwerken I/Text" befaßt sich in erster Linie mit Fragen der komplizierten Grundrißorganisation. Ein zweiter Punkt, der Hübsch wichtig ist, bezieht sich auf die Fassaden, deren Materialien und Farben er eingehend beschreibt: „Der Sokel ist mit Quadern aus rothem Sandstein, alle Wand- und Frei-Pfeiler nebst den Gurten und Fenster-Bänken aus grauem Sandstein, die Fenster-Einfassungen aus hartgebrannten façonnierten Backsteinen und die Wand-Flächen mit kleinen Quadern aus rothem Sandstein ausgeführt, so dass auswendig kein Verputz und Anstrich vorkommt, wie die Detailzeichnung der Façade näher zeigt." In dieser starken Differenzierung der Materialien sieht Valdenaire eine „konsequente Anpassung der einzelnen Bauelemente an den Maßstab der zierlichen, leichten Architektur" – welch' letztere Aussage nicht recht einleuchtet und allenfalls für die luftigen Arkadengänge zutreffen mag. Vielmehr steht die kleinteilige Strukturierung und farbliche Differenzierung in gewissem Kontrast zu der kubischen Stereometrie der über 200 Meter langen Fassade und den mit ihren Fensterformen an Festungsbauten oder Bauten der Revolutionsarchitektur erinnernden vier Baublöcken. Bei aller Rationalität in der Bewältigung der neuartigen funktionellen Anforderungen, zeigt die Anlage in der breitgedehnten Schaufront eine formale Übersteigerung des reinen Zwecks, was sich in dem bewußt gesuchten Kontrast von offenen Hallen und geschlossenen Kuben zeigt, aber auch in der Detailbildung, etwa den unterschiedlichen Fensterformen der Lagerhäuser, die nicht funktionell begründet sind.

Ende 1839 sind die Gebäude weitgehend beziehbar und auch der Hafen praktisch eröffnet, während sich die Restarbeiten noch bis zur offiziellen Einweihung des Hafens im November 1840 hinziehen. Bei den schon bald notwendig werdenden Erweiterungen finden Hübschs Vorschläge keine Berücksichtigung. Im letzten Krieg stark zerstört, wurde der Bau, da er heutigen Anforderungen nicht mehr entsprach, in den folgenden Jahren abgebrochen.

Das Zuchthaus in Bruchsal

Eine alte Bauaufgabe, die Hübsch in einer für Süddeutschland ganz neuen Weise löste, ist das Männerzuchthaus in Bruchsal. Nachdem ein bereits genehmigter und von Hübsch begutachteter Plan des Bezirksbaumeisters Lumpp, der eine Vierflügelanlage innerhalb des Stadtgebiets vorgesehen hatte, wieder infrage gestellt worden war, wurde 1838 der Beschluß zu einer Neuplanung vor den Toren der Stadt getroffen, und Hübsch erhielt in Umgehung Lumpps vom Justizministerium den Planungsauftrag. Erwogen wurde eine Anlage nach dem in angelsächsischen Ländern erprobten Strahlensystem, das eine leichte Überwachung von zentraler Stelle aus ermöglicht; die Entscheidung über die Organisation des Strafvollzugs nach dem Auburnschen oder Pennsylvanischen System blieb offen[6].

Hübschs erste Planung vom Juli 1838 zeigt eine kreuzförmige Strahlenanlage mit vier Zellentrakten um einen oktogonalen Mittelbau. In den Diagonalachsen und rechtwinklig zu ihnen liegen die nach dem Auburnschen System erforderlichen, zweigeschossigen Arbeitshäuser, die mit den dreigeschossigen Zellentrakten durch kurze Gänge verbunden sind. Der die anderen Bauten um zwei Geschosse überragende, mit Zeltdach und Laterne bekrönte Mittelbau bildet das beherrschende architektonische Zentrum der Gesamtanlage. Das quadratische Areal wird umschlossen von einer zinnenbekrönten und mit Ecktürmen versehenen Gefängnismauer und dem bastionsartigen überhöhten Vorbau mit dem Haupteingang. Der weitere Zugang, der in einen innerhalb der ‚Bastion' liegenden, zwingerartigen Vorhof führt, dann aber unmittelbar in einen Zellentrakt mündet, ist noch keine überzeugende Lösung.

Kat.-Nr. 92, 93

99   Trinkhalle in Baden-Baden, Brunnensaal

Kat.-Nr. 94

Die weitere Planung verläuft sehr zögernd, und erst 1841 wird das Raumprogramm endgültig festgelegt und eine Anlage nach dem Pennsylvanischen Einzelhaft-System avisiert. Der zweite und ausgeführte Entwurf Hübschs vom Herbst 1841 verzichtet dementsprechend auf die Arbeitshäuser. Eine wesentliche Verbesserung bedeutet die Drehung der Zellentrakte in die Diagonalachsen der Anlage, was eine direkte Verbindung von Haupteingang und Zentralgebäude erlaubt. Der bastionsartige Vorbau entfällt zugunsten eines auf der Innenseite der nun geradlinig verlaufenden Mauer angelegten Eingangsgebäudes. Die Ecken der Ummauerung werden in formaler Angleichung an die Stirnseiten der Zellentrakte abgeschrägt und an beiden Knickstellen mit Wachtürmen markiert.

Zentrum der Anlage ist wiederum das Mitteloktogon, das u. a. die Küche, Räume für die Verwaltung, die zentrale Überwachungsstation, Arbeitssäle und in den oberen beiden Geschossen eine die ganze Anlage überragende Simultankirche enthält. Im Frühjahr 1846 – drei der vier Zellenflügel sind bereits unter Dach – unternimmt Hübsch eine Informationsreise nach England, um vor allem das Londoner Mustergefängnis Pentonville zu besichtigen und dort letzte Anregungen für die inzwischen für Bruchsal endgültig beschlossene innere Organisation nach dem Pennsylvanischen Einzelhaftsystem zu erhalten, vor allem aber auch für die technischen Einrichtungen des Bruchsaler Baus, die – wie die Publikation von Füsslin zeigt – mit besonderer Sorgfalt von Hübsch geplant wurden.

Im Sommer 1847 nähert sich die Anlage ihrer Vollendung. Nachdem 1846 bereits die vier Zellentrakte unter Dach waren, erfolgt in diesem Jahr die Eindeckung des Oktogons. Der weitere Ausbau wird durch eine provisorische Einquartierung der politischen Gefangenen der 1848er Revolution verzögert, so daß die offizielle Einweihung erst am 10. Oktober dieses Jahres nach nun siebenjähriger Bauzeit stattfinden kann.

Abb. S. 123

Die stark ,expressive' Haltung, die ebenso schon der erste Entwurf zeigte, ist ein Sonderfall in Hübschs profanem Schaffen und vielleicht durch die ungewöhnliche und in dieser Anordnung ganz neuartige Bauaufgabe bedingt, aber wohl auch durch die Absicht Hübschs, dem infolge der Justizreform humaneren Strafvollzug einen ,entsprechenden' Ausdruck zu verleihen. Die zinnenbekrönten Gefängnismauern aus Kalksteinblöcken mit ihren an den Ecken verdoppelten Wachtürmen, die beherrschende Symmetrie des in rotem Sandstein errichteten Zuchthauses und die nicht nur architektonisch zu verstehende Krönung der Anlage durch das alles überragende Oktogon der Anstaltskirche erzeugen einen merkwürdigen, festungsartigen und zugleich ,weihevollen' Charakter. Halb Zwingburg und halb Gralsburg vereinigt der Ausdruck der Architektur ganz gegensätzliche Gesten: Androhung von Strafe, aber auch Verheißung möglicher Läuterung. Verstärkt wird dieser suggestive Ausdruck durch archaisierende ,mittelalterliche' Detailformen, die sich nur aus der Funktion nicht erklären lassen. Gegen eine dieserart symbolhaft und malerisch „aufgerüstete' Gefängnisarchitektur erhoben sich schon kritische zeitgenössische Stimmen[7]. Man wird Hübsch wohl zubilligen können, daß er bei diesem seinem ,ausdrucksvollsten' Werk die Grenzen nicht überschritten hat, doch ist eine gewisse Inszenierungsabsicht nicht zu übersehen, wie er etwa selbst die Vorstellung genießt, den auf der Landstraße und mit der Eisenbahn Vorbeifahrenden „einen überraschenden Anblick" zu bieten.

Ein in der Konzeption und dem Schau-Charakter ganz ähnliches Parallelbeispiel in der Barockarchitektur ist das von Lukas von Hildebrandt erbaute Stift Gött-weig. In den Darstellungen Hildebrandts selbst und den zeitgenössischen Stich-publikationen wird diese befestigte ‚Gottesburg' charakteristischerweise stets in dramatischer Frontalansicht gegeben. Damit gut vergleichbar ist ein zeitgenössi-scher Stich des Bruchsaler Gefängnisses, der auch die barocke Einbeziehung des Kosmos und die schlaglichtartige Beleuchtung nachahmt. Ein – von der Un-vergleichbarkeit der Bauaufgabe einmal ganz abgesehen – wesentlicher Unter-schied der Auffassungen liegt allerdings darin, daß Hildebrandt den von ihm gewollten Ausdruck ohne historisierende Rückgriffe allein mit den Stilmitteln seiner Zeit erreicht. Und in diesem Zusammenhang ist auch ein kurzer Blick auf Wein-brenners Entwurf für ein Gefangenenhaus in Hannover interessant: bei gleicher Bauaufgabe wird auch hier ohne ‚rhetorisch'-illustrative Elemente allein durch gewisse Differenzierungen seiner gewöhnlichen und zeitüblichen Architektur-sprache der Zweck des Gebäudes vollkommen zum Ausdruck gebracht.

Daß ein Zuchthausentwurf überhaupt mit einem Kloster vergleichbar wird, zeigt eine fragwürdige Vermischung profaner und sakraler Sphären, und man darf wohl zweifeln, ob eine derartige Glorifizierung, die der Stich allerdings übertreibend darstellt, dem nüchternen Zweck eines Zuchthauses wirklich angemessen ist. Ebenso liegt in der Übernahme der Kreuzform für den Grundriß eine ‚skrupellose' Profanierung, die hier allein dem banalen Zweck einer leichteren Observierbarkeit entspringt und sonst ‚bedeutungslos' ist. Der oktogonale Zentralbau ist nur noch Funktionsmittelpunkt, aber nicht mehr Bedeutungsmittelpunkt – eine Tatsache, der Hübsch dadurch zu entgehen versucht, daß er ihn architektonisch und ideell überhöht durch die Kirche in den oberen beiden Geschossen. Doch verät sich das ‚fehlende Fundament' dieses Bedeutungsanspruchs, wenn man die vertikale Gliederung des Oktogons betrachtet: die Kirche über der Küche, der Zentralüber-wachung und anderen Funktionsräumen! Und wenn man weiterhin bedenkt, daß die Gefangenen, damit das Einzelhaft-Prinzip nicht durchbrochen wird, beim ‚gemeinsamen' Gottesdienst, gegeneinander vollkommen isoliert, in hölzernen, menschengroßen Kästen sitzen mußten, während die Gefängniswärter von der gegenüberliegenden Altarzone aus, hinter Sichtschutzgittern verborgen die Sze-ne beobachten konnten, wird der Widerspruch zwischen vorgetragenem An-spruch der Architektur und der weniger erhabenen Realität fast peinlich spür-bar.

Trotzdem in seiner Zeit maßstabsetzend, sowohl in der formalen Ausbildung als auch in seiner funktionalen und technischen Organisation, ist Hübschs Bruchsa-ler Zuchthaus das erste Beispiel einer nach angelsächsischem Vorbild errichteten Strahlenanlage in Baden und seinerseits wieder Vorbild für die folgenden Groß-anlagen in Mannheim und Freiburg.

Im Vorfeld des Zuchthauses zur Landstraße hin sind zu Seiten der Einfahrt zwei kleinere und in der verlängerten Flucht der seitlichen Gefängnismauern größere Wohnhäuser für die Gefängnisbeamten angeordnet. Die größeren mit „Wohnun-gen für je drei Familien" sind in Plänen überliefert, stellen aber von der Ausfüh-rung abweichende Vorentwürfe dar: zweigeschossige, in der Mitte der Eingangs-front mäßig stark eingezogene Baukörper mit dadurch im Grundriß schwach aus-geprägter U-Form, die sich auch in der Ausbildung der Walmdächer abzeichnet. Die eingezogene Mitte ist mit ihrer starken Auflösung in Fenster in einen deutli-

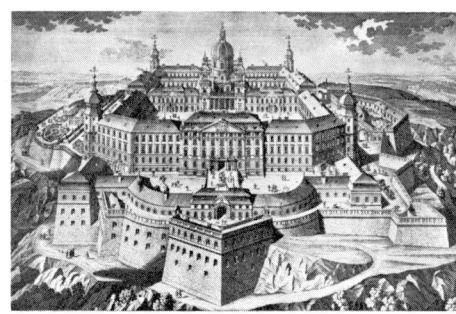

Stift Göttweig, Kupferstich von S. Kleiner

Abb. S. 49

Kat.-Nr. 94a

Kat.-Nr. 94b

Kat.-Nr. 95, 96

Zuchthaus in Bruchsal, Stich

chen Gegensatz zu den mehr geschlossenen seitlichen Risaliten gesetzt und hat im Erdgeschoß ein in der Flucht der Risalite bleibendes, von einer reich beschnitzten Holzkonstruktion getragenes Vordach.

Sonstige Bauten und Entwürfe für das Justizwesen

Zeitlich parallel zu dem Bruchsaler Zuchthaus erhält Hübsch im Zusammenhang mit den Reformbestrebungen im Justizwesen den Auftrag, an der Ausarbeitung von Modellplänen für Gefängnisse mitzuwirken, um einen einheitlichen Standart im ganzen Land Baden zu erreichen. Die 1838 vorgelegten und 1840 lithographierten Pläne geben drei Musterbeispiele für ein kleines und ein größeres Amtsgefängnis und für ein Kleinstgefängnis – alle mit bescheiden formalem Aufwand. Sie sollten als Richtlinie für die von den Bezirksinspektionen zu entwerfenden Bauten dienen. Abgesehen von dem quadratischen Kleistgefängnis zeigen die Grundrisse eine nach hinten offene, flache U-Form.
Eine weitere Bauaufgabe im Bereich des Justizwesens werden die durch die neue Gerichtsordnung von 1845 erforderlichen Gerichtsgebäude, und Hübsch wird wiederum beauftragt, einen Modellentwurf anzufertigen, der sofort lithographiert wird, um den örtlich zuständigen Bezirksbaumeistern als Richtlinie zu dienen.

Kat.-Nr. 97   Hübschs Entwurf für ein Bezirksstrafgericht in Freiburg, mit dem er einen Vorschlag der örtlichen Bezirksinspektion völlig überarbeitet, entspricht mit seiner Dreigeschossigkeit, dem flachen Walmdach und den rückwärtigen Seitenrisaliten, die dem Grundriß eine flache U-Form verleihen, seinem eigenen Musterentwurf, aber in seiner baukörperlichen Gliederung auch dem beschriebenen Bruchsaler Beamtenwohnhaus. Die Fassadengliederung der Hauptfront ist aufwendiger als die seines Musterentwurfs; die Gebäudeflanken werden durch von Lisenen gerahmte Doppelfenster risalitartig hervorgehoben, und die Mitte erhält über dem aufwendigeren Portal einen zusätzlichen Akzent durch eine Fenster-Dreiergruppe, während die ‚Rücklagen‘ hochrechteckige Einzelfenster haben. Die horizontale Schichtung ist durch Gurtgesimse in allen Geschossen und das begleitende Ornamentband deutlicher betont als bei dem Musterentwurf.
Charakteristisch für alle vorgenannten Entwürfe ist die flache, nach hinten offene U-Form der Grundrisse, die bei den Gefängnis- und Gerichtsgebäuden eine leichte Erweiterbarkeit durch Verlängern der rückwärtigen Flügelansätze sichern

Kat.-Nr. 32   sollte, ähnlich wie dies schon bei dem Vorentwurf für das Polytechnikum in Karlsruhe geplant worden war. In der häufigen Verwendung dieser ‚reduzierten Dreiflügelanlage‘ scheint sich aber auch – das wohl nicht auf Erweiterung angelegte Beamtenwohnhaus mag dies belegen – Hübschs besondere gestalterische Vorliebe für diese Form auszudrücken. Ein Vorentwurf für die Kunsthalle in Karlsruhe[8] zeigt nun für einen Monumentalbau ebenfalls diese nach hinten – also zum

Kat.-Nr. 91   Botanischen Garten – geöffnete Dreiflügelform, und auch der Mannheimer Zollhof kann in diese Reihe der rückwärts geöffneten Dreiflügelkonzeptionen gestellt werden.

Kat.-Nr. 98   Ein weiterer, wohl wieder ein Gerichtsgebäude darstellender Entwurf für ein Heidelberger Amtsgebäude soll nach der mit Sicherheit nachträglich erfolgten Bleistiftbeschriftung von Hübsch stammen. Und tatsächlich weist dieser Entwurf eine starke Ähnlichkeit mit dem Polytechnikum in Karlsruhe auf, jedoch mehr mit den von Theodor Fischer später ergänzten Teilen: den romanisierenden gekuppelten Fenstern sowie den oktogonalen Eck-‚Pylonen‘, die Fischer dem Polytechnikum ein- bzw. anfügte. Es erscheint daher durchaus denkbar, daß dieses Blatt ein Entwurf Fischers ist, der den Stil Hübschs auch sonst auf eine merkwürdig enge Weise adaptiert. Gegen eine Autorschaft Hübschs spricht auch die für das Erdgeschoß zu ‚schwächliche‘ Fensterbildung, wie insgesamt das Erdgeschoß etwas zusammengestaucht erscheint.

Kat.-Nr. 35
Abb. S. 57

Die Trinkhalle in Baden-Baden

Kat.-Nr. 99–103

Dieser Bau, der in dem folgenden Beitrag von Manfred Klinkott analysiert und dort als Wendepunkt in Hübschs Werk bezeichnet wird, soll an dieser Stelle nur unter zwei konstruktiven Einzelaspekten betrachtet werden.

„Bei diesem in den Jahren 1837–40 errichteten Gebäude suchte der Architect eine Aufgabe zu lösen, die bisher immer umgangen wurde; nämlich eine möglichst lichte Säulenhalle mit *gewölbter* Decke, statt mit einer blos hölzernen [wie bei Weinbrenners Kurhaus], welch' letztere allerdings keinen nach außen wirkenden Seitenschub auf die Säulenstellung ausübt, aber dagegen keine vollständig monumentale Bauart gewährt" umreißt Hübsch prägnant die im Konstruktiven liegenden besonderen Schwierigkeiten der Aufgabe[9]. Solche „lichten Säulenhallen" kannte Hübsch von seinen zahlreichen Italienreisen und gerade die im Konstruktiven sich auf das wesentliche beschränkenden oberitalienischen Beispiele müssen ihn nachhaltig beeinflußt haben. In einem Detailpunkt haben sie ihn allerdings auch gestört: in den horizontalen über den Kapitellen angebrachten eisernen Zugstangen (Hübsch nennt sie Schlaudern), die den Seitenschub der Gewölbe aufnehmen müssen, wie sie etwa die berühmte Vorhalle am Findelhaus in Florenz zeigt. Solche Beispiele vor Augen bemerkt Hübsch: „Nun fallen allerdings solche Schlaudern, wenn sie unmittelbar über den Säulenkapitälen angebracht werden sehr mißfällig in's Auge" und verweist auf seine Trinkhallen-Lösung, bei der durch die bewußt flach gehaltene Wölbung die Zugstangen so hoch hinaufrücken, daß das Raumbild optisch nicht mehr gestört wird: „Dies [die Störung] verringert sich aber in dem Maasse, als die Schlaudern näher an die Deckenfläche gebracht werden, so dass sie in die Kategorie von Deckenunterzügen oder Gewölbegurten treten".

Anzumerken ist, daß die Schlaudern bei der Trinkhalle nur in Querrichtung notwendig sind, weil der Seitenschub der Gewölbe in Längsrichtung durch die massiven Eckblöcke aufgenommen werden kann – eine Lösung, wie sie schon die Findelhaus-Vorhalle zeigt, die in diesem Punkt durchaus Vorbild gewesen sein mag.

Findelhaus in Florenz, F. Brunelleschi

Kat.-Nr. 102
Kat.-Nr. 99

Hübsch selbst ist seine Erfindung einer „vollständig monumentalen" Hallenkonstruktion so wichtig, daß er zehn Jahre später in seiner Schrift „Die Architectur . . ." in dem Kapitel „Ueber die speciellere Gestaltung des heutigen Baustyls" noch einmal ausführlich darauf eingeht[10]. Gleich nach der Behandlung mehrschiffiger Sakralräume kommt er „zur zweiten Hauptbildung, der äußeren offenen Halle". Hübschs oben genannte Bemerkungen werden hier noch durch einige wichtige Aspekte ergänzt, etwa zur Ausbildung der Stützglieder, die, wenn keine Obergeschoßlasten anfallen, aus schlanken Säulen bestehen sollen. „Und ihre Intercolumnien – wenn sie auch nicht so weit sind, als jene oben besprochenen gar so luftigen altitalienischen Arkaden – werden doch jedenfalls ... selbst die weitesten Intercolumnien der antiken Säulenstellungen weit übertreffen" – man sieht, die Annäherung an die – bei Hübsch stets griechische – Antike hat deutliche, von der Logik der Konstruktion gesetzte Schranken, die ihn auch zu einer

Kat.-Nr. 99, 101 die Regeln klassisch-griechischer Architektur verletzenden bogenförmigen Überspannung der Interkolumnien kommen läßt: „Und welchen charakteristischen Widerspruch mit der gewölbten Decke würden gerade Architrav=Balken erzeugen!" Er beruft sich – damit gleichzeitig die Priorität seiner zehn Jahre zurückliegenden Trinkhalle behauptend – darauf, daß diese „Formen=Zusammenstellung ... in neuster Zeit selbst von sehr strengen Hellenisten, z. B. von Schinkel und Klenze adoptiert worden ist". Er schließt: „Derjenige Architekt, der seine individuellen Liebhabereien einem harmonischen Ensemble unterordnet, wird sich daher oft veranlaßt finden, den Archivolt im Stichbogen zu wölben, wobei der Portikus möglichst hochsäulig und licht gehalten werden kann. Ich glaube dies nicht ohne Erfolg versucht zu haben bei einem ziemlich opulent ausgeführten und reich dekorierten Bau, der 260 Fuß langen neuen Trinkhalle zu Baden".

Das System und die Technik der Wandinkrustation, der zweite entwicklungsgeschichtlich bedeutsame Aspekt der Baden-Badener Trinkhalle, wird ebenfalls in dem anschließenden Beitrag von Manfred Klinkott behandelt, und es soll an dieser Stelle nur an die Frage angeknüpft werden, ob dies Gliederungssystem von Hübsch „tektonisch gedacht" ist.

Wenn es auch nicht gerade naheliegt, im Werk eines so stark vom Konstruktiven ausgehenden Architekten wie Hübsch untektonische Elemente zu vermuten, so ist es doch keineswegs ausgeschlossen, wie ein Beispiel der jüngsten Architekturgeschichte belegen mag: die untektonischen, mit keramischem Material ‚verkleideten' Fassaden im Werk Egon Eiermanns. Die Logik bei der Verwendung solch untektonischer, vorgehängter Fassadenelemente ist nun doch wieder konstruktiv begründbar und liegt darin, daß sie – wie auch die vorgeblendete Fassade Hübschs – keine statische Funktion erfüllen und daher auch keine tektonische, sondern nur eine flächengliedernde graphische Struktur erhalten dürfen. Damit wird die untektonische Strukturierung nichttragender Bauteile geradezu ein Ausdruck konstruktiver ‚Wahrheit' – freilich nur eine Form der Wahrheit, die bei den von Hübsch zeitlebens bekämpften Pilasterfassaden darin liegt, daß sie mit der ‚simulierten' Tektonik eine symbolhafte Sichtbarmachung statischer Grundverhältnisse von Lasten und Tragen geben wollen.

Die Abneigung Hübschs gegen eine konstruktiv nicht begründete, pseudo-tektonische Fassadengestaltung zeigt sich auch in seiner Polemik gegen die abschätzig als „Commis=Facade" bezeichnete Gliederung mit leicht vortretenden, vertikalen Putzstreifen, die oben unter dem Hauptgesims in einem horizontalen Streifen münden, also im Grunde genommen eine verkümmerte Pilaster/Architrav-Gliederung vorstellt[11]. Hübsch amüsiert sich bei der Vorstellung, die Pseudotechnik dadurch zu entlarven, daß die vertikalen Wandstreifen oben mit einem Kopfleistchen versehen werden „und – die Wandlung ist vollbracht. Es steht – incredibile visu – eine schulgerechte dorische Pilaster=Façade vor uns".

Die Fassadeninkrustationen der Trinkhalle sind im Sinne Hübschs zweifellos nicht tektonisch zu interpretieren, wenn auch unsere Sehgewohnheiten bestimmte Formen, etwa vertikale Streifen, sofort als ‚statische Bedeutungsträger' erscheinen lassen.

Eine analoge untektonische Auffassung in der Wandgliederung sieht Bruno Grimschitz, der Biograph Lucas von Hildebrandts, im Werk dieses Barockarchitekten, der in Norditalien aufgewachsen, seine architektonische Ausbildung in Rom, Genua und Turin erfuhr und damit wie Hübsch durch die oberitalienische Bautradition geprägt wurde[12]. Grimschitz stellt beim Oberen Belvedere in Wien fest: „Die Wände der elfachsigen Verbindungspavillons überdeckt nur mehr ein Netz feiner Linien, dem fast jede tektonische Bedeutung eines Gliederungssystems fehlt", und: auch die inneren Wandflächen werden „in untektonisch-dekorativem Gliederungssystem als schwebend räumliche Schichten ohne alle statische Bedeutung charakterisiert" – Aussagen, die man auf die untektonisch-graphisch strukturierte Inkrustation der Baden-Badener Trinkhalle übertragen könnte. Sie mag mit einzelnen Elementen ‚tektonische Erinnerungen' wachrufen, ist aber von dem Architekten nicht so gemeint, wie eigene Äußerungen Hübschs belegen können. Kat.-Nr. 102, 103

Die Trennung der Architektur in konstruktiv-tektonische Hauptelemente und untektonische, aber für die Erscheinung nicht weniger wesentliche Nebenelemente darf als Grundkonzept von Hübschs späteren Schaffensjahren angesehen werden und wurde von ihm selbst in „Die Architectur..." 1847 niedergelegt[13]: In dem Kapitel „Ueber die architectonische Schönheit" unterscheidet Hübsch bei einem Bau die ausschließlich nach der speziellen Funktion – der „räumlichen Bestimmung" – und der Konstruktion gestaltete „Kernform" und die „andere, decorative Seite". Darüber daß die „Kernform", die er auch die „charakteristische" nennt, für ihn den Vorrang hat, läßt Hübsch keinen Zweifel aufkommen, indem er feststellt, „daß in der charakteristischen Auffassung oder in der räumlichen Anordnung und monumentalen Darstellung des Baues der geistige Höhepunkt des schaffenden Genius und der höhere ästhetische Eindruck für den Betrachter liege". Aber auch die Dekoration spielt eine unverzichtbare Rolle: „Wagen wir es auszusprechen, daß die vollständige Schönheit geradezu eine innige Verschmelzung der oben genannten beiden Seiten ist, welche in ihren exremsten Eigenschaften einander gerade entgegengesetzt sind, und das sie ihr dialectisches Leben eben in der Vereinigung dieser beiden Pole hat". Wenig später ergänzt er: „daß die „Hauptformen... in einer reicheren Vollendung erscheinen durch mannigfache regelmäßig begrenzende Umrandungen und durch ausfüllende Verzierungen, die sowohl in vielfältigen Parallellinien und in mathematischen Figurationen, als in vegetabilischen und animalischen Gebilden und Verschlingungen bestehen." – die Reihenfolge der Aufzählung erscheint bezeichnend und entspricht dem mehr geometrisch-abstrakten Charakter der Inkrustation der Trinkhalle, wie ihn auch die späteren Bauten des Botanischen Gartens in Karlsruhe zeigen. Eine Tektonisierung der Dekorationsformen wird von Hübsch ausdrücklich abgelehnt, indem er kritisiert, daß bei Bauten anderer Architekten den „Zierlichkeitsformen" eine halb constructive Natur aufgezwungen und dadurch ihre freie Grazie und Kat.-Nr. 99, 102, 103
Abb. S. 101

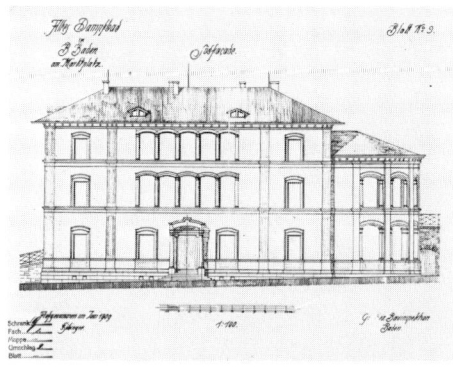

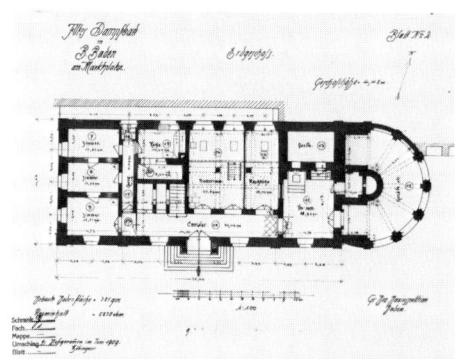

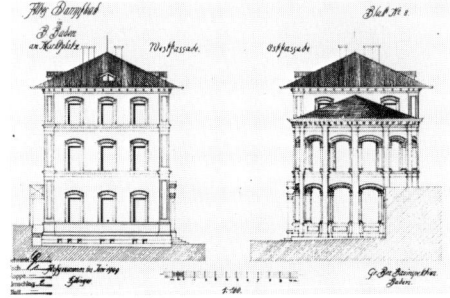

Dampfbad in Baden-Baden, Bauaufnahme 1909, Südfassade, Erdgeschoßgrundriß, West- und Ostfassade

Mannichfaltigkeit beschränkt wurde". Hier schließt sich der Kreis mit der Frage, ob mit der hier geforderten untektonischen Dekorationsform die oben von Hübsch geforderte „innige Verschmelzung der beiden Seiten" tatsächlich erreichbar ist oder ob – etwa bei dem Beispiel der Trinkhalle – eine ungelöste Spannung in ihrem „dialectischen" Zusammenwirken bestehen bleibt – eine Frage, die ihre Antwort mehr im subjektiven Empfinden des Einzelnen finden mag und hier offen bleiben soll.

Das Dampfbad in Baden-Baden

Das herrschaftliche Dampfbad wurde 1846/48 an der Stelle von Weinbrenners Antiquitätenhalle, die 1845 abgebrochen war, errichtet; ein querrechteckiger, dreigeschossiger Bau mit flachem Walmdach, dem an der östlichen Schmalseite eine zweigeschossige, im Grundriß überhalbkreisförmige ‚Apsis' angegliedert war. Die Vorderfront zeigt eine wohnhausmäßige Gliederung, die mit ihrer unrepräsentativen Haltung auch für einige Karlsruher Bauten typisch war. Die äußeren Fensterachsen werden durch flankierende, der Dreigliederung durch die Gurtgesimse entsprechende, geschoßweise Lisenen risalitartig herausgehoben. Die Mitte erhält durch das Portal und in den Obergeschossen durch die gekuppelte, fünffache Fensterreihung ein leichtes Übergewicht – in der Grundauffassung dem Freiburger Bezirksgerichts-Entwurf verwand. Originellster Teil des Bauwerks ist die ‚Apsis'; mit ihrer jeweils von Lisenen gerahmten engen Fensterstellung und vor allem der monumentalen Halbkreisform erinnert sie – dem genius loci huldigend? – an spätrömische Architekturen, wie auch die Ringhalle im Erdgeschoß durchaus an römisch-kaiserzeitliche Mausoleen denken läßt.

Universitätsbauten in Heidelberg

Hübschs Planung zu Bauten für die Heidelberger Universität entwickelte sich wiederum aus einer gutachterlichen Stellungnahme zu einer Planung von anderer Seite, hier des Bezirksbaumeisters und ehemaligen Weinbrennerschülers Friedrich Lendorff, der ab 1844 dieses Amt innehatte. Der offenbar renommierte Lendorff war vom Kurator der Universität in Umgehung des zuständigen Universitätsbaumeisters mit ministerieller Genehmigung beauftragt worden, einen Plan für einen Neubau des anatomischen Instituts mit einem anatomischen Museum sowie einem zoologischen Museum zu entwerfen. Diese recht aufwendige Planung wurde im Dezember 1846 über das Innenministerium an die Baudirektion weitergeleitet. Bei der sofort erfolgenden Ortsbesichtigung mit allen Beteiligten, hatte Hübsch offenbar den Eindruck gewonnen, daß die Funktionsmischung nicht sinnvoll sei, und die Idee entwickelt, den geplanten Bau nur für das anatomische Institut zu errichten und nach Abbruch der gegenüberliegenden Altbebauung hier einen auch das zoologische Institut beherbergenden Neubau für die Naturwissenschaften anzulegen. Obwohl die Entscheidung zugunsten einer gemeinsamen Unterbringung von zoologischem und anatomischem Museum von seiten der Universität bereits gefallen war, hatte Hübsch offenbar Hoffnung, über das Innenministerium doch noch seine Vorstellungen durchsetzen zu können.

Im Februar 1847 schickt Hübsch jedenfalls mitsamt seinem negativen Gutachten über Lendorffs Planung drei verschiedene Entwürfe, die sich erhalten haben. Der Entwurf I zeigt die von der Universität gewünschte Kombination von anatomischem und zoologischem Institut. Die Entwürfe II und III zeigen jedoch die wohl von Hübsch propagierte Trennung in ein nun eingeschossiges anatomisches Institut und einen – wie der Lageplan zeigt – den Abbruch der gegenüberliegenden Altbebauung voraussetzenden großen Neubau für die Naturwissenschaften. Gerade der letzte Plan ist besonders schön ausgearbeitet – ein wahrhafter ‚Animierungsplan‘, angesichts dessen man bedauern muß, daß es bei dem Entschluß zur gemeinsamen Unterbringung geblieben ist. Hübsch fügt sich und arbeitet auf der Grundlage von Entwurf I die hiervon nur geringfügig abweichenden Ausführungspläne aus.

Der „I. Entwurf zu einem anatomischen und zoologischen Museum"[14] zeigt im Grundriß die typische, nach rückwärts geöffnete flache U-Form und in der Raumorganisation der Mittelachse mit der großzügigen Folge von Vestibül, Treppenhaus und dem Anatomiesaal eine gewisse Ähnlichkeit mit dem ebenfalls in der Tiefenachse entwickelten Mittelbaus des Polytechnikums in Karlsruhe. Die Fassaden sind von einer in dieser späten Zeit überraschend knappen, und doch anmutigen Formsprache, die sicher in der bei dieser Aufgabe gebotenen Zurückhaltung im formalen Aufwand begründet liegt und auch in den beiden anderen Entwürfen zu beobachten ist.

Kat.-Nr. 104–106

Abb. S. 56

Der Entwurf II[15] für ein nun ausschließlich die Anatomie beherbergendes Gebäude zeigt diese als eingeschossigen, durch einen übergiebelten Eingangsrisalit und durch Seitenrisalite gegliederten Bau, dessen Mitte überragt wird von dem als Rotunde ausgebildeten Obergeschoß des Anatomiesaals.

Der „III. Entwurf zu einem Gebäude für die Naturwissenschaften"[16] zeigt den Bau, der nach Hübschs Meinung das gegenüber der Anatomie liegende Konglomerat alter Gebäude ersetzen und unter anderem auch das zoologische Museum aufnehmen sollte. Dieser Entwurf, der eine grundsätzliche Bereinigung der städtebaulichen Situation gebracht hätte, wurde wohl aus finanziellen Erwägungen nicht durchgeführt, obwohl er architektonisch zweifellos eine überzeugende Lösung darstellt. Insbesondere bei diesem Entwurf kehrt Hübsch zu einer zwar schlichteren, aber geradezu aristokratischen, wieder unmittelbar an die Palastbauten der Frührenaissance anknüpfenden Formsprache zurück. Dies zeigt sich beim Grundriß in der, an der offenen Seite durch ein ‚Ehrenhofgitter‘ geschlossenen, Hofbildung und vor allem in der offenen und großzügigen Raumorganisation des Kernbaus mit der frei durchflutenden Mittelachse und der repräsentativen Treppenanlage, die mit zwei seitlichen Läufen ansteigend nach dem Wendepodest zu einem mittigen Lauf vereinigt das Obergeschoß erreicht. Die zugehörige Ansicht stimmt in ihrem erdgeschossigen Arkadengang nicht ganz mit dem Grundriß überein – keine unübliche Erscheinung, die sich dadurch erklärt, daß die Ansichten aus schon fertigen Grundrissen entwickelt, aber noch abgeändert werden, während dann – wie wohl auch hier – keine Zeit mehr ist, die Grundrisse diesen Änderungen anzupassen. Gerade durch den zugefügten Arkadengang, aber auch durch die belvederemäßige Überhöhung des Mittelbaus und die genannte

Kat.-Nr. 107, 108

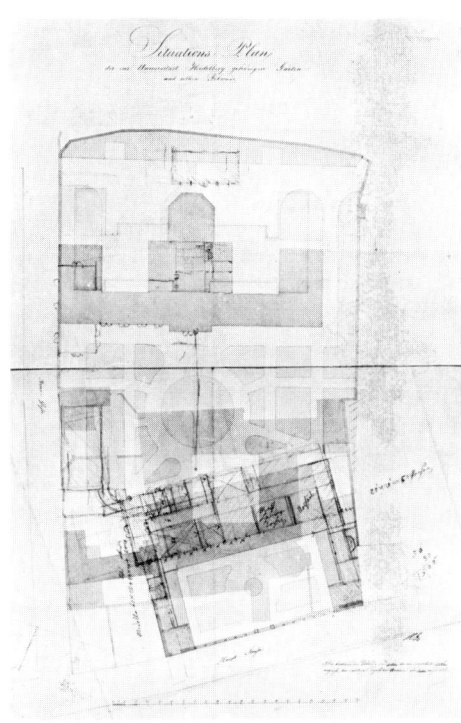

Universitätsbauten in Heidelberg, Lageplan

Offenheit der Erschließungsachse ist dies vielleicht der ‚italienischste' Entwurf in Hübschs Werk. Dieser Eindruck wird durch die feine, aber nicht zu kleinteilige Bildung der Detailformen und die ausgewogene Flächenstrukturierung verstärkt, die etwa an die lineare Feinheit der Hoffassaden des Palazzo Ducale in Urbino[17] erinnern; von Hübschs eigenen Werken kommt diesem Entwurf die Fassadengestaltung der Kunsthalle in Karlsruhe am nächsten, deren System und Details hier jedoch vereinfacht werden.

Hanno Brockhoff

Anmerkungen

1 Plan im GLA, G Mannheim 29.

2 Pläne im GLA, G Mannheim 33, 36, 31 u. 37, 39, 38.

3 Pläne im GLA, G Mannheim 34, 35, 30 u. 12 (nur Lageplan).

4 In diese Reihe gehört noch ein nicht abgebildeter Grundriß des 2. Obergeschosses. GLA, G Heidelberg 48.

5 Valdenaire, Hübsch, S. 25.

6 Das Auburnsche Schweigesystem sah Einzelhaft vor, jedoch tagsüber ein gemeinsames Arbeiten unter dem Gebot strengsten Stillschweigens, während das Pennsylvanische System in konsequenter Verwirklichung der Einzelhaft auch das Arbeiten in den entsprechend ausgestatteten Einzelzellen vorsah. Die beiden Strafvollzugssysteme wurden in den Vereinigten Staaten entwickelt; in Europa wurde vorwiegend das letztere übernommen.

7 so A. Romberg, Über die Gefängnisreform, Zeitschr. f. prakt. Baukunst, 1845, S. 15 ff.

8 Plan im GLA, G Karlsruhe 326.

9 Bauwerke II, 2. Heft, Text in der Inhaltsübersicht.

10 Hübsch, Architectur, S. 155–158.

11 ebenda S. 161.

12 Bruno Grimschitz, Lucas von Hildebrandt, Wien 1932, S. 164 u. 170.

13 Hübsch, Architectur, S. 6 ff.

14 hierzu weitere Pläne im GLA, G Heidelberg 39, 42, 43, 48, 51; sowie Lagepläne 52, 53, 54.

15 vgl. Pläne GLA, G Heidelberg 41, 50.

16 weitere Pläne zu diesem Bau im GLA, G Heidelberg 44, 45, 57.

17 vgl. Peter Murray, Architektur der Renaissance, Stuttgart 1975, Abb. 106.

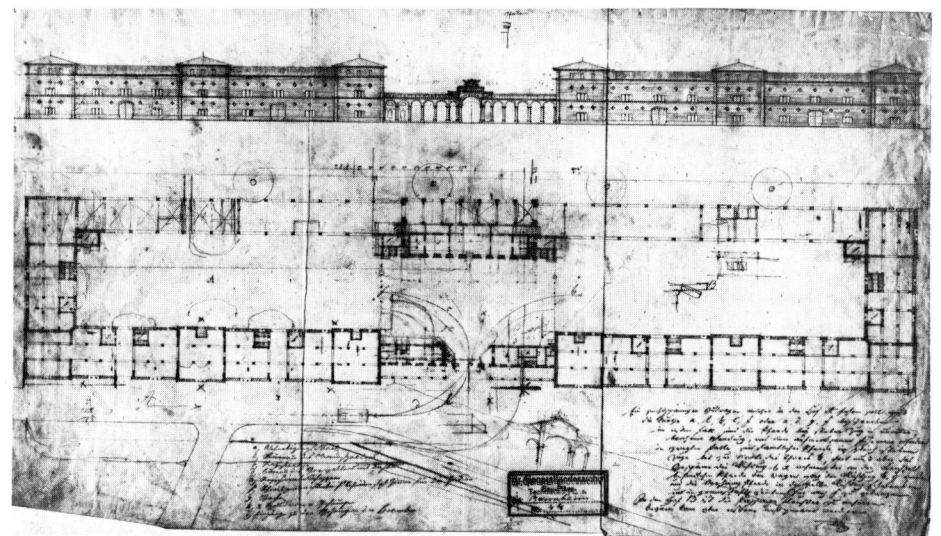

88
Zollhof in Mannheim (Vorentwurf), Grundriß und Vorderansicht, Legenden, Bleistiftzeichnung mit Korrekturen, Papier, 32,9 × 59,0 cm. GLA, G Mannheim 44.

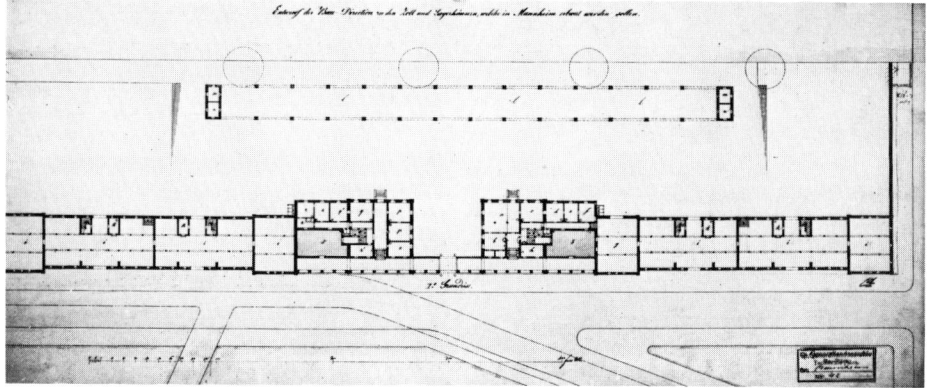

89
Zollhof in Mannheim (Entwurf Sept./ Okt. 1836), bez. „Zoll=Gebäude / Landfaçade", Bleistift- u. Tuschezeichnung, Karton, ca. 31,2 × 81,0 cm. GLA, G Mannheim 32.

90
Zollhof in Mannheim (Entwurf Sept./ Okt. 1836), bez. „Entwurf der Bau-Direction zu den Zoll und Lagerhäusern, welche in Mannheim erbaut werden sollen. / I. Grundriss.", Tuschezeichnung, angelegt, Karton mit Wz 1834, ca. 32,0 × 80,0 cm. GLA, Mannheim 42.

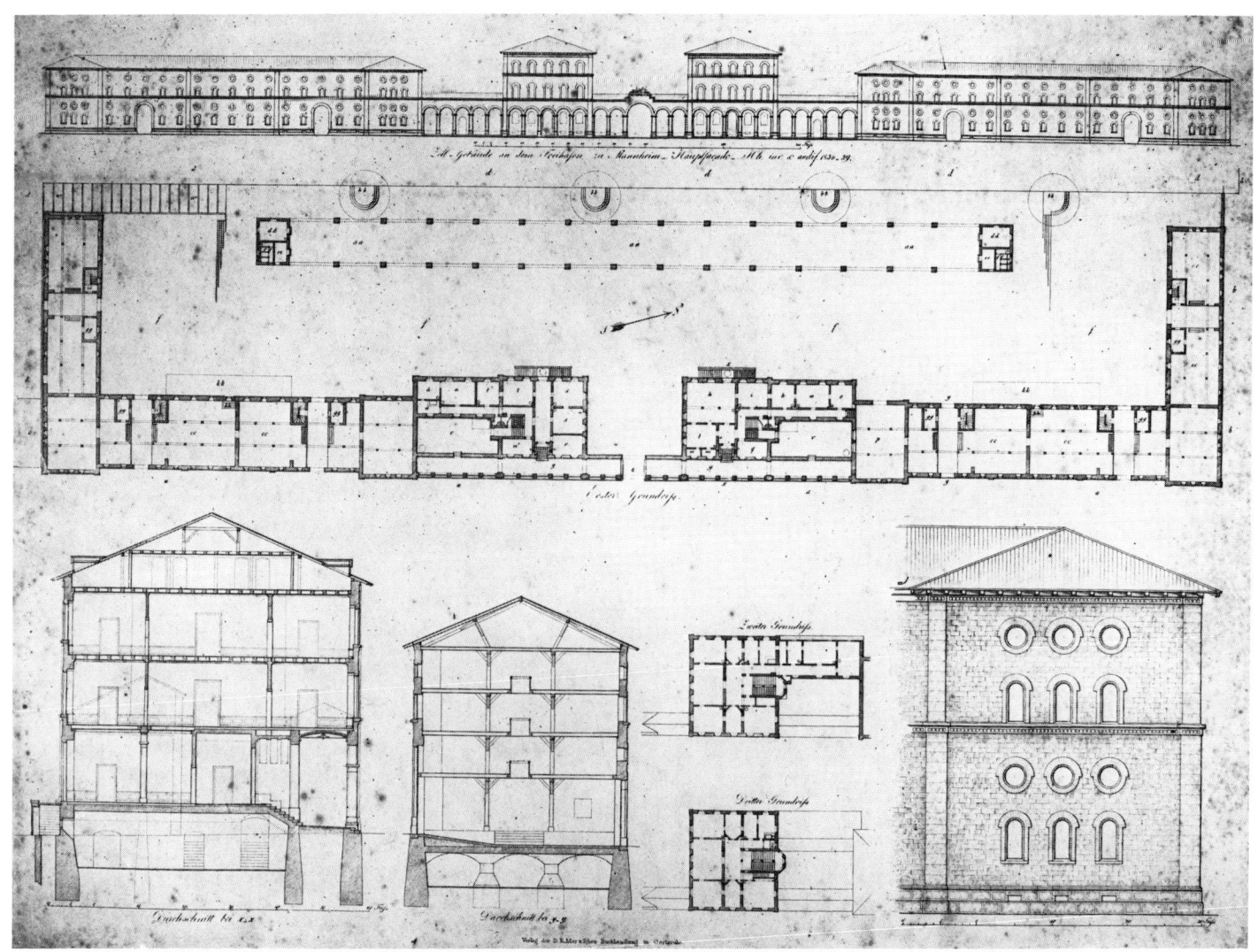

91
„Zollgebäude an dem Freihafen zu
Mannheim" (ausgeführter Entwurf),
Grundrisse, Vorderansicht, Schnitte,
Fassadenausschnitt, Lithographie,
Bauwerke, 1. Folge, Tafel 11.

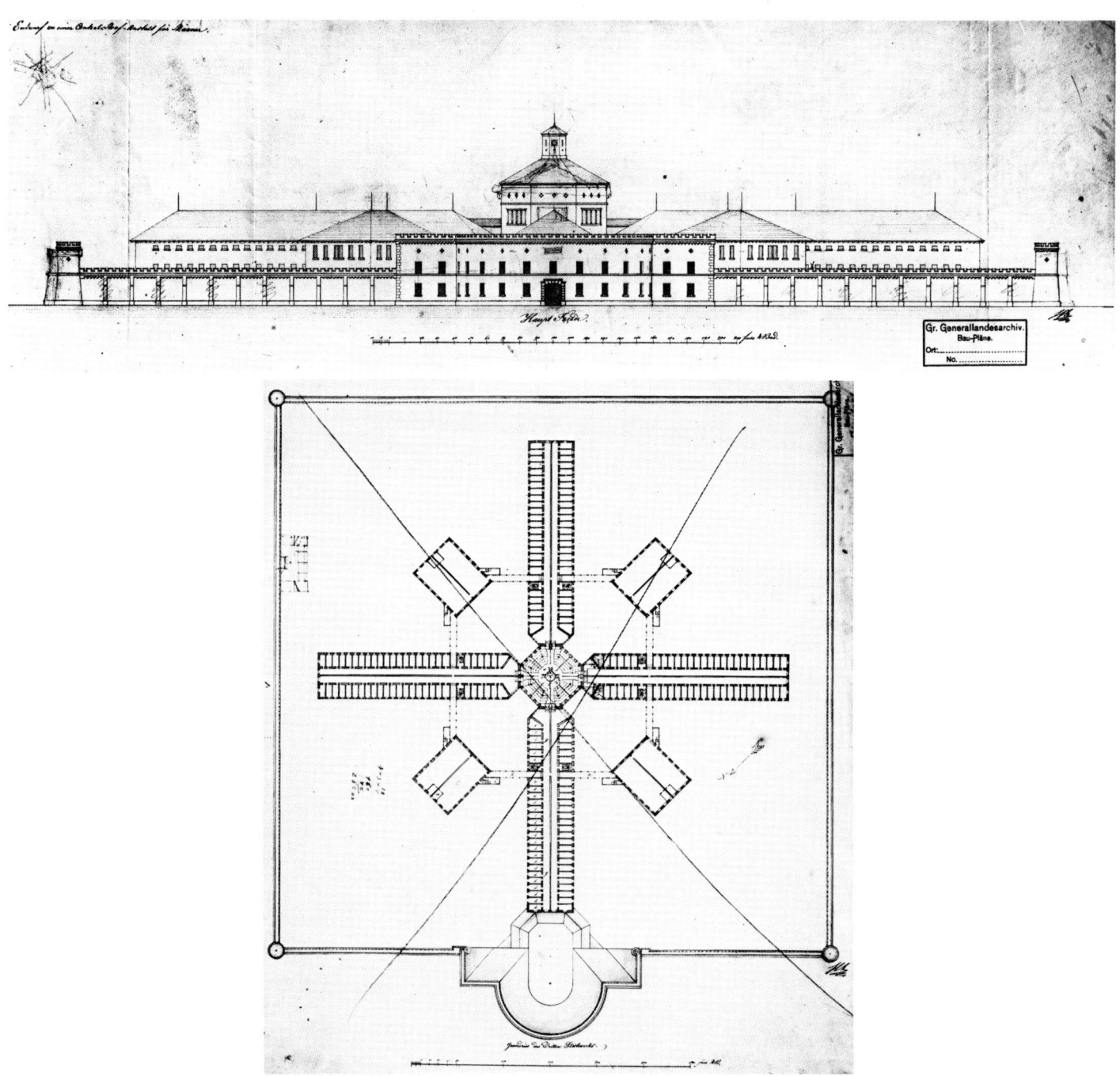

Entwurf zu einem Centralarchiv-Gebäude für Baden.

Haupt Façade.

Gr. Generallandesarchiv.
Bau-Pläne.
Ort: ....
No. ....

Grundriss des Ersten Stockwerks.

92 (linke Seite)
Zuchthaus in Bruchsal (1. Entwurf), bez. „Entwurf zu einer Central-Straf-Anstalt für Männer. / Haupt Façade.", sign. „Hh", Tuschezeichnung mit Bleistiftkorrekturen, Karton, 21,7 × 68,4 cm. GLA, G Bruchsal 30.

93 (linke Seite)
Zuchthaus in Bruchsal (1. Entwurf), bez. „Entwurf zu einer Central-Straf-Anstalt für Männer. / Grundriss des dritten Stockwerks.", sign. „Hh", Tuschezeichnung, angelegt mit Bleistiftkorrekturen, Karton mit Wz 1818, 54,2 × 48,7 cm. GLA, G Bruchsal 37.

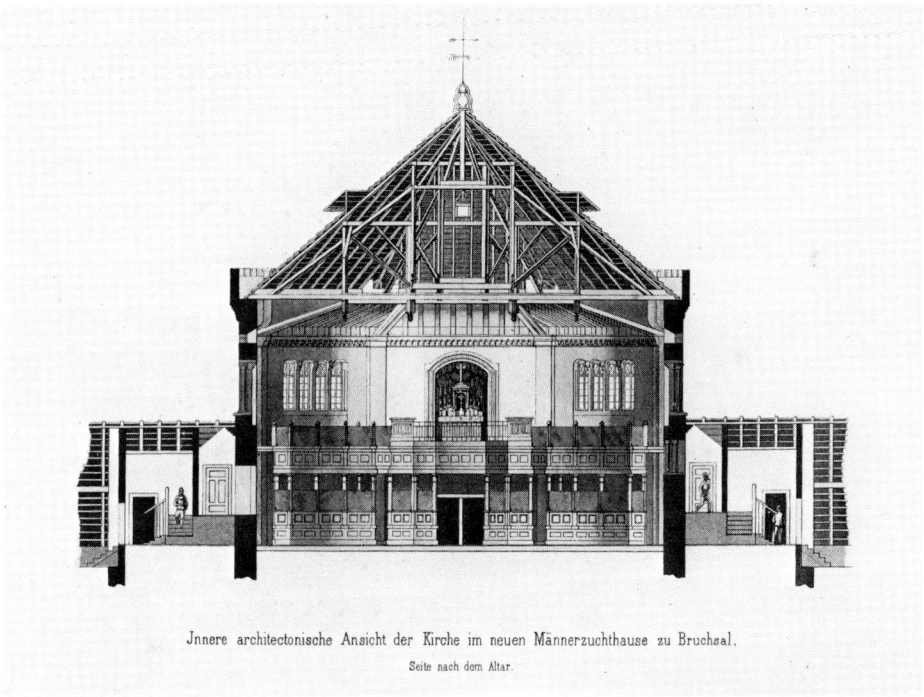

Innere architectonische Ansicht der Kirche im neuen Männerzuchthause zu Bruchsal.
Seite nach dem Altar.

94 a, b, c
Zuchthaus in Bruchsal, Publikation des ausgeführten Baus, in: J. Fuesslin (Hrsg.), Das neue Männerzuchthaus in Bruchsal nach dem System der Einzelhaft in seinen baulichen Einrichtungen, Karlsruhe o. J. (1852/53). GLA, G Bruchsal 99.
a) Schnitt durch die Anstaltskirche mit Blick zum Altar
b) Lageplan (teilw. mit Grundrissen) der Gesamtanlage
c) Grundriß und Schnitte einer Arbeitszelle

Das neue Männerzuchthaus zu Bruchsal.

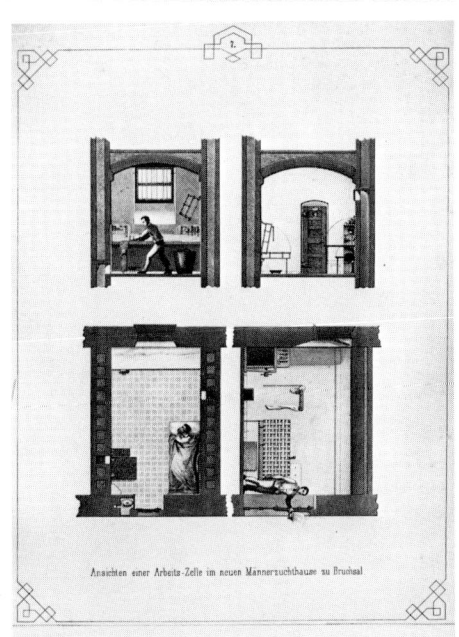

Ansichten einer Arbeits-Zelle im neuen Männerzuchthause zu Bruchsal.

Entwurf zu den Beamten Wohnungen für je drei Familien.

Façade

95

Beamtenwohnhaus am Zuchthaus in Bruchsal, bez. „Entwurf zu den Beamten Wohnungen für je drei Familien. / Façade, Tuschezeichnung, angelegt, Karton, 23,1 × 33,9 cm. GLA, G Mannheim! 27.

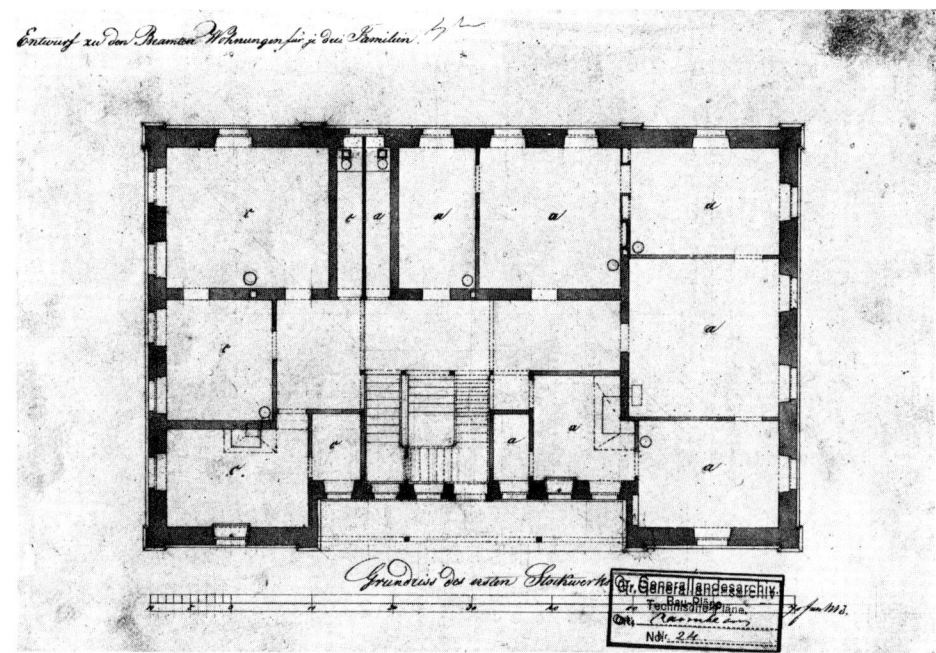

Entwurf zu den Beamten Wohnungen für je drei Familien.

Grundriss des ersten Stockwerks

96

Beamtenwohnhaus am Zuchthaus in Bruchsal, bez. „Entwurf zu den Beamten Wohnungen für je drei Familien. / Grundriss des ersten Stockwerks.", Tuschezeichnung, angelegt, Karton, 23,2 × 33,9 cm. GLA, G Mannheim! 24.

97
Bezirksstrafgericht in Freiburg, Vorderansicht, Motto über dem Haupteingang:
„Uebe Treu und Redlichkeit / bis an
dein kühles Grab", Tuschezeichnung,
angelegt, Ingreskarton, ca. 36,0 × 70,0
cm. GLA, G Freiburg 13.

98
Bezirksstrafgericht in Heidelberg ?,
wohl später in Blei bez. „Heidelberg,
Amtsgebäude / Hübsch", Vorderansicht, Bleistiftzeichnung, angelegt, Karton, 46,5 × 66,5 cm. IfB, Hübsch 124.

99 (Farbtafel S. 120/121)
Trinkhalle in Baden-Baden, Brunnensaal, Detail der Wanddekoration, Tuschezeichnung, angelegt u. aquarelliert, Karton, ca. 48,0 × 26,2 cm. GLA, G Baden 100.

100
Trinkhalle in Baden-Baden, persp. Ansicht, Sign. des Zeichners: „August Blum. Carlsruhe 1851", Vorlage zu: Hübsch, „Bauwerke", 2. Folge, 2. Heft,

Bl. 1, Bleistiftzeichnung in Grautönen, angelegt u. aquarelliert, Papier, 37,0 × 49,6 cm, aufgezogen auf Karton. IfB, Hübsch 127.

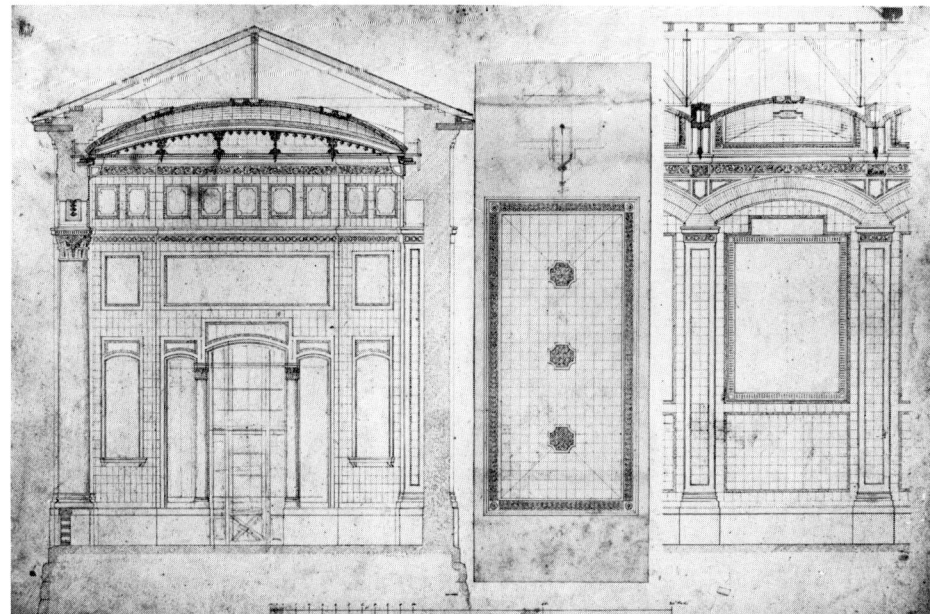

101 (oben)

Trinkhalle in Baden-Baden, Grundriß u. Fassadenausschnitt, Vorlage zu: Hübsch, „Bauwerke", 2. Folge, 2. Heft, Bl. 2, Tuschezeichnung, Grundriß angelegt, Ansicht als Tektur, Papier, 57,7 × 40,8 cm. IfB, Hübsch 129.

102

Trinkhalle in Baden-Baden, Querschnitt, Teillängsschnitt u. Deckenuntersicht in kleinerem Maßstab, Vorlage zu: Hübsch, „Bauwerke", 2. Folge, 2. Heft, Bl. 3, Tusche- u. Bleistiftzeichnung, Decke als Tektur, Karton, 40,3 × 58,2 cm. IfB, Hübsch 130.

103

Trinkhalle in Baden-Baden, Schnitt durch den Brunnensaal, Vorlage zu: Hübsch, „Bauwerke", 2. Folge, 2. Heft, Bl. 4, Bleistiftzeichnung, angelegt, Karton, 40,1 × 55,2 cm. IfB, Hübsch 132.

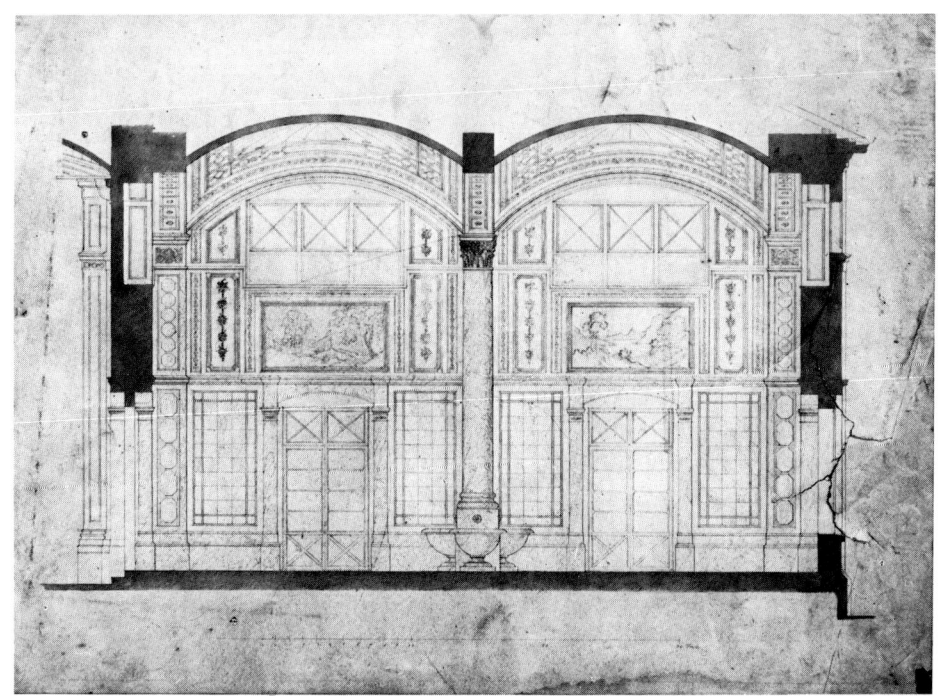

104

Anatomie in Heidelberg, Entwurf zur Hauptfassade, Bleistiftzeichnung, angelegt, Papier, 21,8 × 53,8 cm. GLA, G Heidelberg 40.

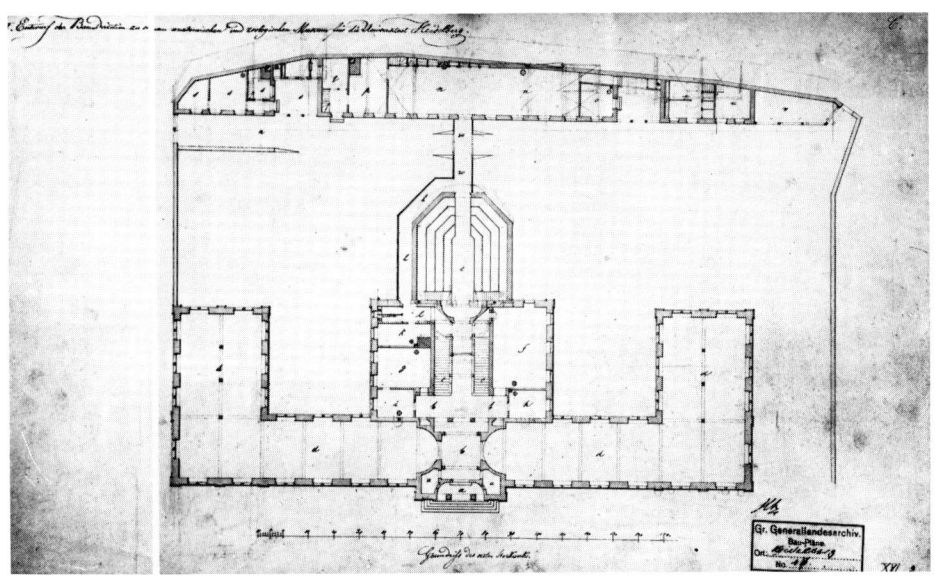

105

Anatomie in Heidelberg, bez. „I. Entwurf der Baudirection zu einem anatomischen und zoologischen Museum für die Universitaet Heidelberg. / Grundriss des ersten Stockwerks.", sign. „Hh", Tuschezeichnung, angelegt, Karton, 33,0 × 54,0 cm. GLA, G Heidelberg 47.

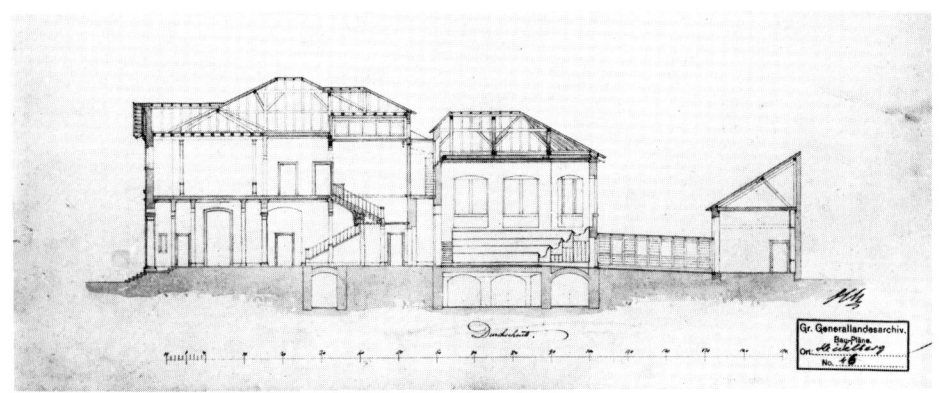

106

Anatomie in Heidelberg, bez. „I. Entwurf der Baudirection zu einem anatomischen und zoologischen Museum für die Universitaet Heidelberg. / Durchschnitt.", sign. „Hh", Tuschezeichnung, angelegt, Papier, 33,0 × 54,0 cm. GLA, G Heidelberg 46.

107

Naturwissenschaftliches Institut in Heidelberg, bez. „III. Entwurf der Baudirection zu einem Universitaets Gebaeude für die Naturwissenschaften. / Hauptfaçade.", Tuschezeichnung, angelegt, Karton, 25,0 × 54,0 cm. GLA, G Heidelberg 55.

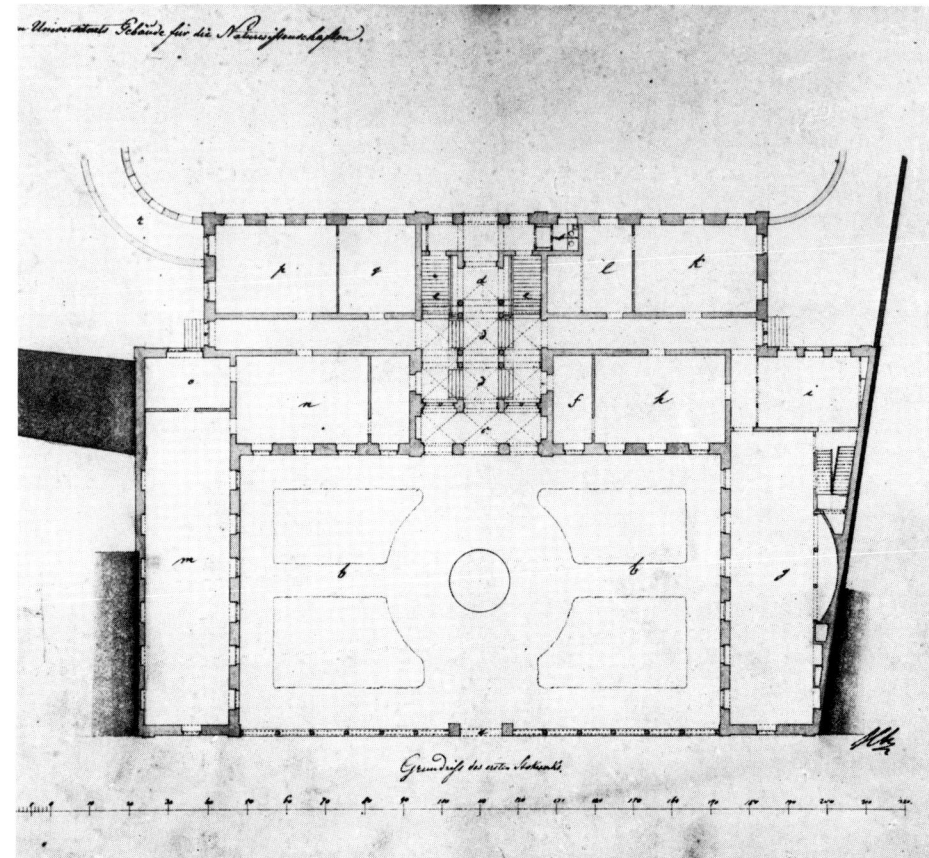

108

Naturwissenschaftliches Institut in Heidelberg, bez. „III. Entwurf der Baudirection zu einem Universitaets Gebäude für die Naturwissenschaften. / Grundriss des ersten Stockwerks.", Tuschezeichnung, angelegt, Karton 33,0 × 54,0 cm. GLA, G Heidelberg 56.

Der Rundbogenstil von Heinrich Hübsch und sein Einwirken auf die Berliner Profanarchitektur

Als Heinrich Hübsch 1828 die so oft zitierte Schrift mit dem provozierenden Titel „In welchem Style sollen wir bauen?"[1] publizierte, war seine aufgeworfene Frage bei weitem kein Zeichen von Unsicherheit. Der Aufsatz des Karlsruher Architekten ist als eine Kampfansage zu verstehen, mit der er sich von seinem Lehrer Friedrich Weinbrenner und der klassizistischen Bauform distanzierte. Die Architrav- und Säulenkompositionen wurden von ihm als widersinnig bezeichnet, da mit einer Stützen- und Balkenkonstruktion nur begrenzte Spannweiten erreicht werden konnten, und die Wölbtechnik längst bessere Möglichkeiten erlaubte. Bei all seiner ehrfürchtigen Bewunderung der griechischen Baukunst sei doch der Vorteil des Bogens nicht zu verkennen; und ein Architrav über einer Säulenreihe werde zu einem höchst zweifelhaften Gestaltungsmittel, wenn er nur durch kaschierte Holzbalken hergestellt werden könne. Selbstverständlich denkt hierbei der kritische Verfasser zunächst an stadtbekannte Bauten seines Lehrers in Karlsruhe. Risse im Putz hatten dort schon sehr bald den Widersinn einer Fassadengestaltung gezeigt, die ohne Marmor oder hochwertiges Steinmaterial kaum zufriedenstellend ausgeführt werden konnte[2]. Doch nicht nur Weinbrenner und seine Säulenhallen waren der Kritik unterzogen. Sie traf viele Architekten dieser Zeit und muß damals ein höchst verwegener Angriff eines jungen Einzelgängers gewesen sein, der an ausgeführten Bauten bisher wenig vorzuweisen hatte.
Heute ist für uns die 1828 aufgeworfene Stilfrage ein sehr wichtiges Dokument für das gegensätzliche Denken im 19. Jahrhundert. Heinrich Hübsch stand noch am Anfang einer Diskussion, die sich bald verschärfen sollte. Wohl schwelte der Konflikt seit den „Befreiungskriegen", da man aus romantischer Begeisterung und Nationalgefühl deutsch und christlich – nicht aber welsch und heidnisch bauen wollte. Doch die Meinungsunterschiede kamen vorerst nicht als Streit zum Ausbruch, da die Toleranz der führenden Architekten das Gegensätzliche gleichberechtigt nebeneinander gelten ließ. Mit Heinrich Hübsch wird diese Duldsamkeit nun eingeschränkt. Für ihn ist die Wahl der Form kein Spiel der Phantasie. Der mathematisch und philosophisch vorgebildete Architekt[3] will mit zwingender Gedankenschärfe in einer Baugestalt entwerfen, die der deutschen Landschaft – ihrer Eigenart und den natürlichen Bedingungen so weit wie möglich angemessen ist.
Mit dieser Forderung hat Heinrich Hübsch nicht die überspitzte Formenwelt der gotischen Baukunst im Sinn. Die Kathedralen faszinieren ihn zunächst. Als Vorbild für die Architektur des 19. Jahrhunderts hält er sie aber nicht für geeignet, da unter der überreichen Vielzahl der konstruktiv nicht notwendigen Verzierungen das eigentliche Gebäude eingehüllt und überkrustet werde[4]. Sein Ziel ist ein Rundbogenstil, der aus der frühchristlichen oder romanischen Architektur abgeleitet werden sollte. Doch strebt er keine Wiederholung vergangener Stilformen an. Ihm geht es vor allem um ein vernünftiges Entwurfsprinzip, das sich nach dem Klima und dem verfügbaren Baumaterial zu richten habe. Das Beiwerk, der Schmuck ergebe sich dann mit der sinnvollen Konstruktion, wobei nach der „individuellen Phantasie der einzelnen Künstler" sehr unterschiedliche Dekorations-

formen entstehen mögen. Doch sei vor jedem Mißbrauch zu warnen. Schon hier läge bereits der Keim für einen Niedergang der Baukunst. Die architektonischen Verzierungen sollen eine „Bekränzung der wesentlichen Formen" sein und haben das Strukturgerüst erklärend zu betonen. Eine dekorative Überladung würde aber „jene wahrhaft rührende Schlichtheit und Unbefangenheit der Gebäude zerstören, welche als wahre Baukunst immer nur das vorstellen wollen, was sie sind, und nicht mehr"[5].

Wir sehen also, daß sich die Gedanken von Heinrich Hübsch nicht nur mit der Anwendung von Architrav oder Bogen auseinandersetzen. Sie gehen im Grunde sehr viel weiter und bekämpfen gedankenlose Tradition. Auch die Schmuckform muß begründet sein und erhält ihren Sinn durch die Funktion der konstruktiven Teile, aus denen sich ein Bau zusammensetzt. In dieser Ansicht unterscheidet sich Heinrich Hübsch allerdings kaum von den „Klassizisten". Auch Weinbrenner verteilte seine Schmuckformen nicht wahllos über die Fassaden. Sie hatten durchaus ihre tektonische Bedeutung. Der Berliner Schinkelschüler Karl Bötticher hat später über den Sinn der Bauornamente eine „Philosophie" der Kunstformen geschrieben[6], und wir stellen fest, daß Heinrich Hübsch von seinen Gedanken schon manches vorweggenommen hatte. Das heißt aber nicht, daß Schinkel oder Bötticher erst durch ihn zu diesen Überlegungen angeregt wurden. Sie waren damals ein Gedankengut vieler Architekten, die das Ornament als ein erklärendes Beiwerk ihrer Bauten verstanden und sich vor jedem Mißbrauch zu bewahren suchten; denn mit diesem Anspruch hatten sich ja auch die „Klassizisten" einst von der älteren Barockarchitektur distanziert.

Doch Heinrich Hübsch fordert mehr Konsequenz. Er verlangt strenge Disziplin und Ehrlichkeit bei der Gestaltung von Fassaden. Wohl wird das nicht so deutlich ausgesprochen. Aber zwischen den Zeilen seiner Schrift erfahren wir etwas über die Schönheit der glatten Wände, bei denen alle „überflüssigen Gesimschen, Leisten u. dgl." weggelassen sind[7]. Pilasterordnungen würden nur Stützenreihen vortäuschen und Blendarkaden seien gleichfalls zu verwerfen, da eine Konstruktionsform nicht als Wandschmuck mißbraucht werden dürfe[8].

Auch das sind nur einige Bemerkungen, die uns noch nicht das Wesentliche seiner neuen Baukunst klar werden lassen. Was versteht er unter Ehrlichkeit, die von ihm immer wieder als Ziel seiner Betrebungen mit Umschreibungen und Nebensätzen angesprochen wird? Waren denn Weinbrenners Bauten eine Lüge? Haben seine Säulen nichts getragen – die Gesimse keine Stockwerksteilung sinnvoll angezeigt? Sollen wir etwa die Fassadengestaltung am Karlsruher Rathaus nur als ein Kulissenwerk bezeichnen, das mit Pathos einen alltäglichen Funktionsablauf zu verbergen suchte? Keinesfalls! Es ist im Grunde etwas ganz anderes mit dieser Forderung gemeint. Sie ergibt sich aus dem Wunsch nach einer materialgerechten Wandgestaltung. Immer wieder spüren wir eine Begeisterung für unverputzte Mauern, so daß die Stoß- und Lagerfugen den Steinverband erkennen lassen. So weist Heinrich Hübsch auf die schöne und sorgfältige Quaderkonstruktion der griechischen Tempel hin und erwähnt in diesem Zusammenhang die Klosterkirche von Maria Laach als Beispiel der deutschen mittelalterlichen Baukunst[7]. Auch wenn er damit einer später so genannten „Natursteinromatik" das Wort zu reden scheint, sucht er doch wie Karl Friedrich Schinkel in Berlin den eigentümlichen Reiz des Baumaterials zur Geltung zu bringen. Seine

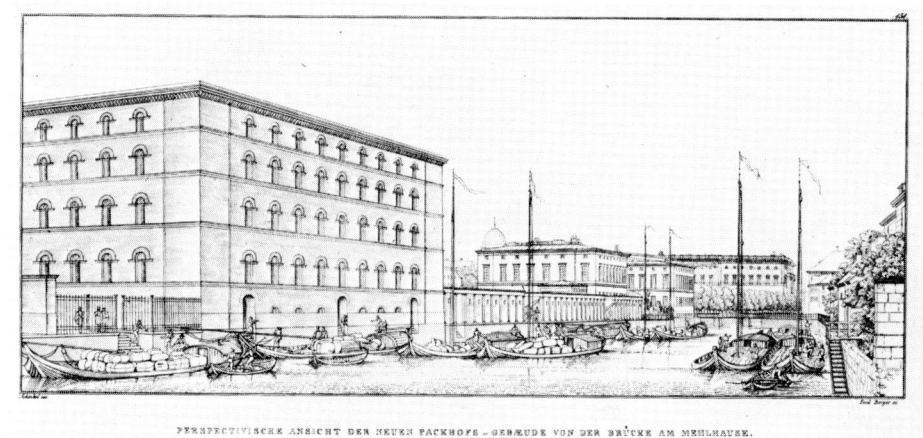

PERSPECTIVISCHE ANSICHT DER NEUEN PACKHOFS-GEBÄUDE VON DER BRÜCKE AM MEHLHAUSE.

Packhofspeicher auf der Museumsinsel in Berlin, K. F. Schinkel, 1829

ersten Werke zeigen auch sehr bald, was er darunter versteht. Es handelt sich um unverputzte Ziegel- oder Werksteinbauten, die mit der natürlichen Farbe und Oberflächenstruktur der einzelnen Quader belebt werden sollten. Jeder Stein hat seine Eigenart, die nicht unter einer aufgetragenen Schicht verdeckt werden darf. Im Gegenteil! Der naturbedingte Reiz der einzelnen Bauelemente hat mitzusprechen und den Fassaden eine dauerhafte, wetterbeständige Polychromie zu geben, die nicht erst durch einen Anstrich oder mit getöntem Putz erreicht zu werden braucht. Wenn das Baugerüst dann fällt, bleibt das Steinwerk sichtbar, ist in seiner handwerklichen Qualität von jedermann zu überprüfen und wird damit zu einem Leistungsnachweis, der den Maurer zu einer Gediegenheit seiner Arbeit verpflichtet. In dieser Auffassung unterscheidet sich Heinrich Hübsch gänzlich von dem, was sein Lehrer zu erreichen suchte. Friedrich Weinbrenner kam es auf die monumentale, ausdrucksstarke Gesamtform an. Das einzelne Bauelement mußte sich dem Ganzen unterordnen, und schon gar nicht hätte er dem Ziegel- oder Naturstein eine fast individuelle Eigenart zugestanden. Der Baukörper mit seinen Proportionen war ihm wichtig, der – durch Putz verkleidet – als eine in sich geschlossene, unteilbare Einheit wirken sollte.

Mit der Strukturdarstellung seiner Wände beschreitet Heinrich Hübsch einen neuen Weg in der Baukunst des 19. Jahrhunderts. Doch steht er in seinen Bemühungen nicht allein. Schinkel hatte sich schon vor ihm dieser Richtung zugewandt[9]. Die Militärarrestanstalt und der Leuchtturm vom Kap Arkona sind ältere Beispiele einer wiederbelebten und zielstrebig geförderten Backsteinarchitektur. Nur in München finden wir erst später ähnliche Versuche an Fassaden Friedrich von Gärtners in der Ludwigstraße[10], so daß wir die Überlegungen von Heinrich Hübsch zunächst mit Preußen in Verbindung bringen müssen. Auch läßt sich vermuten, daß in der Zeit nach 1828 der Karlsruher Architekt auf Berlin einwirken konnte; denn als Karl Friedrich Schinkel 1826 auf der Spreeinsel den neuen Packhof zu errichten hatte, griff er in der langjährigen Planungszeit die Gedanken zum Rundbogenstil bereitwillig auf. Sein erstes Konzept hielt sich in der Formen-

Entwurf für das Schauspielhaus in Hamburg, K. F. Schinkel, 1827

sprache noch an die klassizistische Architravbaukunst. Aber mit der 1829 neu überarbeiteten Fassung wurde der große Packhofspeicher gänzlich umgestaltet. Schinkel entwarf einen fünfgeschossigen Backsteinkubus, an dem er konsequent alle Wandöffnungen überwölbte[11]. Auf eine mehrschichtige Nischenstaffelung der Wand, wie er sie noch bei seiner Militärarrestanstalt und am Leuchtturm von Arkona als Gliederung der Fassade ausgeführt hatte, wurde nun verzichtet, und die unverputzten Ziegelmauern blieben bis auf eine zurückhaltende Andeutung von Eckverstärkungen flächig. Kein Rahmenprofil umfaßte die Fenster. Nur eine Rinnleiste überdeckte die Archivolten, und ein horizontal umlaufendes Formsteinprofil betonte als Gurtband die Teilung der Geschosse.

Der Packhofspeicher in Berlin war nach dem strengen Bauprinzip von Heinrich Hübsch gestaltet. Doch hatte sich auch Schinkel schon sehr intensiv mit den gleichen Fragen zum Rundbogenstil auseinandergesetzt. Er arbeitete seit 1825 an einem entsprechenden Kapitel für sein geplantes Lehrbuch[12] und entwarf zwei Jahre später das Schauspielhaus für Hamburg als ein Musterbeispiel dieser Bauform. Ja, eigentlich beschäftigte er sich schon seit seiner ersten Italienreise mit diesem Problem; und ein Frühwerk von 1803 in dem brandenburgischen Dorf Neuhardenberg[13] zeigt seine ersten Gestaltungsversuche im Rundbogenstil. Seitdem hatte Schinkel immer wieder mit dieser Bauweise experimentiert, wobei er oftmals das Überwölben von Fenstern und Portalen mit der klassizistischen Formensprache vereinte.

Doch weder die Blendarkaden von Neuhardenberg noch der Entwurf für das Hamburger Theater dürften den Vorstellungen von Heinrich Hübsch entsprochen haben. Vor allem bei dem zuletzt genannten Beispiel hatte Schinkel Sturzbalken mit halbrunden Entlastungsbögen kombiniert und den Wandaufbau als ein Gliedergerüst geplant, das sich für möglichst große Fensterflächen öffnen sollte. Was an ausfüllender Mauerfläche übrigblieb, waren nur unbedeutende Zwickel zwischen den Bögen. Eine solche Wandgestaltung hätte Heinrich Hübsch in seinen frühen Jahren abgelehnt. Die Frage nach dem „Entweder – Oder" war mit einem Kompromiß umgangen. Außerdem blieb für ihn die Fassade eine feste, raumumschließende Hülle, die wohl durch Lisenen oder Strebepfeiler verstärkt werden konnte, nicht aber zu einem Steinskelett aufzulösen war. Der aus Quadern aufgeschichtete Massivbau war für ihn keine Fachwerkkonstruktion, so daß von all den vorangegangenen und zum Rundbogenstil hinführenden Versuchen der klassizistischen Generation das Bazargebäude von Klenze in München dem Karlsruher Weinbrennerschüler weit mehr gelegen haben dürfte.

Bei all den festumrissenen Vorstellungen von Heinrich Hübsch müssen wir uns fragen, wie weit er auf die deutsche Baukunst einwirken konnte. Mit dem Packhofspeicher in Berlin hatten wir bisher nur ein Beispiel, das sich aber durch schriftliche Hinweise aus Briefen oder Tagebüchern nicht beweisen läßt. Waren denn die Autoritäten der deutschen Architektur überhaupt schon im Jahre 1828 bereit, auf den jungen und noch wenig bekannten Theoretiker zu hören? Und wie hielt er es in Zukunft selbst mit seinen Thesen? Blieb er konsequent, ohne sich selbst durch seine Forderungen einzuengen? Eine all zu strenge Disziplin konnte sich bald als Fessel erweisen. Schinkel hat das vermutlich gewußt und sein geplantes Lehrbuch ein Fragment bleiben lassen. Heinrich Hübsch aber stand noch unbeschwert am Anfang seiner Laufbahn. Durch seine Schrift hatte er sich selbst verpflichtet, und die nächsten Jahre sollten zeigen, wie er mit seinen Leitgedanken zurechtkam, ohne in Starrheit oder Schematismus zu verfallen.

Das erste größere Bauwerk von Heinrich Hübsch war die Finanzkanzlei in Karlsruhe, die er 1829 für den Schloßzirkel plante und ausführen ließ[14]. Das Gebäude hatte sich in ein bestehendes Ensemble einzufügen. Die Aufgabe wurde dadurch keinesfalls erleichtert; denn die Finanzkanzlei kam dort an einer bevorzugten Stelle der badischen Residenz in Sichtweite des Schlosses. Dennoch schuf Heinrich Hübsch hier etwas völlig Neues und zeigte über einem Sandsteinsockel unverputzte Ziegelwände. Das war zur damaligen Zeit noch ein sehr gewagter Schritt, zumal Karlsruhe von den Architekten Jeremias Müller und Friedrich Weinbrenner ausschließlich durch Putzfassaden geprägt war. Betrachten wir Einzelformen dieser Backsteinfronten, so stellt man mit Verwunderung fest, daß der Rundbogen durchaus nicht überall seine Anwendung fand. Die Arkaden zum Schloßplatz sind wohl überwölbt, vor allem auch die breiten Eingangstore und alle Fenster vom Erdgeschoß, so daß der umlaufende Rhythmus der halbkreisförmigen Archivolten an keiner Stelle unterbrochen wurde. Dann aber entschloß sich Heinrich Hübsch bei den oberen Etagen für die Rechteckform der Fenster[15]. Er benutzte also wieder den waagerechten Sturz, der aus Sandstein gemeißelt wurde und als Balken die Öffnung der Wand überspannte. Das aber ist in diesem Fall kein Verstoß gegen die eigene Lehre. Alle Fenster haben die übliche Breite, so daß ein Sturz mit weniger Aufwand einzubringen war als ein Ziegelbogen, der erst auf einer Schalung gewölbt werden mußte. Der Steinmetz blieb also an diesem Bauwerk beteiligt. Dabei fällt auf, daß ihm alle bevorzugten Details zufielen – die Rahmen der Fenster und das Gewände der Portale, die sogar in eine sorgfältig gefugte Plattenverkleidung eingebunden wurden, so daß sich an den Fassaden eine betonte Eingangszone ergab. Das Mauerwerk der Ziegelflächen bildet mit seiner kleinteiligen Struktur einen gleichmäßig gerasterten Hintergrund. Es besteht an seinen Außenflächen aus hartgebrannten, blaßgelben Verblendern, die farblich mit den hellen Sandsteinrahmen harmonieren. Die Herstellung hatte Heinrich Hübsch selbst überwacht, zumal die bisher übliche Qualität um vieles verbessert werden mußte. Hier sehen wir also die gleichen Anfangsschwierigkeiten wie bei Schinkel in Berlin, der dort seit 1818 den unverputzten Backsteinbau wieder einführen wollte[9]. Die Ziegeleien und Maurer hatten sich erst daran zu gewöhnen, daß ihre Arbeit sichtbar blieb. Natürlich lag da am Anfang noch vieles im argen. Aber Heinrich Hübsch überwand diese Hindernisse, ließ die scharfkantigen Steine mit besonderer Sorgfalt behandeln, da sie für die jetzt sichtbaren Außenflächen seiner Mauern verbaut werden sollten. Dabei war ihm durchaus der ästhetische Nachteil der kleinteiligen Quaderformate bewußt. Das Netz der Fugen ist am Ziegelbau zu dicht und läßt die gerasterten Wände oft eintönig wirken, wenn nicht durch markante Konturen der Blick gefangen werden kann. So betonte Heinrich Hübsch alle Fenster durch Sandsteinrahmen und lenkte das Auge auf die Öffnungen der Wand. Trotzdem blieb dem Bauwerk eine zunächst befremdlich wirkende Kargheit, da sich der junge Architekt nach der Publikation seiner Schrift den Mißbrauch von Verzierungen nicht nachsagen lassen wollte. Und von dieser strengen Haltung wich er auch nicht ab, als er das bekrönende Hauptgesims für das Gebäude entwarf. Er verzichtete auf die üblichen Sandsteinkonsolen und verbreiterte nur das Auflager der Wand durch eine Kragschicht, die das Geison aus

Das neue Tor am Luisenplatz in Berlin, K. F. Schinkel, 1832

Kat.-Nr. 27–30

35 „Polytechnische Schule zu Carlsruhe"

Sandstein trägt und mit den Ecklisenen der Fassade einen alles zusammenfassenden Blendrahmen bildet.

Kat.-Nr. 25, 26   Fast gleichzeitig mit der Finanzkanzlei entstand das neue Karlstor im Südwesten der Stadt[16]. Nach dem Entwurf von Heinrich Hübsch öffneten sich zwei Wachgebäude durch eine Rundbogenhalle zur mittleren Durchfahrt. Die klassizistischen Tempelgiebel fehlten. So wurden die beiden Straßenfronten allein durch Arkaden ausgezeichnet; und wie bei der Finanzkanzlei wollte auch hier der Architekt diese Öffnungen der Wand durch eine besondere Fassung aus Sandstein betonen. Dem Ziegelmauerwerk blieb allein die Fläche über den Arkaden vorbehalten, und das abschließende Gesims ergab als schmucklose Kragschicht wieder mit den Ecklisenen eine vorgesetzte Blendschicht, die das aus Natur- und Kunststein zusammengesetzte Gebäude zu einer fest umrissenen Einheit zusammenschloß.

Es ist für uns bemerkenswert, daß mit diesem kleinen, bescheidenen Torbau zum zweiten Mal das Einwirken auf Berlin vermutet werden kann. Schinkel griff für das gleiche Thema die Idee der Bogenhalle auf. Sie ist ihm wohlvertraut; denn als er 1816 die Neue Wache an der Hauptstraße „Unter den Linden" zu entwerfen hatte, dachte er zunächst auch an ein Gebäude mit Arkaden[17]. Der Gedanke blieb dann jedoch unausgeführt; denn das Berliner Wachgebäude wurde schließlich mit einer Säulenhalle in dorischer Ordnung erbaut.

Als Schinkel 1823 zwei Torhäuser für den Potsdamer Platz errichten sollte, schuf er zwei kleine Tempel nach dem antiken Vorbild eines Prostylos[18]. Doch bei einer weiteren Bauaufgabe dieser Art griff er 1831 auf die Rundbogenhalle zurück und entwarf nur zwei Jahre nach dem Karlsruher Beispiel das „Neue Tor" am Luisenplatz[19] als eine unverputzte Ziegelkonstruktion, die eine erkennbare Ähnlichkeit mit dem badischen Vorbild zeigt, auch wenn in dem sparsamen Preußen auf alle Sandsteinglieder verzichtet werden mußte.

Kat.-Nr. 31–36   Im Jahre 1832 erhielt Heinrich Hübsch den Auftrag zum Bau der polytechnischen Schule in Karlsruhe[20]. In dieser Unterrichtsanstalt sollte der Nachwuchs badischer Architekten ausgebildet werden, und es kam darauf an, der heranwachsenden Generation ein mustergültiges Beispiel zu geben. Nach dem Raumprogramm entwarf Heinrich Hübsch einen breiten und dreigeschossigen Gebäudeblock, der
Kat.-Nr. 36   sich T-förmig erweitern ließ und durch ein zentral gelegenes Treppenhaus bequem erschlossen werden konnte. Mit seiner Frontansicht zur Langen Straße wirkte der Bau wie ein gewaltiger Kubus, dessen Mitte von drei hohen Eingangs-
Kat.-Nr. 35   portalen geöffnet war[21]. Darüber lagen im ersten Obergeschoß gekuppelte Rundbogenfenster, und im zweiten reihten sich in gleicher Breite dicht nebeneinandergesetzte Wandöffnungen mit ihren Halbkreisarchivolten zu einer Arkadengalerie, so daß im gesamten Mittelbereich die Fassade aufgelockert wurde. Die Gebäudeflanken erhielten hingegen eine größere Geschlossenheit. Rundbogenfenster ergaben dort mit breiterem Abstand eine gestreckte und behäbige Schrittfolge. Außerdem wurden sie in gleicher Form für jedes Stockwerk übereinandergesetzt, so daß sich bei dem dreigeschossigen Bau kein Rangunterschied der Etagen abzeichnen konnte.

Das Polytechnikum war nicht als eine Backsteinkonstruktion entworfen. Heinrich Hübsch ließ die Fassade mit rotem Sandstein verblenden und entschloß sich damit auch zu einer anderen Wandgestaltung, die in allem möglichst flächig bleiben sollte. Fenster und Portale wurden hier also nicht durch plastisch-profilierte Rahmen eingefaßt. An den Gebäude-Ecken fehlten die Lisenen, und nur die Stockwerksteilung ließ er durch Gurtgesimse unterstreichen, die wie aufgeschweißte Bänder den gesamten Block umklammerten. Alles wirkte dadurch wie eine fest zusammengebundene Masse. Die Natursteinwände waren ohnehin voluminöser als ein Ziegelmauerwerk. So brauchten sie auch nicht das vorgesetzte Rahmenwerk der Lisenen und konnten standfest auf jede Aussteifung verzichten.

Kaum ist ein Bau von Heinrich Hübsch so konsequent nach den Thesen seiner Schrift errichtet worden wie das Polytechnikum. Doch bald schon zeigt sich ein Wandel im Lebenswerk des Architekten, obwohl er bereits Anerkennung und Nachfolge gefunden hatte. In München stand ihm mit Friedrich von Gärtner ein gleichgesinnter, einflußreicher Architekt zur Seite, der selbst einmal in Karlsruhe vorübergehend ein Schüler Weinbrenners gewesen ist und nun als Baumeister des bayerischen Königs den Nordteil der Ludwigstraße bis zum Siegestor zu Ende führte. Seit 1827 plante er den gewaltigen Gebäudeblock für die Staatsbibliothek; und als fünf Jahre später endlich der Grundstein gelegt werden konnte, entstand ein Werk, das in vieler Hinsicht mit dem Polytechnikum von Heinrich Hübsch Gemeinsamkeiten aufweisen sollte[22]. Es folgten in gleicher, konsequenter Haltung das Damenstiftsgebäude mit dem Blindeninstitut, die Salinendirektion und das Forum der Universität[23]. Doch während Friedrich von Gärtner in seinem Rundbogenstil eine fast schon abweisende Schlichtheit bewahrte, suchte Heinrich Hübsch nach neuen Möglichkeiten der Gestaltung. Das Harte, all zu Strenge wurde gemildert, als er 1836 mit dem Bau der Karlsruher Kunsthalle begann[24]. Mehr Freundlichkeit und Farbe sollte hier durch Ornament und Baumaterial eingebracht werden. Die Polychromie wurde noch zusätzlich belebt durch den reizvollen Wechsel von Ziegel und Sandstein. Der Sockel und das Erdgeschoß erhielten eine sorgfältig gefügte Quaderung in rötlicher und blaßgelber Färbung. Auch die Gebäude-Ecken wurden durch hellen Sandstein gefaßt, der sich in größeren Blöcken mit dem übrigen Verband verzahnte, dabei also keine Lisenen ergab, die auch hier nur dem Rohziegelbau vorbehalten bleiben sollten und deshalb folgerichtig am oberen Stockwerk zu finden sind. Die Grenze zwischen den beiden so unterschiedlich ausgeführten Geschossen ist durch ein Gurtgesims markiert. Dann folgt der Wandaufbau in Backstein. Um einen harten Bruch im Materialwechsel zu vermeiden, waren die Ziegel fast in der gleichen hellen Farbe wie der Sandstein hergestellt. Doch wollte Heinrich Hübsch hier keine einheitliche Flächentönung, die er noch bei der Finanzkanzlei durch ein Sortieren der Verblender zu erreichen suchte. Unbekümmert vermengte er rötliche Ziegel mit dem gelblich-hellgrauen Verband, so daß eine lebendige Struktur entstand, und die Wand in ihrer Färbung variiert. Ein solches Zugeständnis an die besondere Eigenart der einzelnen Steine beeinträchtigte aber durchaus nicht die Einheit der Gesamtkomposition. Die Fenster, nach dem „Palladiomotiv" als dreiteilige Gruppe mit überhöhtem Mittelbogen entworfen, wiederholen sich in gleicher Form an beiden Geschossen. Sie wurden nicht wie bei dem Polytechnikum als eine ausgesparte Öffnung behandelt, sondern umfaßt von einem markanten Sandsteinrahmen, der als einen zusätzlichen Blickfang reich geschmückte Brüstungsplatten erhielt. Die großen, dreiteiligen Fenster verteilen sich nun in einem regelmäßigen Abstand über die Ziegel- und Sandsteinflächen und lassen das Gebäude trotz seiner Materialunterschiede wie eine homogene Einheit wirken. Dieser Ein-

Staatsbibliothek in München, F. v. Gärtner, 1832–43

Kat.-Nr. 60–74

Kat.-Nr. 71

Bauakademie in Berlin, K. F. Schinkel, 1832–35

Kat.-Nr. 99–103

Kat.-Nr. 101

druck wird durch das umlaufende Kranzgesims noch wesentlich verstärkt. Es faßt mit seinem Schmuckband aus Terrakottaplatten den gesamten Baukörper zusammen und umgreift auch die Lisenen, so daß sie mit einem Rankenornament und halbplastisch modellierten Löwenköpfen einen kapitellartigen Abschluß erhalten.

Fast gleichzeitig mit dem Kunstmuseum in Karlsruhe entstand nach 1837 die Trinkhalle für Baden-Baden[25]. Bei diesem Bauauftrag konnte Heinrich Hübsch seinen Weg zu einer farbigen und dekorativen Backsteinarchitektur fortsetzen, und es gelang ihm, mit einer neuen Entwurfsidee seinem Rundbogenstil eine andere, hellenisierende Richtung zu geben. Nach den ersten, fast schon kargen Bauten mit einer deutlich erkennbaren Vorliebe für die frühchristliche oder romanische Architektur kam es nun zehn Jahre nach seiner Kampfschrift zu einer Aussöhnung mit der antiken Formensprache. Nicht, daß hier in Baden-Baden Heinrich Hübsch auf das Kurhaus seines Lehrers Rücksicht nehmen wollte. Der schon vorhandene Säulenbau von Friedrich Weinbrenner war für ihn immer noch ein Gegenbeispiel seiner Forderungen. So nahm er weder stilistisch noch städtebaulich auf das benachbarte Kurhaus Bezug. Er stellte seine Trink- und Wandelhalle vor den Hang eines abfallenden Berges und verschwenkte ein wenig die Richtung, die sich nach dem Gelände orientieren sollte und nicht an dem älteren Weinbrennerbau.

Und dennoch sind beide Gebäude miteinander verwandt. Nirgendwo kamen sich Lehrer und Schüler in ihrer Bauauffassung so nahe wie hier in Baden-Baden. Beide waren bemüht, die kompromißlose Härte ihrer Jugend zu überwinden und mit Charme die Atmosphäre einer liebenswerten Park- und Stadtlandschaft zu prägen. So finden wir an diesem Ort bei Weinbrenner und Hübsch mehr Schmuck und Farbigkeit, als wir bisher an ihren Fassaden beobachten konnten. Beide Gebäude sind in die Breite gezogen und öffnen sich zu einem Freiraum, der mit Rasenflächen bis zur Oos hin ausgefächert ist. So wird die neue Trink- und Wandelhalle gleichfalls ein Säulenbau wie das Kurhaus. Nur vermeidet Heinrich Hübsch auch hier den Architrav. Die Stützen seiner Halle tragen keine Balken sondern werden überspannt von einer Bogenkonstruktion, die durch ihre flache und gestreckte Form wie ein Wellenband über die Kapitelle hinwegläuft. Damit erreicht der Architekt an diesem Bauwerk etwas völlig Neues. Er verzichtet auf die halbkreisförmigen Archivolten, die durch ihren Auf- und Niederschwung jedes einzelnes Säulenjoch besonders betonen. Stattdessen wird der Bau durch eine straff fortlaufende Bewegung bis zu den festen Widerlagern an den Flanken einheitlich zusammengebunden und erhält Segmentbögen, die sich in ihrer Form der horizontalen Traufe anschmiegen und zwischen sich und dem Hauptgesims nur kleine Zwischenfelder übrig lassen.

Diese flach gestreckte Wölbkonstruktion hatte schon Karl Friedrich Schinkel bei seiner Bauakademie an Fenstern und Portalen angewandt, und auch im Inneren trugen dort jene Bögen die Decken der größeren Räume[26]. Doch Heinrich Hübsch, der sie nur wenig später für die Kolonade seiner Wandelhalle übernahm, komponierte die Einzelform zu einer langgestreckten Reihe. Damit schuf er eine spannungsvolle Eleganz, die alle Architekten hätte faszinieren müssen, wenn sie mit dem Rundbogenstil eine Synthese von mittelalterlicher und griechischer Baukunst erstrebten. Dennoch ist lange Zeit das so reizvolle Arkadenmotiv von Baden-Baden ohne Nachfolge geblieben. Erst 1847, als Klenze den weiteren Aufbau der Befreiungshalle von Kelheim übernahm, ersetzte er die von Gärtner ursprünglich geplanten halbkreisförmigen Archivolten im Kuppelsaal durch eine straff umlaufende Segmentbogenfolge[27]. Jedoch blieb sie auch hier nur ein Sonderfall. Erst sehr viel später griff der Berliner Architekt Martin Gropius das Arkadenmotiv von Heinrich Hübsch wieder auf, als er 1867 den Eingangs- und Verwaltungsbau für das Krankenhaus am Friedrichshain zu planen hatte. Dieser „Enkel-Schüler"[28] von Karl Friedrich Schinkel erwähnt in seinen Briefen und Schriften niemals den Namen von Heinrich Hübsch. Dennoch wird er dessen Bauten sehr wohl gekannt haben – nicht nur durch die publizierten Kupfertafeln, sondern durch eigene Beobachtungen an den ausgeführten Fassaden. Besonders die Halle von Baden-Baden muß ihn nachhaltig beeindruckt haben, da er allem Anschein nach viele Anregungen von dort empfangen hat. So verwandte er ein zweites Mal die Segmentbogenfolge als Wandgliederung bei der Bibliothek und dem zoologischen Institut der Universität von Kiel und steigerte dann noch das so spannungsvolle Arkadenmotiv mit dem großen Lichthof des Berliner Kunstgewerbemuseums, wo er den hell und festlich gestalteten Raum mit einer zweigeschossigen Bogengalerie umfaßte[29].

Krankenhaus am Friedrichshain in Berlin, M. Gropius u. H. Schmieden, 1868–74

Doch auch in einer anderen Beziehung ist der Bau von Heinrich Hübsch in Baden-Baden für Martin Gropius und die Berliner Architekten von Bedeutung. Mit Hilfe von keramischen Wandverkleidungen wurde die Farbigkeit, die Polychromie der Backsteinkonstruktion bereichert. Das war im Jahre 1837 noch ein Wagnis, da man die Ornamentkacheln und plastisch ausgeformten Terrakotten nicht zuverlässig mit den gewünschten Farbglasuren herstellen konnte. Berlin war in dieser Handwerkskunst schon weiter fortgeschritten, da Schinkel den erfahrenen Pfälzer Ofenfabrikanten Tobias Feilner für die Preußenresidenz gewinnen konnte und mit ihm versuchte, durch ein ständiges Experimentieren den keramischen Bauschmuck nach Vorbild norditalienischer Backsteinfassaden der Renaissance wieder einzuführen[30]. Heinrich Hübsch eiferte ihm nach, und mit den Terrakottaplatten an der Kunsthalle zeigte er bereits das erste beachtliche Ergebnis. In Baden-Baden aber sollten sogar die Berliner Versuche weit übertroffen werden. Der Architekt konnte über verschiedenartige Baustoffe verfügen. So steht die Halle auf einem schön gefugten Quadersockel; Säulen, Rahmen und das Hauptgesims wurden aus einem hellen Sandstein hergestellt. In einem reizvollen Farbkontrast heben sich diese wichtigen Bauteile von dem rötlichen Ziegelmauerwerk ab, und die Wandflächen oder Zwickelfelder zwischen den Bögen sind ausgefüllt mit Terrakottaplatten, die in sich das Wechselspiel von hell und dunkel wiederholen. So wurden die Schmuckfelder mit dem Reigen der Amouretten ziegelrot grundiert, um die halbplastischen Figuren und das Ornament in seinem ledergelben Farbton[31] deutlich abzusetzen. Dieser Gegensatz, der alle Umrisse so markant erscheinen läßt, wird auch im Inneren der Halle fortgesetzt. Die Kanten der Wandpfeiler sind mit hellen Kacheln verkleidet, und der gold-gelbe Rankenfries in Kämpferhöhe des Gewölbes ist mit einer Grundierung in Blau und Grün unterlegt. Nur konnten nicht überall die hohen Ansprüche des Architekten erfüllt und handwerklich bewältigt werden. Die Platten der Wandverkleidung zeigen mitunter recht unterschiedliche Nuancen. Einige Grundierungen sind durch einen Anstrich aufgetragen, und ein Engoben oder Farbüberzug mußte überall dort nachhelfen,

Kat.-Nr. 102

Universitätsbibliothek in Kiel, M. Gropius u.
H. Schmieden, 1877–79

Kat.-Nr. 100, 102

Kat.-Nr. 103

Abb. S. 101

Kat.-Nr. 50, 136

Kat.-Nr. 102

wo die gewünschte Kontrastwirkung ausblieb[32]. Feldereinteilungen und Rahmenwerk auf den Wänden wurden nicht nur durch eingelegte Ziegelstreifen gebildet.
Ein breiter Pinselstrich ersetzte zuweilen die Inkrustationen, und dort, wo Restflä-
chen mit Putz ausgefüllt werden mußten, täuschte man mit gezogenen Linien eine
Fugenteilung vor, um den geschlossenen Eindruck der keramischen Verkleidung
zu wahren[33]. Doch all diese Hilfsmittel sind für den Wert und die baugeschichtliche Bedeutung dieser Halle unerheblich. Sie veranschaulicht als Leitbild, was in
der Backsteinarchitektur erstrebt werden sollte und ist von Heinrich Hübsch als
Anreiz und Aufforderung gedacht, die Anwendung der keramischen Bauelemente
zu fördern und mit ihnen für die Fassaden eine dauerhafte und wetterbeständige
Polychromie zu erreichen.
Aber war sich der einst so strenge Theoretiker bei dem Bau der Trinkhalle von
Baden-Baden noch treu geblieben? Was bewahrte er denn von dem Schönheitsideal der glatten Quaderwände? Überziehen nicht schon all zu viele Schmuckbänder die Mauern und füllen Terrakottaplatten nicht die Backsteinflächen aus,
ohne dabei irgendeine konstruktive Funktion zu erklären? Und entdecken wir
nicht an der Rückwand Pilaster, die er als vorgetäuschte Stützenreihe einst verurteilt hatte? Hob Heinrich Hübsch nun all seine Thesen auf, um sich von seiner
Schrift zu distanzieren? – Ja und nein! Der Hallenbau von Baden-Baden ist tektonisch sehr gewissenhaft durchdacht. Die Schmuckbänder und Gurtprofile sollen
wie Klammern das Ganze fest zusammenschließen und befinden sich deshalb
auch an der kritischen Kämpferzone, um dort symbolisch das Verschnüren mit
den Widerlagern darzustellen. Doch wie läßt sich die keramische Plattenverkleidung mitsamt den Bildtafeln erklären? Heinrich Hübsch begreift die Außenfläche
einer Mauer als wetterabweisende, schützende Haut. Wenn man eine Bruchstein-
wand mit geglätteten Quadern verdeckt, die Ziegelschichtung durch besonders
hart gebrannte Verblender vor der Witterung schützt, ergibt sich von selbst diese
Zweischichtigkeit. Und wenn die Außenhaut als Schutzmantel gedacht ist, so
kann sie auch durch den Bauschmuck wie ein übergehängter Knüpfteppich, eine
gewebte Zeltbahn behandelt werden. Bildtafeln oder Fresken bedecken deshalb
die Flächen, umfaßt von einer Borte, als seien sie ein Gobelin, der in die Plattenverkleidung eingespannt worden ist. Der Aufbau einer Mauer, der Kern mit seiner
Schichtung braucht sich dabei nicht zu zeigen. Kacheln, übereck gestellt oder mit
einem Rautenmuster bedeckt, verkleiden den Verband der Steine und ergeben
selbst ein Ornament. Inkrustationen sind erlaubt, wie wir sie an den Gebäuden
der Orangerie in Karlsruhe finden, eingefaßte runde Scheiben aus wertvollem
Steinmaterial und Medaillons mit vollplastisch modellierten Köpfen, die am ehemaligen Theater von Hübsch die Lisenenfelder schmückten[34].
Wie aber läßt sich die Pilasterordnung an der Rückwand begründen? Hat Heinrich Hübsch diese Bauform nicht immer wieder als Lüge verurteilt? Lisenen will er
gelten lassen, Wandvorlagen oder Strebepfeiler, wenn sie die Schubkraft von
Gewölben abzufangen haben. Halbsäulen und Pilaster aber würden uns zu einer
„Schein- und Paradearchitektur" verleiten[8]. Nun greift er selbst zu diesem frag-
würdigen Gestaltungsmittel. Eine Aussteifung der Rückwand hätte in dieser Form
keinen rechten Sinn, da die Stützpfeiler nach innen in die Halle gezogen sind,
und außerdem eiserne Zugbänder die Schubkraft der Gewölbe abfangen, so daß
nur vertikal gerichtete Lasten aufgenommen werden müssen. Die Wandvorlagen

sind also keine Strebepfeiler. Vielmehr hat der Architekt hier an eine Aufgliederung in tragende und ausfüllende Teile gedacht. Wahrscheinlich mit einem Blick nach Berlin und die dort gerade vollendete Bauakademie löste er sich von seinem Schönheitsideal der möglichst glatten Mauerscheiben und unterscheidet deutlich zwischen dem aktiven und passiven Bereich einer Wand. Die Pilaster sind wie die Säulen Stützen und tragen mit ihnen zusammen allein die Last der gewölbten Decke. Alle Zwischenfelder aber sind ein Füllwerk, das man ohne größeren Schaden herausnehmen könnte.

Kunstgewerbemuseum in Berlin, M. Gropius u. H. Schmieden, 1877–81

Der Säulen-Pfeilerbau von Baden-Baden ist ein Wendepunkt im Lebenswerk von Heinrich Hübsch. Das heute leider nicht mehr vorhandene Theater in Karlsruhe und das Orangerie-Ensemble sollten als weitere Stationen seinen neuen Weg bezeichnen. Er hatte sich aus den eigenen und all zu strengen Bindungen gelöst und war nun freier im Umgang mit den Gestaltungsmöglichkeiten, die er auf seinen vielen Reisen immer wieder als Anregungen antraf. Karl Friedrich Schinkel mag ihn zu mehr Toleranz bewogen und ermutigt haben, einer Richtung zu folgen, die bisher im badischen Karlsruhe noch keine Tradition besaß. Der Gliederbau war nicht ein Erbgut der Weinbrennerschule, und das Wagnis der unverputzten Backsteinwände wird durch den Rückhalt von Berlin erleichtert worden sein. Wichtige Anregungen hatte er demnach aus Preußen empfangen. Er verarbeitete eigenwillig das übernommene Gedankengut und brachte es in eine neue Form, die er der späteren Berliner Architektengeneration als Vorbild wieder zurückgab. So finden wir die Zugankerkonstruktionen von Baden-Baden im Neuen Museum Friedrich August Stülers[35], die schon erwähnten Segmentbogenarkaden an den Bauten von Martin Gropius und eine durch Glasuren so reich belebte Polychromie an den Backsteinfassaden des Hermann Blankenstein[9]. Es war ein Geben und Nehmen, das als ein Austauch der Gedanken noch lange nach dem Tod des Architekten Heinrich Hübsch die Baukunst von Karlsruhe und Berlin miteinander verband und damit eine Brücke schlug zwischen den beiden doch so entfernt liegenden Städten.
                                                                    Manfred Klinkott

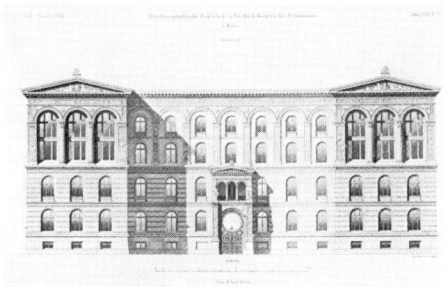

Friedrich-Werdersches Gymnasium in Berlin, H. Blankenstein 1878

Anmerkungen

1 Heinrich Hübsch, In welchem Style sollen wir bauen?, Karlsruhe 1828.

2 Gedacht ist hierbei an die Bauschäden am Markgräflichen Palais und am Ettlinger Tor, das schon 1827 renoviert werden mußte.

3 Hübsch studierte 1813–15 in Heidelberg Philosophie und Mathematik, bevor er sich der Architektur zuwandte.

4 Hübsch a. O., 42.

5 Hübsch a. O., 11–12 u. 52.

6 K. Bötticher, die Tektonik der Hellenen, Potsdam 1852.

7 Hübsch a. O., 38.

8 Hübsch a. O., 21 f.

9 M. Klinkott, Backsteinbauten Karl Friedrich Schinkels und das Werk seiner Schüler, in: Karl Friedrich Schinkel, Werke und Wirkungen (Katalog der Ausstellung im Martin Gropius Bau) Berlin 1981, 123 ff.

10 Staatsbibliothek 1832–1843 und Salinendirektion 1838–1843.

11 P. O. Rave, Karl Friedrich Schinkel – Lebenswerk, Berlin III, Berlin 1962, 107 ff.

12 G. Peschken, Karl Friedrich Schinkel – Lebenswerk, das Architektonische Lehrbuch, München 1979.

13 H. Kania u. H. H. Möller, Karl Friedrich Schinkel – Lebenswerk, Mark Brandenburg, Berlin 1960, 13 ff.

14 H. Hübsch, Bau-Werke, Carlsruhe u. Baden 1838, 9 ff., T. 2.

15 H. Hübsch hat sich an die Stockwerkshöhen der benachbarten Gebäude zu halten und begründet damit seine Entscheidung für Fenster mit geradem Sturz. Im zweiten Obergeschoß war er aber an diese Auflage nicht gebunden und entschloß sich dennoch für die Rechteckform.

16 A. Valdenaire, Heinrich Hübsch, Karlsruhe 1926, 21.

17 Rave, Berlin III a. O., 142 ff.

18 Rave, Karl Friedrich Schinkel – Lebenswerk, Berlin II, Berlin 1948, 88 ff.

19 Rave, Berlin II a. O., 95 ff.

20 Hübsch, Bau-Werke a. O., 15 ff. u. T. 4.

21 Die Hauptfront wurde 1864 von F. T. Fischer um mehr als das Doppelte verbreitert.

22 O. Hederer, Friedrich von Gärtner, München 1976, 112 ff.

23 O. Hederer, die Ludwigsstraße in München, München 1942, 46 ff.

24 Hübsch, Bau-Werke a. O., 63 ff., T. 12 (von Hübsch als „Museum" bezeichnet).

25 Hübsch, Bau-Werke – Zweite Folge, Carlsruhe 1852, Bl. 1–4.

26 Rave, Berlin III a. O., 38 ff.

27 O. Hederer, Leo von Klenze, München 1964, 348 ff.

28 so bezeichnet von E. Börsch-Supan, Berliner Baukunst nach Schinkel 1840–1870, München 1977.

29 M. Klinkott, Martin Gropius und die Berliner Schule, TU-Diss. Berlin 1971; in meiner Dissertation habe ich diesen Zusammenhang nicht erwähnt, da er sich nicht belegen läßt. Dennoch vermute ich, daß M. Gropius auf seinen Reisen zum Studium der bekanntesten Krankenhausanlagen auch Baden-Baden besuchte und dabei die Trinkhalle sah.

30 Dennoch mißglückte in Berlin ein Versuch mit unterschiedlich gefärbten Ziegelplatten, als L. Persius das Dampfmaschinenhaus bei Potsdam 1841 als Backsteinbau errichten ließ.

31 Zum Teil weiß überstrichen, was von einer späteren Renovierung herstammen könnte.

32 Auch zur Zeit von Hübsch wurden Ornamente der Terrakottaplatten mit einem Farbüberzug deutlicher hervorgehoben.

33 Nach Auskunft von Herrn Dipl.-Ing. Leo Trunk von der Bäder- und Kurverwaltung in Baden-Baden wurden Wandfelder im unteren Bereich der Halle zum Teil nach 1951 erneuert. Oben aber in der Kämpferhöhe blieb der alte Zustand erhalten, und an den Wandpfeilerköpfen erkennen wir noch die ursprünglich aufgemalten Inkrustationen.

34 Auch hier ist an Entwurfsgedanken schon manches von K. Böttichers Architekturphilosophie vorweggenommen und zum Teil ähnlich formuliert in: Hübsch, die Architektur und ihr Verhältnis zur heutigen Malerei und Sculptur, Stuttgart und Tübingen 1847.

35 F. A. Stüler, Bauwerke, I Das Neue Museum in Berlin, Berlin 1862.

Zu den Kirchenbauten von Heinrich Hübsch

Heinrich Hübsch war Repräsentant einer Bauauffassung, die in der geschichtlichen Anknüpfung nicht bloß einen Fundus künstlerischen Gestaltens, sondern vielmehr eine bekenntnishafte Beziehung sah. Dies gilt insbesondere für Hübschs Kirchenbauten, in denen er glaubhaft die innige Verbindung zwischen Ritus und Bauform verwirklichen konnte.

Ihm gebührt das Verdienst, am Vorabend des Eklektizismus noch einmal – ganz im Sinne der Alten – die drei Grundelemente architektonischen Wirkens: Aufgabe, Methode und Geschichte zum klar umrissenen Ziel vereinigt zu haben. Das Schaffen Hübschs, der – ganz im Gegensatz zu neueren Entwicklungen – als erster Baubeamter des Landes auch dessen erster Architekt war, läßt sich in drei Perioden einteilen. Charakteristisch für die erste Schaffenszeit sind die tastenden Versuche zur Gewinnung eines baulichen Konzepts bis zu seiner Anstellung in Karlsruhe im Jahre 1827, literarisch abgeschlossen durch die Frage „In welchem Style sollen wir bauen?'' im Jahre 1828. Zuvor hatten die Griechenland- und Italienreisen von 1817–1820 und 1822–1824 und die sich anschließende Auseinandersetzung mit Aloys Hirt zur genauen Kenntnis und einer dadurch entstandenen Ablehnung der klassizistischen Bauordnung geführt. „Zunächst'', schrieb Hübsch 1838, „nahm mich der Spitzbogen-Styl ... gewaltig ein; wahrscheinlich weil die Ansichten eines Göthe, Schlegel usw. viel auf mich einwirkten''[2].

Aber bald sah Hübsch nicht mehr in der Gotik, zu deren Vorteil Goethe die Säule in Frage gestellt hatte, eine Möglichkeit zur Weiterentwicklung, vielmehr fand er im „Rundbogen-Styl'' alle jene Merkmale, durch deren Anwendung ein optimal gestaltetes und technisch-konstruktiv auf dem Stande der Zeit sich befindendes Bauwerk möglich wurde. Für die Praxis leitete er daraus ab: die Verwendung relativ kleinteiligen Sandsteins als Baumaterial, Wölbung zur weiträumigen Überspannung und Pfeilervorlagen zur Masseverringerung, steiles Dach und, hinsichtlich des – kirchlichen – Bedürfnisses, Schlankheit der Pfeiler zur Erzielung optischer Weiträumigkeit. Die von Hübsch vorgenommene Zergliederung eines Baues in tragende, umschließende und dekorierende Einzelelemente war ein für die damalige Zeit ungewöhnlicher Prozeß, Hübsch ebnete damit der Einschätzung der Konstruktion den Weg; sie stand nun gleichrangig neben dem Ornament, der Dekoration. Die nächsten Überlegungen führten zur Hebung der konstruktiven Belange ins Räumlich-Ästhetische und damit über das Dekorative hinaus (1847). Durch umfangreiche Bautätigkeit ist die zweite Periode im Schaffen Hübschs – von 1828 bis etwa 1850 – gekennzeichnet. In konsequenter Abwägung von Zweck und Mitteln war es ihm gelungen, ein auf dem Rundbogenstil basierendes Schema einfacher Landkirchen zu entwickeln, welches durch die Kirchen in Epfenbach, Zaisenhausen, Bauschlott, Stahringen, Weizen und Dürrheim seine Ausformung fand. Den Höhepunkt bildete die Errichtung der Kirche in Bulach.

Kat.-Nr. 116–118

Zum Bulacher Entwurf

Im Jahre 1828 lag ein von der Kreisbauinspektion Baden-Baden gefertigter Entwurf in Karlsruhe zur Begutachtung vor. Hübsch fand an diesem Entwurf nicht nur „gedrückte Verhältnisse" und „wahrhaft entmuthigende Armut", es waren auch funktionelle Mängel, die den gerade mit festen Vorstellungen tätig werdenden Architekten zu einer engagierten Kritik veranlaßten. Und er fügt hinzu: „Zum Beweis, daß selbst um 400 fl weniger eine dauerhafte und anständige Kirche gebaut werden kann, legen wir hier einen Entwurf nebst detaillirter Kostenberechnung im Totalbetrag von 19.552 fl bei"[3]. Diesen ersten Entwurf verbesserte er im Laufe des Winters 1830/31 dahingehend, daß er statt des Giebelturmes zwei Chortürme anordnete und statt der flachen Holzdecke nunmehr eine durchgehend gewölbte Decke vorsah.

Der Bulacher Kirchenbau wuchs sich in den folgenden Jahren für Hübsch immer mehr zu einem Exempel aus, wohl auch wegen der gescheiterten Kirchenbaupläne in Pforzheim. Da die Größe – Bulach und Beiertheim trugen gemeinsam zum neuen Kirchenbau bei – und die Lage in der Nähe der Stadt Karlsruhe allen Anlaß zur Beispielhaftigkeit gaben, gleichzeitig aber auch das neue Wölbsystem zum ersten Mal zur Anwendung gelangen sollte, nimmt die außerordentlich gute planerische und geschäftliche Vorbereitung des Baues nicht wunder.

Kat.-Nr. 110–115 Auch der dritte Entwurf von etwa 1834 – jetzt bereits doppeltürmig und von großzügigeren Verhältnissen – scheint zunächst noch für ein Kreuzgratgewölbe vorgesehen gewesen zu sein. Die im Institut für Baugeschichte erhaltenen Pläne lassen das deutlich erkennen. Auch Chor und Hauptfassade sind noch gezeichnet von suchender Unsicherheit, bis endlich, offensichtlich kurz vor dem Beginn Kat.-Nr. 109 der Bauarbeiten im Frühjahr 1835, die entscheidenden Verbesserungen gefunden wurden: Herumführen der Seitenschiffe um den Chor, dadurch die Türme einbindend, Reduzierung des Einganges auf ein Hauptportal und Überwölbung nach Kat.-Nr. 122 dem neugefundenen System, wozu die Planung für Rottenburg die nötige Sicherheit gab.

Das umfassende ornamentale Gestaltungsprogramm aller weiteren Kirchen ist in Bulach zum ersten Male vollständig entwickelt: das Rosettenband unter der Giebelschräge, der um die Ecke herumgeführte Dachüberstand, das Konsolgesims, die Fensterrahmungen mit Ornamentbändern, der Zahnfries und die – statisch wirksame – Lisenengliederung mit den im Inneren entsprechenden Pfeilervorlagen. Durch die Verwendung gebrannter Ornamentsteine, die im Vergleich zum Haustein wohl relativ billig waren, hatte Hübsch auch bei bescheidenen Mitteln immer die Möglichkeit, dem Bau eine besondere Stellung einzuräumen.

Der ganz in Haustein errichtete Bau, die Fensterumrahmungen und Verzierungen aus gebranntem Ton, die durchgehende Wölbung, all das verlangte auch im Inneren eine entsprechende Ausstattung. Hübsch wünschte „statt der grossen Altäre mit hohen ... Rückwänden, welche ein moderner Mißbrauch sind, vielmehr die einfachen Altartische, wie sich solche in den älteren Kirchen Roms gewöhnlich finden ... und das daß hierdurch ersparte Geld auf Wandgemälde al fresco, der eigentlichen monumentalen Malerei, verwendet werden möchte!"[4] So wurde Prof. J. F. Dietrich[5] für die Ausmalung des Chores gewonnen. Durch Nachforderungen und eine persönliche Spende Hübschs und anderer Kunstfreunde kam der Betrag für die Ausführung von fünf Wandgemälden al fresco zusammen. In Lebensgröße entstanden die Anbetung, Christus am Ölberg, Christus am Kreuz, die Grablegung und die Auferstehung. Ein von Hübsch so dringend gewünschter „leichter, arabescenartiger" Rahmen ließ sich erst einige Jahre später verwirklichen. Die sonstige Farbgebung war von größter Zurückhaltung. Statt der Ausmalung der Gewölbeflächen mit Ornamenten, wie es noch für Rottenburg gedacht war, ließ Hübsch hier die halbsteinstarke Wölbung sichtbar und überzog sie nur mit einer schützenden Lasur. Gurtbögen und Wandflächen waren blaßbräunlich getönt.

Kat.-Nr. 122

Der Entwurf für Bulach unterscheidet sich nicht nur in der Größe von dem für Rottenburg gefertigten. Der gesamte Anspruch ist dem einer Landkirche gerechter. Ein harmonischer Zusammenklang aller einzelnen Bauelemente gibt dem Gebäude etwas Humanes, ein Umstand, dem Rottenburg sicher nicht gerecht werden konnte. Dort gilt wohl, was Heine zur Kunst des 1. Viertels des 19. Jahrhunderts gesagt hat: „Die klassische Kunst hatte nur das Endliche darzustellen, und ihre Gestalten konnten identisch sein mit der Idee des Künstlers. Die romantische Kunst hatte das Unendliche und lauter spiritualistische Beziehungen darzustellen oder vielmehr anzudeuten, und sie nahm ihre Zuflucht zu einem System traditioneller Symbole ... Daher das Mystische, Rätselhafte, Wunderbare und Überschwengliche ..[6]. Das gilt aber durchaus nicht für Bulach. Hübschs Bestreben, dem Einzelnen, der Erbauung bedürftigen ein Gehäuse zu schaffen, das ihn ohne Erniedrigung zum Tisch des Herrn gelangen ließ, ist hier durch eine selten glückliche Vereinigung aller konstruktiven und formalen Mittel gelungen.

Kat.-Nr. 109

Füssli, der Hübsch einen „der Hauptreformer deutscher Baukunst" nannte[7], sprach von einfachen und noblen Verhältnissen, nannte die Kirche edler und origineller als viele überkommene frühchristliche Bauten. Das Schorn'sche Kunstblatt urteilte zurückhaltender, sah die Eigentümlichkeit besonders in der konstruktiven Bewältigung; nicht eine architektonische Idee liege dem Bau zu Grunde, sondern eine mathematische[8]. Sauer sprach vom „künstlerischen Glaubensbekenntnis des Meisters"[9] und Valdenaire beeindruckten Ernst und Stille, Anmut und bescheidene Würde[10].

Ein Jahr nach der Einweihung der Kirche in Bulach erschienen 1838 als eine Art Bestandsaufnahme des bisher geleisteten, die „Bauwerke". Neben verschiedenen Profanbauten veröffentlichte Hübsch die Kirchenentwürfe für Barmen, Freiburg (Ludwigskirche), Zaisenhausen, Epfenbach, Bauschlott, Kürrheim, Rotweil, Stahringen, Weizen, Bulach und Rottenburg. Über den Stand seiner Anschauungen hinsichtlich des ländlichen Kirchenbaues geben die „Allgemeinen Betrachtungen über Landkirchen" Aufschluß[11]. „Ich – meines Theils – sehe aber den Kirchenbau so unbedingt für die höchste Aufgabe des Architecten an, dass mir der Entwurf zu der geringsten Dorf-Kirche mehr Freude macht, als derjenige zu dem noch so grossen Hause eines luxuriösen Privat-Mannes", schrieb er einleitend. Deshalb erschien es ihm auch unbegreiflich, daß der zeitgenössische Kirchenbau mehr „Nothbehälter als Gotteshäuser" schuf, mit „unförmlichen Scheunendächern auf niedrigen Mauern" und „langen Treibhausfenstern", die den Eindruck einer „Reitschule" erweckten. Den Architekten empfahl er allereinfachste Bauformen und Beschränkung, um auf diese Weise für die „solide und monumentale Herstellung der Haupt-Theile seines Gebäudes" etwas zu erübrigen. „Denn

Kat.-Nr. 24

nichts entwürdigt die Religion mehr, als ephemere und provisorische noch so prunkvolle Einrichtungen, wie man solche für vorübergehende Einrichtungen zu treffen pflegt". Aus Gründen, die in den gleichen Verhältnissen sowohl der frühchristlichen als auch seiner Zeit zu suchen seien, empfahl er als Vorbilder für Landkirchen die „kleinen Basiliken Italiens". Sie würden in „wahrhaft kindlicher Unbefangenheit" ein Raumerlebnis bieten, welches das „hohe heilige Ziel ... mit frommem Sinn auf dem nächsten Wege einfach erreicht"[12]. Er wies besonders auf die basilikale Form hin, wobei er allerdings zu bedenken gab, daß die Arkadenpfeiler aus Haustein oder gemauerten Backstein bestehen sollten, hölzerne Stützen, und „seyen sie ... noch so sehr verziert", hätten etwas „Magazin- und Scheunenartiges". Die Emporen, für evangelische Kirchen die Regel, sollten unbedingt so gehalten sein, „daß auf die – diese Emporen unterstützende – Bogen-Stellung eine zweite Bogen-Stellung gesetzt werde, welche die Decke unterstützt. Wenn man trotz der Seiten-Emporen nur eine – vom Boden der Kirche bis zur Decke reichende – Bogenstellung annimmt; so wird, um mich so auszudrükken, geradezu gegen das architektonische Dogma gesündigt, und eine solche Anordnung macht den widerlichen Eindruck, als wenn die Emporen ursprünglich vergessen und nachträglich zwischen die hohen Pfeiler oder Säulen hineingeleimt worden wären"[13]. Bei der Anordnung hölzerner Decken gab er zu bedenken, daß die alte Form, der offene Dachstuhl, eine dem südlichen Klima entsprechende Weise sei, die hier nicht anwendbar wäre. 1860 hat er selbst diesen Versuch in Obersäckingen gemacht: in das steile äußere Dach baute er ein flaches „italienisches" sichtbar hinein, eine Lösung, die, wie auch die vor die Wand gestellte Säule im Entwurf zu einer Kapelle von etwa 1850, nur aus der vermehrten Beschäftigung mit der Architektur der Frührenaissance verständlich wird.

Das Fazit seiner Untersuchungen ist der ausdrückliche Hinweis auf die unkonventionelle Nachahmung des byzantinischen (= romanischen) Stiles: „Aber demohngeachtet werden sich unsre heutigen im Rundbogen-Styl gehaltenen Gebäude wesentlich von den byzantinischen unterscheiden durch mehr raffinirte Constructionen, durch mannigfachere Formen, durch leichtere mit mehr Fenstern versehene Massen, und – leider auch durch eine grössere Nüchternheit!"[14]

Die zweite Hälfte des hier in Rede stehenden Schaffensabschnittes ist durch eine fast vollständige Stagnation des Kirchenbaues gekennzeichnet, wenn man von der ungesicherten Urheberschaft Hübschs für den Plan der Kirche in Laufen absieht. Neben zahlreichen Reisen – insbesondere die beiden Italienreisen 1847 und 1849/50 sind wichtig – beschäftigten Hübsch die Renovierung des Konstanzer Münsters und die Abfassung seines eigentlichen theoretischen Hauptwerkes „Die Architectur und ihr Verhältniß zur heutigen Malerei und Sculptur"[15], das 1847 erschien. Am Ende seiner Untersuchungen zeichnete er noch einmal das Bild seiner Architekturvorstellungen im Kirchenbau auf: mehrschiffiges Inneres mit bedeutender Weite des gewölbten Mittelschiffes, geringe Pfeilhöhe (Stich) der Wölbung, raumlassende Zwischenunterstützung, schlanke Pfeiler. Hierzu traten die äußere offene Halle und die „geschlossene" Fassade als Gestaltungselemente, ohne „Willkür" und „unwahre Blend-Constructionen"[16].

Die dritte Schaffensperiode setzt nach Hübschs Kovertierung im Jahre 1850 mit den großen Kirchenentwürfen für Karlsruhe 1853 ein, die weiter unten behandelt werden sollen. Die durch das Studium der altchristlichen Kirchen bis hin zur

Kat.-Nr. 121

Abb. S. 176

155

Frührenaissance gewonnenen Erkenntnisse hinsichtlich einer anspruchsvolleren Dekoration des Kirchenbaues verwendete er erstmalig bei der Gestaltung der Fassade des Speyerer Domes in praktischer Form.

Kat.-Nr. 133

1858 erschien die erste Lieferung seines letzten theoretischen Werkes, „Die Altchristlichen Kirchen"[17]. Im Vorwort wies er mit Stolz darauf hin, daß er „fast lauter Originalaufnahmen" veröffentliche, ein Umstand, der durch die Mitarbeit zahlreicher seiner Schüler ermöglicht wurde. Große Unterstützung dürfte ihm auch die Mitarbeit des Freundes Karl Zell geboten haben, der die einschlägigen Textstellen bei Eusebius und Prokop übersetzte. Der Textteil der „Altchristlichen Kirchen" schließt weitgehend an die bereits 1847 erschienene Abhandlung über „Die Architectur und ihr Verhältniß zur heutigen Malerei und Sculptur" an. Seiner damals entwickelten Architekturtheorie, in der er das konstruktive Gefüge des Baues in weitestgehender Weise berücksichtigt hatte, fügte er nun eine lange Reihe von Bauaufnahmen an, die diese Auffassung als historisch gegeben und deshalb ohne Schwierigkeiten nachvollziehbar unterstützen sollte. Seine Absicht war, das Verhältnis der konstruktiv notwendigen Raumumschließung zur formalen Ausstattung zurechtzurücken. Als Beispiel für die Fehlentwicklung bei einer gestörten Rangfolge diente ihm die Gotik, an der er nachzuweisen suchte, daß ein verselbständigter Formalismus sich des „technostatischen Fortschrittes" nur zur besseren Eigendarstellung bediente, statt in umgekehrter Weise den ästhetischen Wert der Konstruktion für sich sprechen zu lassen und zur Höhung dieses Wertes dekorative Formen nur in untermalender Weise zu verwenden.

Die Auseinandersetzung mit der Gotik hat Hübsch – in gleicher Weise wie die Ablehnung des Klassizismus – ein Leben lang beschäftigt. In seiner Einschätzung des letzteren fand Hübsch eine relativ breite Basis bei seinen Zeitgenossen. Aussichtsloser war sein Angehen gegen die Neugotiker, die zwar auch vom traditionalistischen Zug der Romantik getragen wurden, gleichzeitig aber im politischen Kalkül der Zeit einen mächtigen Verbündeten hatten. Aus dem zunächst rein pittoresken Reiz der Gotik, wie ihn Goethe und das letzte Drittel des 18. Jahrhunderts noch verstanden wissen wollten, wurde der bittere Ernst einer politisch enttäuschten Generation. 1845 fand Reichensperger für die Gotik, daß sie „die Sprache, . . . der Geist des Christenthums"[18] sei. Bereits sechs Jahre zuvor hatte Wiegmann den historisch-nationalen Aspekt des Kölner Dombaues formuliert[19]. Dem Rationalisten Hübsch war die gotische Kathedrale unübersichtlich und wirr erschienen, „ein stachlichtes confuses Aggregat", die „höchste Überladung". Man „entferne die vielen Zusätze und Zierrathen, welche für den nicht tiefer eindringenden Beschauer die Hauptformen ganz verhüllen, so wird den Letztern an sich schwerlich eine solche Anmuth und Gefälligkeit in den Verhältnissen und in der Gruppirung bleiben, welche den byzantinischen Monumenten bei ihrer Einfachheit eigen ist"[20], schrieb er 1838. Nationale Empfindungen mochten Hübsch daneben aus der Verbindung Gotik-Deutschland nicht einleuchtend sein. Noch ehe Mertens und Lohde 1862 die französischen Wurzeln der Gotik wissenschaftlich belegten[21], hatte er bereits 1847, präzise dann 1858, auf diesen Sachverhalt hingewiesen.

Neben der Abneigung gegen die Gotik und den Klassizismus ist als prägendes Element im Schaffen Hübschs die geistige Verbindung zu den Nazarenern wirksam gewesen. Lebens- und Schaffensweise der Nazarener sind für ihn ein Leben

125　„Entwurf zu einer evangelischen Kirche für Carlsruhe"

lang Vorbild geblieben. In seiner Trennung von Kirchen- und Profanbau finden wir eine wohl einmalige Form der religiösen Hinwendung an das Gehäuse des Glaubens. Die Einfachheit und die Schlichtheit vieler seiner Kirchen – oftmals als Einfallslosigkeit mißgedeutet – entspringen der ablehnenden Haltung gegenüber jeder Selbstdarstellung. Das Gotteshaus „stellt ... nur mittelbar die gewissermaßen äusserliche Seite dieser geistigen Interessen dar. Sie gibt selbst bei ihrer höchsten Aufgabe nur die monumentale Darstellung der aus dem religiösen Cultus sich entfaltenden Räumlichkeiten, und bildet also nicht das geistige Innere des Menschen selbst ab. Sie schafft nur das kolossale Kleid dieses Innern, aber freilich nicht für die alltägliche blos bequeme Nutzbarkeit, sondern für die würdevolle hohe Festfeier"[22]. Persönliche und allgemeine Religiosität, das Bedürfnis, in größerer Nähe und damit intensiver das Erlebnis urchristlicher Frömmigkeit nachvollziehen zu können, mögen bei Hübsch die Hinwendung zur frühchristlichen Baukunst bewirkt haben. Hinzu kam das stark nachwirkende Gefühl der Erbauung, das er in diesen Bauten erlebt hatte.

Hinweis oder Einfluß von anderer Seite scheint nicht bestanden zu haben. Zwar hatten bereits Klenze und später Ziebland und Gaertner, durch Ludwig I. von Bayern angeregt, frühchristliche Formen zu adaptieren versucht, aber es gab zunächst keine konsequente Hinwendung an das relativ wenig bekannte Bau- und Formenschema des Frühchristentums. Auch die Versuche des Kronprinzen Friedrich Wilhelm von Preußen, der durch die großen Bauaufnahmen K. J. v. Bunsens – die erste Lieferung erschien bereits 1822[23] – angeregt wurde, die Architektur der spätrömischen Basilika zur Grundlage eines national-protestantischen Stiles zu machen, blieben ohne Erfolg: die auf ein verinnerlichtes Gott-Erlebnis ausgerichteten, deshalb oft kargen Kirchenbauten der frühchristlichen Epoche konnten einem Anspruch, der zum christlichen Programm des Gotteshauses noch nationale oder monarchische Attribute hinzufügte, nicht genügen.

Das Ende der Befreiungskriege hinterließ ein verworrenes und verwirrtes deutsches Land: die einigende Kraft während der Auseinandersetzung mit Frankreich fand keine Entsprechung in der erhofften Schaffung eines deutschen Nationalstaates. Es entstand der Nährboden für eine der merkwürdigsten und in dieser Form wohl einmalige Geistesströmung: die Romantik. „Die (romantische) Schule schwamm mit dem Strom der Zeit, nämlich mit dem Strom, der nach seiner Quelle zurückströmte", schrieb Heinrich Heine. Und auf die wirtschaftlichen und politischen Hintergründe eingehend ergänzte er: „Der politische Zustand Deutschlands war der christlich-altdeutschen Richtung noch besonders günstig. ‚Not lehrt beten', sagt das Sprüchwort, und wahrlich, nie war die Not in Deutschland größer und daher das Volk dem Beten, der Religion, dem Christentum zugänglicher als damals"[24]. Heines Ironie traf wohl den Kern der Sache, aber er berührte die Zeitgenossen wenig. So finden wir auch den Architekten Heinrich Hübsch in weitgehender Übereinstimmung mit seiner Zeit: seine Kirchenbaukunst – als „höhere Baukunst" – war ihm kein Mittel zur Erreichung eines persönlichen Zweckes. Vielmehr sah er darin – ähnlich seinem großen Vorbild Overbeck – einen Dienst an seiner Kirche, deren Zeichen er – nach Overbeck „Einheit, Sichtbarkeit, Unaufhörlichkeit, Abstammung von den Aposteln her, Katholizität und Heiligkeit"[25] – auf seine Weise zu manifestieren suchte.

Die Würdigung der Arbeit Hübschs in Abgrenzung gegen das Schaffen Schinkels und Gaertners ist unter dem Gesichtspunkt der besonderen politischen und persönlichen Verhältnisse in Berlin und München zu sehen. Der 14 Jahre ältere Schinkel arbeitete ohne ein bindendes Konzept in der Wahl der Mittel rein nach künstlerischen Gesichtspunkten. Erst mit Stüler und Persius zeigten sich in Preußen Einflüsse einer italienisierenden Programmarchitektur. Durch sie – und andere – fand das preußisch-protestantische Königtum eine – von Schinkel nur unzureichend theoretisch bewältigte – sinnfällige gestalterische Ausformung.

Trotz vieler Analogien, die man im Werk Gaertners und Hübschs zunächst zu erkennen meint, sind beide von grundsätzlich verschiedenen gedanklichen Überlegungen ausgegangen. Gaertners Auffassungen vom Kirchenbau hatten ihren Grund nicht in einem tiefen inneren Verhältnis zur Kirche, sondern resultierten vielmehr aus einer weitgehend von Schinkel übernommenen Hoffnung auf die Möglichkeit der Verbindung klassischer Schönheitsprinzipien mit aktuellen Stilansichten. Es erscheint fragwürdig, seinen Bau der Ludwigskirche von einer theoretischen Basis ableiten zu wollen. Nicht die Durchdringung allgemeiner Kirchenbauvorstellungen mit den Möglichkeiten der Zeit hatte zu dieser Leistung geführt, sondern die Neigung König Ludwigs und der eigene Wunsch Gaertners, sich in originaler Weise von Klenze abzugrenzen.

Aus dieser besonderen Anschauung heraus ist ein Vergleich der Auffassungen Hübschs mit den Kirchenbaugedanken seiner Zeitgenossen Schinkel und Klenze oder Gaertner schwierig. Es ist ein bedeutender Unterschied, sowohl im geistigen Gehalt als auch im Aufwand, ob beispielsweise eine nationale Gedenkstätte in Form eines Domes zu entwerfen ist, als Sammelpunkt staatlich-christlicher Bestrebungen, oder ob für eine angewachsene Gemeinde in Bulach ein neues Gotteshaus benötigt wird. Hübsch galt das Gehäuse des Glaubens in erster Linie als Mittel zur Bewirkung einer höher gestimmten Seelenhaltung des Einzelnen, nicht der Selbstdarstellung einer weltlichen Person oder eines nationalen Programmes. Der einzige Fall, in dem er sich zur Herabwürdigung eines Gotteshauses zur Darstellung weltlicher Eitelkeit bereit fand, war der Dom in Speyer. Hier Kat.-Nr. 133 mag nun in der Begeisterung für die besondere Aufgabe oder in der Person des Auftraggebers der Grund zu suchen sein.

Zwei Kirchenentwürfe für Karlsruhe

Der Architekt Heinrich Hübsch vereinigte in bemerkenswerter Weise die beiden Grundströme der Zeit in sich. Den Romantiker beeindruckte das religiöse Zeitempfinden, die weltfremde Hinneigung zu vergangenen Zeiten größerer Glaubenstiefe. Gleichzeitig faszinierten ihn, als ingeniös veranlagten Techniker und Rationalisten, die technischen Entwicklungen seiner Epoche. Wir finden damit das Persönlichkeitsbild Hübschs weitgehend in Übereinstimmung mit der zeitlichen Situation. Bemerkenswert ist die überzeugende Kongruenz von Idee und Realität im Schaffen des Architekten. Der Idee blieb allerdings die entscheidende Darstellungsform vielfach versagt: finanzielle Erwägungen und die geringe Attraktivität des Kirchenbaues als Form staatlicher Selbstdarstellung verhinderten die Ausführung der großen Projekte für Karlsruhe und Rottenburg.

Entwurf zu einer evangelischen Kirche in Karlsruhe

Kat.-Nr. 124–128

Fast wörtlich übereinstimmend mit seinen Ausführungen in den „Altchristlichen Kirchen" legte Hübsch am 10. Oktober 1853 seine Gedanken über den protestantischen Kirchenbau nieder. „Als der dem aesthetischen Standpunkte der Gegenwart, und vorzugsweise dem evangelischen Cultus am meisten entsprechende Baustyl muß nach reiflicher Erwägung, und unbefangenen Vergleichung der verschieden christlichen Style derjenige erklärt werden, welcher in den frühen christlichen Jahrhunderten – namentlich von Constantin dem Großen bis zum Beginn des Mittelalters – nicht allein im Orient, sondern auch im ganzen damals cultivirten Occident blühte, und welcher der ,altchristliche' genannt wird"[26]. Der Entwurf, auf den sich der Text bezog, war ein Abbild der überlieferten baulichen Auffassung des Frühchristentums, gesteigert durch eine nazarenische Dekorationstechnik und versehen mit dem Glanze eines anspruchsvollen städtischen Hauptgotteshauses. Daß der Bau einer konstantinischen Basilika in nördlichen Breiten vielleicht als exotisch empfunden werden könnte – seit dem Wiederaufbau des Domes in Köln waren Gotik und Kirche eine Art Synonym – focht ihn nicht an: „Erstlich giebt es Dinge, die eine viel weitere Sphäre haben, als die Nationalität, und zu solchen gehört zunächst die Religion, und namentlich auch der Kirchenbau". Zum anderen konnte er darauf verweisen, daß „der Spitzbogenstyl sowenig eine deutsche Schöpfung (sei), daß derselbe entschieden mit mehr Recht von den Franzosen als altfranzösischer Styl proclamirt werden kann".

Der fast 60 m lange, für 2744 Personen gedachte Kirchenbau ist als ein Idealprojekt zu sehen. Dafür spricht nicht nur der unzeitgemäß große Aufwand, sondern auch die bereits anderthalb Jahrzehnte während Kirchenbaupause, in der der Architekt sich damals befand. Zwar hatten die Renovierungen in Konstanz und Speyer stets Auseinandersetzungen mit kirchenbaulichen Problemen gebracht, aber die weitgehend theoretische Beschäftigung bei den Vorarbeiten zu den „Altchristlichen Kirchen" hatten neue und reichere Möglichkeiten zur formalen Bewältigung des Kirchenbaues eröffnet. So ist dieser Entwurf, wie übrigens der für den katholischen Ritus gleichzeitig ausgearbeitete, als ein erster Versuch zu werten, über den bis dahin als ausreichend empfundenen Stand hinauszukommen und neue Wege im Sinne einer Fortentwicklung der alten Methode zu gehen. Möglichkeiten zu einer Verwirklichung boten sich erst fünf Jahre später: in Ludwigshafen, wo der Innenraum – zumindest der Wandaufbau im Mittelschiff – ganz nach frühchristlichen Gesichtspunkten gestaltet wurde. Der Karlsruher Entwurf wird im Inneren durch einen imponierenden, siebenjochigen Wandaufbau bestimmt. Großartig in seinem dekorativen Aufwand und seiner statischen Klarheit wirken das fast 17 m weite Mittelschiff und die, geschickt die Tiefe der Widerlagerpfeiler kaschierenden, mit Galerien versehenen weiträumigen Seitenschiffe. Neben der Bulacher Wölbung und – offensichtlich in Granit gedachten – Säulen sollten an den Obergadenwänden Darstellungen aus dem Leben Christi in großformatigen Freskobildern eine weitere Hebung der Raumstimmung bewirken. Diese für evangelische Kirchen neue Form der bildlichen Darstellung suchte Hübsch durch Beispiele aus Preußen zu rechtfertigen: „Darum werden in neuerer Zeit, wo wieder ein mehr religiöses Leben erwacht ist, in Preussen alle neuen opulenten Kirchen reichlich mit Wandbildern geschmückt. Man sieht dort sogar ausser den

Gestalten des Heilandes und der Apostel auch die Bildnisse der apostolischen Väter und der ältesten Kirchen-Väter bis auf Augustinus herab". Hinzu kam die Neufassung des bis 1852 gültigen Schemas der Anordnung von Kanzel und Altar in evangelischen Kirchen[27]. Die bis dahin gültige Regel, daß Kanzel und Altar, dieser gewissermaßen zu Füßen derselben, an der dem Eingang gegenüberliegenden Stirnseite angeordnet werden mußten, fiel nun und gab einer neuen, dem katholischen Ritus verwandten Form Raum. Für die Lösung der Chorseite verwandte Hübsch eine dem Bulacher (katholischen) Kirchenbau verwandte Form: Kat.-Nr. 113
zwischen den flankierenden Türmen wächst die Altarnische mit hochliegenden Fenstern und einer abschließenden Zwerggalerie heraus. Die Türme selbst dachte er über drei Geschosse viereckig zu halten, dann aus einer Balustrade herauswachsend ins Achteck übergehend und durch einen entsprechenden Helm mit Ziergauben abgeschlossen. „Hinsichtlich der Thürme" schrieb er in seinem Bericht, „war es für den vorliegenden Fall angezeigt, dieselben hinten neben dem Chore anzubringen, weil sonst die Vorderfacade sehr hoch und von nachtheiliger Wirkung für das naheliegende Großherzoglich Schloß gewesen wäre. Dieß ist nun bei der projektirten Weise nicht zu fürchten, obgleich die Thürme sehr hoch angenommen sind, um der Residenzstadt, der es so sehr an in die Höhe ragenden Bauten fehlt, ein bedeutenderes Ansehen zu geben"[28].

Für die Lage der neuen Kirche schlug Hübsch einen Platz an der Waldhornstraße vor, gegenüber dem Haupteingang des von ihm 20 Jahre zuvor errichteten Finanzministeriums. Dadurch wäre der einmalige Fall eingetreten, daß ein nur durch seine Bauten bestimmtes Ensemble entstanden wäre.   Kat.-Nr. 30

Entwurf zu einer katholischen Kirche in Karlsruhe

Dieser, gleichfalls vom 10. Oktober 1853 datierte Entwurf zu einer katholischen   Kat.-Nr. 129–131
Kirche weist weit über die örtlichen Verhältnisse hinaus, für Valdenaire bedeutete er nur ein „schöner Prospekt"[29]. Tatsächlich spricht aus diesem Entwurf zu einer monumentalen Kuppelkirche eine gewisse gedankliche Fehlentwicklung, die ihre Gründe in den religiösen Einigungsbestrebungen der Zeit hatte und dem Gedanken von Novalis über eine „sichtbare Kirche ohne Rücksicht auf Landesgrenzen"[30] entsprach. Denn alle Gesichtspunkte, die einen so wesentlichen Teil seiner Erstlingsschrift von 1828 – In welchem Style sollen wir bauen? – ausmachten, sind hier vernachlässigt zu Gunsten eines sichtbaren katholischen Symbols. Hatte er seinerzeit noch die örtlichen Verhältnisse, klimatische Besonderheiten und die daraus sich ergebenden Konsequenzen besprochen, so finden wir diese Gedanken nun dem überregionalen Anspruch des Kultus untergeordnet. „Der Grundplan ist nach einem lateinischen Kreuze mit sehr breiten aber kurzen Armen gestaltet, und auf der Durchkreuzung der Arme erhebt sich eine feierliche Kuppel, die am Äusseren des Baues den Haupt-Höhepunkt bildet, und weit über die an der Vorderfacade befindlichen (übrigens ebenfalls ziemlich hohen) Glockenthürme hinausragt"[31]. Weit über einen Idealentwurf, der er doch eigentlich ist, reichen die Aufstellung eines Kostenanschlages (Gesamtsumme ohne die Orgel 291 000 fl) und die Standortuntersuchungen hinaus. „Die architectonische Anordnung des Äusseren durfte – abgesehen von dem imposanten Eindruck, den

immer eine Kirche mit hochemporstrebender Kuppel macht – in dem vorliegenden Falle dadurch von ganz besonders günstiger Wirkung werden, daß diese Kuppel – wenn nemlich für die Kirche der zwischen dem Polytechnikum und der Reiter-Caserne sich ergebende, und ohnehin passend gelegene Platz beliebt wird – schön in weiter Ferne von der Durlacher Allee aus ... gesehen werden kann, was der hiesigen Stadt, die sonst wenig hohe Massen darbietet, doppelt noth thäte".

Auch hier meint man, das Bedürfnis zu spüren, innerhalb der Nähe eines früheren eigenen Baues – des 1833–36 errichteten Polytechnikums – einen weiteren Bau zu errichten, um durch eine Verquickung beider zu einer städtebaulichen Ordnung zu gelangen.

An der Fassadenzeichnung für diesen Kuppelbau fällt ein gewisses additives Element auf, d. h. er wirkt zusammengesetzt aus Einzelformen, die in ihrer absoluten Größe auch an kleineren anderen Bauten Verwendung finden könnten (und auch gefunden haben). Einen ähnlichen Eindruck hatte der Entwurf für die Kathedrale in Rottenburg hervorgerufen. Der Grund für diese Zaghaftigkeit im Vergrößern der Einzelform mag aus einer theoretischen Erkenntnis heraus gewonnen sein. Im Textband zu seinen „Bauwerken" aus dem Jahre 1838 findet sich eine kurze Abhandlung über Proportionen, in der besonders – in einer Fußnote – auf die mit der proportionalen Vergrößerung von Einzelformen einhergehenden optischen Verkleinerung des Gesamtbauwerkes eingegangen wird. Dabei bemerkte er, „dass colossale Gebäude kleiner scheinen, als sie sind ... weil ihre Details, welche nur auf mässige ... Dimensionen berechnet sind, bei colossalen Dimensionen sich nicht zu Gunsten des Effects modificiren, sondern stets dieselben bleiben"[32]. Aus dieser Kenntnis heraus muß man also in der Anwendung kleinteiliger – aber wiederholt erscheinender – Formen gleicher Art ein Mittel zur Steigerung des visuellen Eindruckes sehen. „Die Zierlichkeit des Details gibt den Hübsch'schen Werken nicht selten das Gepräge der Schwächlichkeit" hatte F. v. Reber 1884 gefunden[33], und F. J. Mone fand 1895, Hübsch sei in „seinen Bauten ängstlich"[34] gewesen. Daß hier im Gegenteil im entwerferischen Kalkül der Grund für eine gewisse Kleinteiligkeit zu suchen ist, haben beide übersehen.

Hatte der 1834 entstandene Entwurf für die Bischofskathedrale in Rottenburg noch das unverwechselbare Erscheinungsbild einer klaren Hübsch'schen Konzeption, so kommen – insbesondere am Entwurf zur katholischen Kirche für Karlsruhe – Zweifel auf am frühchristlichen Prinzip des Entwurfes. Vielleicht hat hier doch G. Sempers Wettbewerbsentwurf für die Nikolaikirche in Hamburg (1844) Anregungen gegeben. Hübschs Plan zeigt aber auch schon Zeichen der Beschäftigung mit dem Speyrer Westbau, die durch das Gutachten vom 4. November 1852[35] zeitlich genau fixierbar ist.

Hübsch – so scheint es heute – ist mit seinen Karlsruher Entwürfen in gewisser Weise den nazarenerischen Prinzipien von Klarheit, Demut und Bescheidenheit untreu geworden. Für ihn, der 1850 nach schwerer Krankheit konvertiert war, mögen es jedoch Darstellungen höherer und neuer Gläubigkeit und Dankbarkeit gewesen sein.

Joachim Göricke

Anmerkungen:

1 Die hier wiedergegebenen Gedanken sind im wesentlichen bereits in meiner Arbeit „Die Kirchenbauten des Architekten Heinrich Hübsch, (Diss.) Karlsruhe 1974, niedergelegt.

2 Heinrich Hübsch, Bauwerke, Erstes und Zweites Heft, Karlsruhe und Baden 1838, 1.

3 GLA 422/1521.

4 GLA 422/1522.

5 Professor Johann Friedrich Dietrich (1787–1846), vgl. Thieme-Becker, Bd. 9, 1913, 253 f.

6 Heinrich Heine, Die Romantische Schule, in: Sämtliche Werke, Bd. 9. Ausgabe München 1964, 1. Buch, 20.

7 Wilhelm Füßli, Zürich und die wichtigsten Städte am Rhein, Zürich und Winterthur 1842, Bd. 1, 514.

8 Zitiert nach Joseph Sauer, Die kirchliche Kunst in der ersten Hälfte des 19. Jahrhunderts in Baden, Freiburg 1933, 80.

9 ebenda 79.

10 Arthur Valdenaire, Heinrich Hübsch, Eine Studie zur Baukunst der Romantik, Karlsruhe 1926, 41.

11 Hübsch, Bauwerke, a. o., 18 f. – Der qualitativen Verbesserung des Landkirchenbaues diente auch das sog. Normativ, der Erlaß des Finanzministeriums Karlsruhe vom 24. Juli 1830, Nr. 3596. Diesem Erlaß war eine umfangreiche Untersuchung vorangegangen (GLA 237/33734), zu der alle Bezirksbauinspektoren im Laufe des Jahres 1828 gehört wurden.

12 ebenda 19.

13 ebenda 24.

14 ebenda 6.

15 Heinrich Hübsch, Die Architectur und ihr Verhältniß zur heutigen Malerei und Sculptur, Stuttgart und Tübingen 1847.

16 ebenda 23 f.

17 Heinrich Hübsch, Die Altchristlichen Kirchen nach den Baudenkmalen und älteren Beschreibungen, Karlsruhe 1858.

18 August Reichensperger, Die christlich-germanische Baukunst und ihr Verhältniß zur Gegenwart, 1845; hier nach Albrecht Mann, Die Neuromanik, Köln 1966, 96.

19 Mann, o. a. 102: „Scharfsichtig erkennt er (R. Wiegmann), daß die Anteilnahme der Öffentlichkeit an der Gotik und insbesondere am Kölner Dom nur auf dem historischen und nationalen Aspekt beruht, nicht aber künstlerisches Interesse bezeugt".

20 Hübsch, Bauwerke, a. o. 4.

21 Franz Mertens und Ludwig Lohde, Die Gründung des Kölner Domes und der erste Dombaumeister, in: Zeitschrift für Bauwesen 12 (1862) 163 f., 339 f.

22 Hübsch, Die Architectur, a. o. 2.

23 Karl Josias von Bunsen, Die Basiliken des christlichen Roms, München 1842.

24 Heine, a. o. 30.

25 Zitiert nach Herbert v. Einem, in: Hans Geller, Die Bildnisse der deutschen Künstler in Rom 1800–1830, Berlin 1952, 27.

26 GLA 206/2299, ebenso die folgenden Zitate.

27 Veröffentlicht im Großherzoglich Badischen Staats- und Regierungs-Blatt, XXXV, 315, vom 6. Juli 1852.

28 GLA 206/2299.

29 Valdenaire, a. o. 47.

30 Novalis, (Friedrich von Hardenberg), Werke und Briefe, Ausgabe Stuttgart und Hamburg o. J. (1962), 408.

31 GLA 206/2299, ebenso das folgende Zitat.

32 Hübsch, Bauwerke, a. o. 5, Fußnote.

33 Franz Reber, Geschichte der neueren deutschen Kunst, Leipzig 1884, Bd. 2, 368.

34 Friedegar Mone, Die bildenden Künste im Großherzogthum Baden, Selbstverlag (Speyer), 19. Bd., 3. + 4. Heft 1897, 173.

35 Bayerisches Staatsarchiv, Abt. III, Geheimes Hausarchiv, Nachlaß Ludwig I., Fasz. 87/4/2.

109

Katholische Kirche St. Cyriakus in Bulach, Lithographie, in: Altchristliche
Kirchen, Tafel 63.

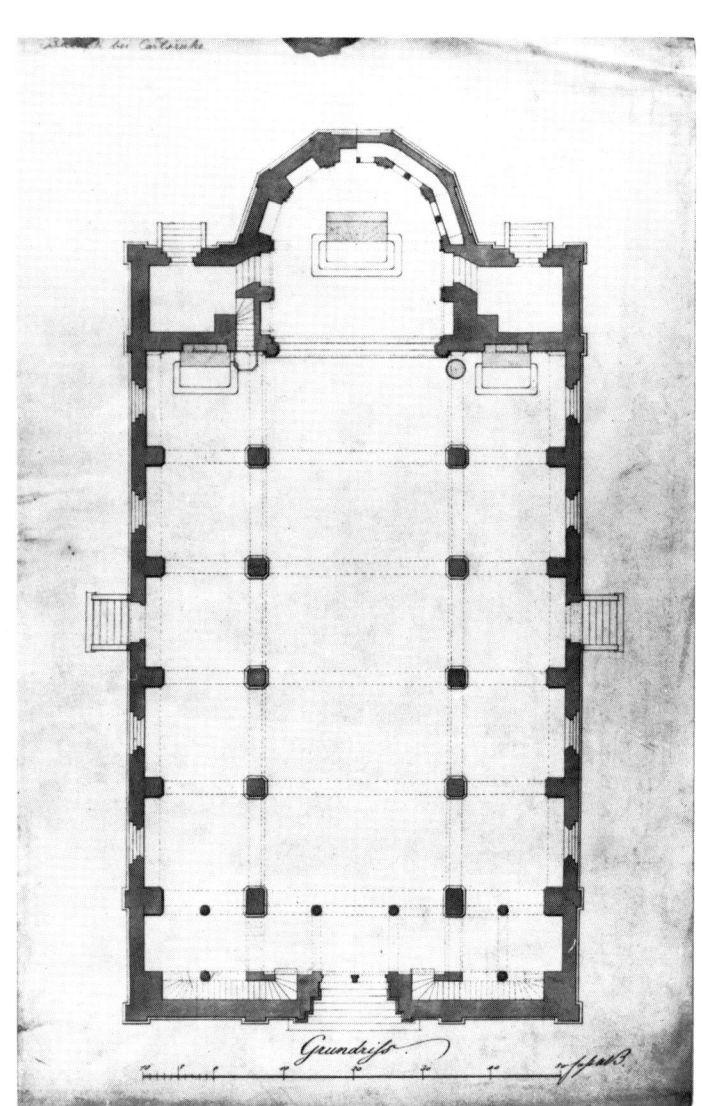

110

Kath. Kirche Bulach (3. Entwurf), „Grundriß", Tuschezeichnung, angelegt, Papier, 46,9 × 28,9 cm. IfB, Hübsch 113.

111

„Entwurf einer Kirche nach Bulach / No. 2 / Vordere Facade." mit Unterschrift des Accordanten. (3. Entwurf), Tusche- und Bleistiftzeichnung mit kleineren Korrekturen, Papier, 43,7 × 27,0 cm. IfB, Hübsch 114.

112
Kath. Kirche in Bulach, „Querdurchschnitt". (3. Entwurf), Tuschezeichnung, leicht angelegt, Papier, 42,2 ×
26,8 cm. IfB, Hübsch 116.

113
„Entwurf einer Kirche nach Bulach /
No. 3 / Chorfacade" (3. Entwurf), Tu-
sche- u. Bleistiftzeichnung, leicht an-
gelegt, Papier, 44,2 × 27,0 cm. IfB,
Hübsch 115.

114

„Entwurf einer Kirche nach Bulach. / Perspektivische Ansicht des Innern", mit Bleistift sign. „Hübsch", Tuschezeichnung, leicht angelegt, Ingrespapier, 51,7 × 64,6 cm. IfB, Hübsch 118.

115

„Entwurf zu einer Kirche nach Bulach. / N⁰ 5. / Laenge-Durchschnitt.", (3. Entwurf), Tuschezeichnung, angelegt, Ingrespapier, 29,4 × 46,5 cm. IfB, Hübsch 117.

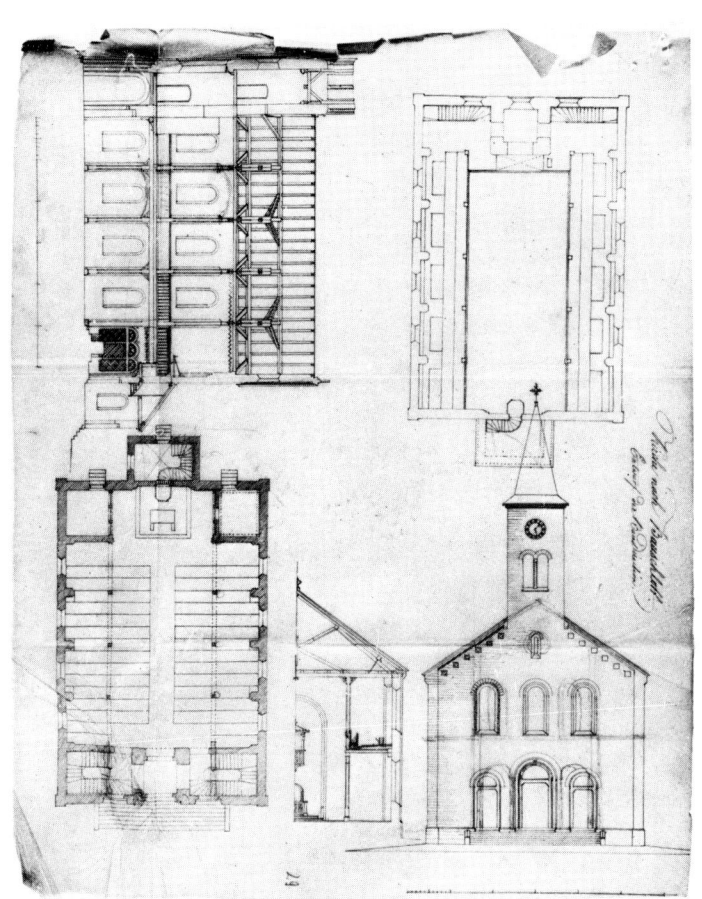

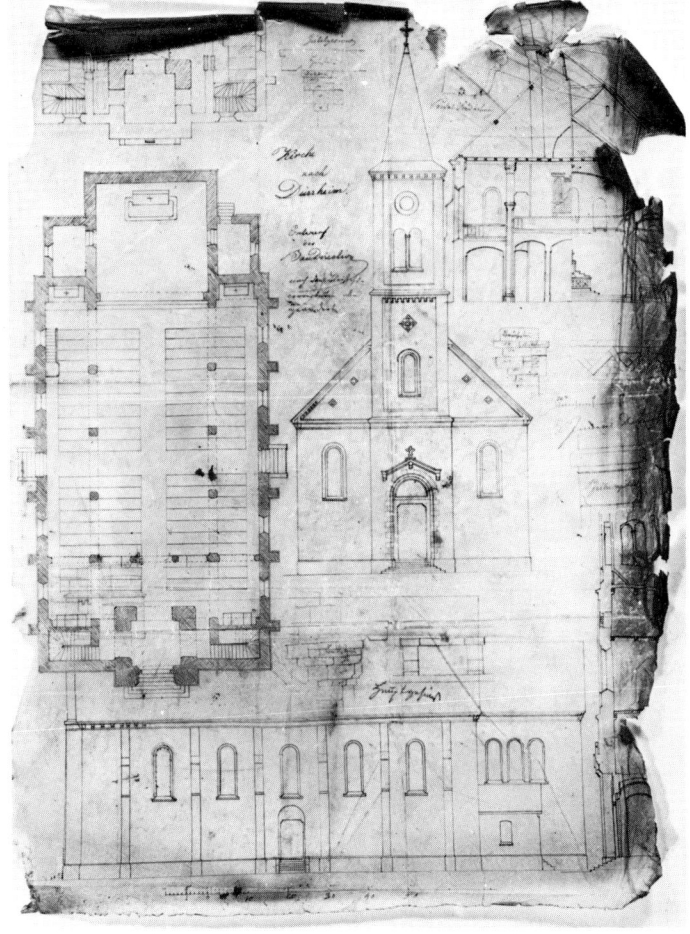

116
„Kirche nach Bauschlott. / Entwurf der Baudirection.", erster Entwurf Hübschs, Bleistiftzeichnung, Transparentpapier, ca. 38,0 × 50,0 cm. Aktenplan. GLA, 422/1491.

117   (ohne Abbildung)
„letzter Entwurf zur Kirche nach Stahringen", Bleistiftzeichnung, Transparentpapier, ca. 43,8 × 46,0 cm, Aktenplan. GLA, 422/1806.

118
„Kirche nach Dürrheim. / Entwurf der Daudirection", zweiter Entwurf Hübschs, Bleistiftzeichnung, Transparentpapier, ca. 45,0 × 33,0 cm, Aktenplan. GLA, 422/1563.

119

Evangelische Stadtkirche in Pforzheim (Projekt), perspektivische Außenansicht, Tuschezeichnung, teilw. angelegt, Karton, 70,0 × 58,3 cm. GLA, G Pforzheim 71.

120   (ohne Abbildung)

Evangelische Kirche in Pforzheim, „Grundriss des ersten Stocks.", Tuschezeichnung, angelegt, Ingrespapier, 48,4 × 33,8 cm. GLA, G Pforzheim 45.

121

Evangelische Stadtkirche in Pforzheim, perspektivische Innenansicht, Tuschezeichnung, angelegt, Karton, 58,3 × 57,6 cm. GLA, G Pforzheim 72.

122
„Innere Ansicht der Cathedral-Kirche
für den Bischofs-Sitz Rottenburg /
Hübsch inv. 1834, in: Bauwerke, 1. Folge, Tafel 9.

123
„Aeussere Ansicht der Cathedral-Kirche für den Bischofs-Sitz in Rottenburg / Hübsch inv. 1834", in: Bauwerke, 1. Folge, Tafel 8.

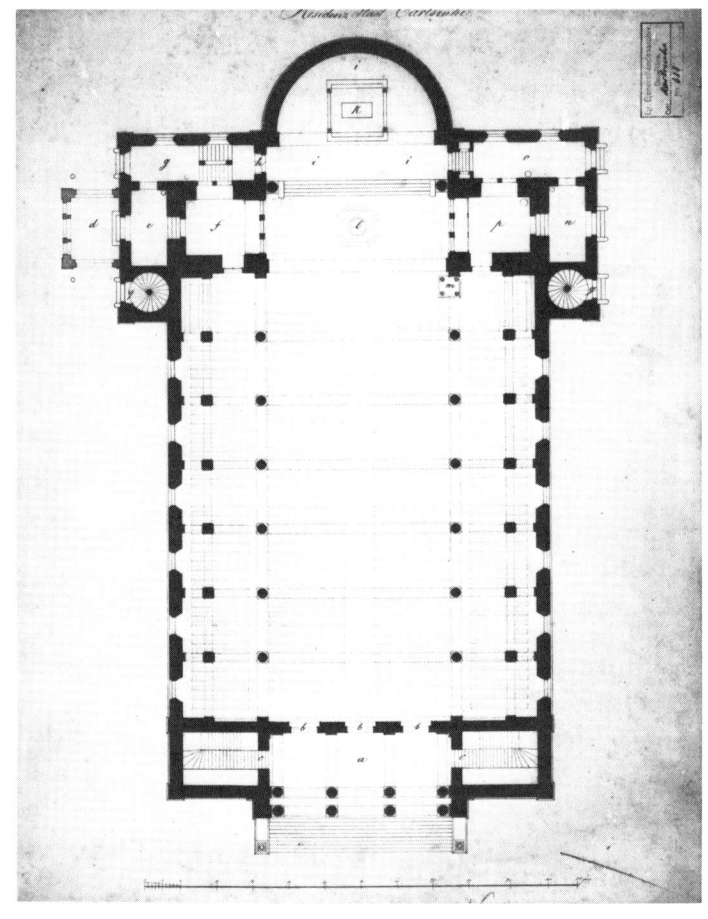

124

,,Entwurf zu einer evangelischen Kirche für die / Grosherzogliche ResidenzStadt Carlsruhe. / Blatt IV. / Chor-Facade.'', Tusche- u. Bleistiftzeichnung, angelegt, Karton mit Wz 1851, 64,0 × 47,0 cm. GLA, G K'he 621.

125 (Farbtafel S. 156/157)

,,Entwurf zu einer evangelischen Kirche für die Grosh. Residenz-Stadt Carlsruhe. / Blatt III / Haupt-Façade'', Bleistiftzeichnung, angelegt u. aquarelliert, Karton mit Wz 1852, 54,7 × 42,9 cm, auf Unterkarton. GLA, G K'he 620.

126

,,Entwurf zu einer evangelischen Kirche für die Grosherzogliche Residenz Stadt Carlsruhe. / Blatt I. / Grundriss zu ebener Erde.'', Tuschezeichnung, angelegt, Karton, 64,6 × 47,3 cm. GLA, G K'he 618.

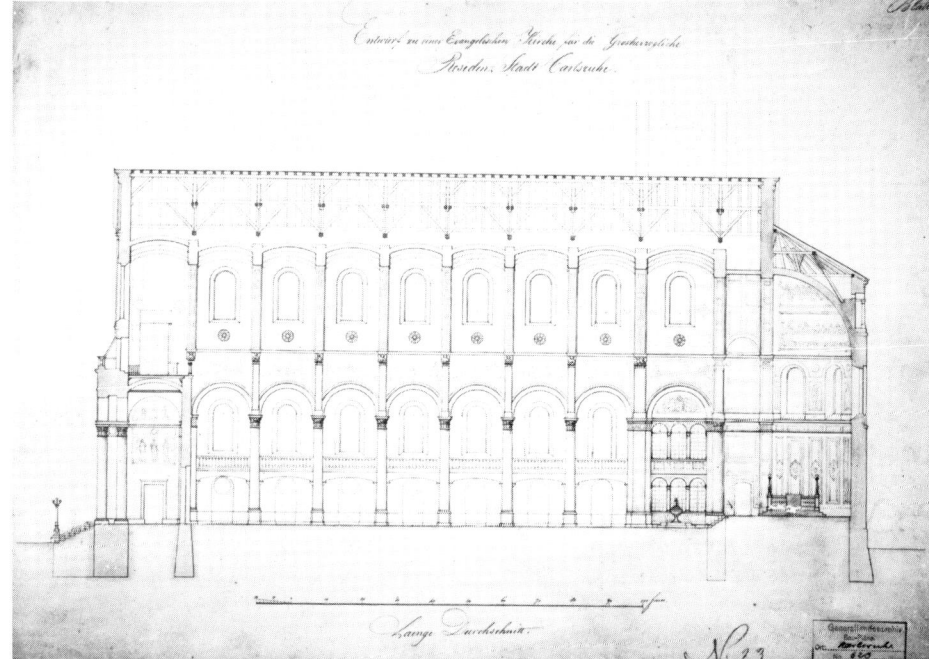

127

„Entwurf zu einer evangelischen Kirche für die Grosherzogliche Residenz Stadt Carlsruhe. / Blatt V. / Quer Durchschnitt gegen den Chor. / Quer Durchschnitt gegen die Eingänge.", Tusche- u. Bleistiftzeichnung, angelegt, Karton mit Wz 1851, 47,0 × 64,7 cm. GLA, G K'he 622.

128

„Entwurf für eine evangelische Kirche für die Grosherzogliche Residenz Stadt Carlsruhe. / Blatt VI. / Laenge Durchschnitt.", Tusche- u. Bleistiftzeichnung, angelegt, Karton, 47,0 × 64,6 cm. GLA, G K'he 623.

129

"Entwurf zu einer zweiten Katholischen Kirche für die Grosh. Residenz-Stadt Carlsruhe. / Vordere Façade.", Bleistiftzeichnung, angelegt, Ingrespapier mit Wz 1852, 52,0 × 37,0 cm, auf Unterkarton. GLA, G K'he 627.

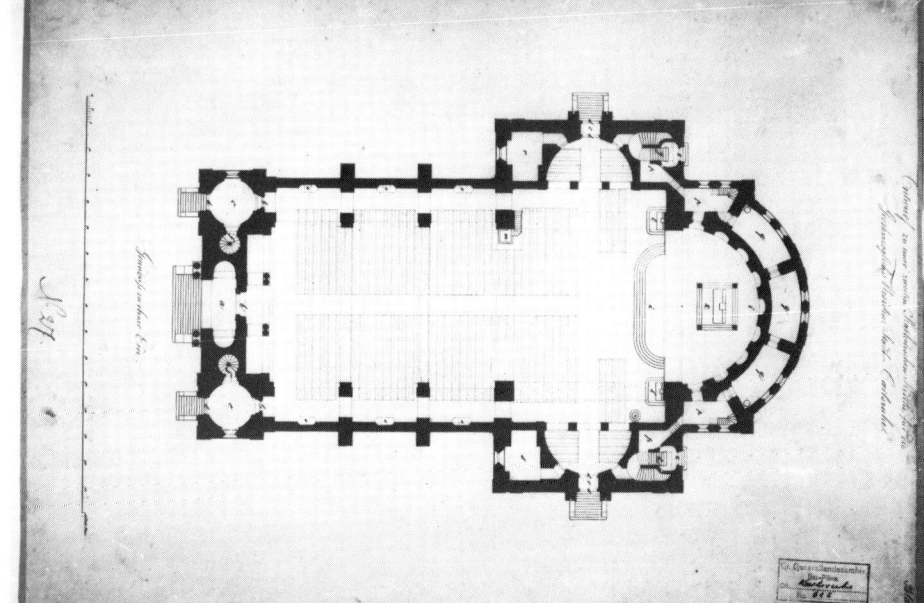

130
„Entwurf zu einer zweiten Katholischen Kirche für die Grosherzogliche Residenz Stadt Carlsruhe. / Blatt V. / Seiten Façade.", Tusche- u. Bleistiftzeichnung, Fenster angelegt, Karton mit Wz 1852, 47,0 × 62,6 cm. GLA, G K'he 628.

131
„Entwurf zu einer zweiten Katholischen Kirche für die Grosherzogliche Residenz Stadt Carlsruhe. / Blatt II / Grundriss zu ebner Erde.", Tuschezeichnung, angelegt, Karton mit Wz 1852, 61,4 × 44,6 cm. GLA, G K'he 625.

Heinrich Hübsch im Umgang mit historischen Bauwerken

Sein Verhältnis zur Geschichte hat uns Hübsch in seinen theoretischen Schriften dargelegt, in seinen Neubauten spiegeln sich die Konsequenzen wieder, die er aus diesen Theorien für seine Architektur gezogen hat. In Hübschs Werk finden wir aber auch einige Beispiele, die seinen Umgang mit historischer Architektur in der Praxis zeigen. Ich meine hier die Umsetzung der Tennenbacher Abteikirche als evangelische Ludwigskirche nach Freiburg, die Restaurierungsarbeiten und den Turmaufbau des Konstanzer Münsters, die Errichtung eines neuen Westbaues am Dom zu Speyer, die Restaurierungsarbeiten der Stiftskirche in Säckingen und die Umbauarbeiten an der Abteikirche in Neustadt am Main[1]. Allen diesen Arbeiten ist eines gemeinsam: sie zeigen – jedenfalls aus unserer Sicht – einen mehr oder weniger freien Umgang mit der historischen Bausubstanz, einen mehr oder weniger großen eigenen gestalterischen Anteil Hübschs. Besonders deutlich wird dieses am Westbau des Speyrer Domes. Hatte Ignaz Michael Neumann seine Aufbauarbeiten an dessen Langhaus 1772 noch mit einer gewissen „genialen Naivität" (Dehio) als reine Wiederherstellung verstanden, um dann im Westen einen Neubau hinzuzufügen, so verstand Hübsch seine Aufgabe als Wiederaufbau des ehemaligen Westbaues, der aber in „opulenten romanischen Stilformen"[2] zu verbessern sei.

Ein solcher Umgang mit historischen Bauten, ein Verbessern und Hinzufügen ist durchaus charakteristisch für das Geschichtsverständnis der ersten Jahrzehnte des 19. Jahrhunderts. Eine breitere wissenschaftliche Beschäftigung mit den Zeugen der Geschichte im Gefolge der Aufklärung und das sich verstärkende Nationalgefühl am Ende des 18. Jahrhunderts, das in den Freiheitskriegen deutlichen Ausdruck erhielt, führten zu einer Besinnung auf die vaterländischen Monumente und zunächst zu einem ungezwungenen Umgang mit ihnen. Wenn Karl Friedrich Schinkel von einer „mehr oder weniger antiquarischen Sucht", von der „Verwirklichung der freien Idee" und von der „Pflicht, die neue Gestaltung zu finden", spricht[3], dann liegt darin nicht nur eine Kritik des akademischen Klassizismus sondern auch die Forderung, die eigene Schöpfungskraft allem voranzustellen. Und dieser Grundsatz galt für seine und die folgende Generation von Baumeistern zunächst auch im Umgang mit den nationalen Monumenten – und darunter wurden in erster Linie die des Mittelalters verstanden –, insbesondere dann, wenn sie in ihrer ursprünglichen Gestalt beeinträchtigt waren und vermeintlich Schaden genommen hatten. Sie wurden bereinigt, wo spätere Zutaten Gestalt und Wirkung verändert hatten, sie wurden „verbessert" wo ihr Ausdruck dem Verständnis der Zeit entsprechend nicht erhaben genug war.

Bezeichnend für diese Haltung ist das Bekenntnis von Hübsch, das er im Zusammenhang mit seinen Arbeiten an der Ludwigskirche in Freiburg ein Jahr vor deren Einweihung 1838 mit voller Überzeugung ablegte: „Ich würde sicher eine Caricatur geliefert haben, wenn ich hier – von dem einseitigen Standpunkte des Antiquars ausgehend – jede zufällige Unregelmäßigkeit, jeden Stein als ein unantastbares Heiligthum angesehen hätte"[4]. Unregelmäßigkeiten wollte er nicht beibehalten, „um die Reinheit des Styls herzustellen"[4]. Das, was Hübsch in Zusammenhang mit seiner 1829 begonnenen Arbeit in Freiburg formulierte, wurde auch

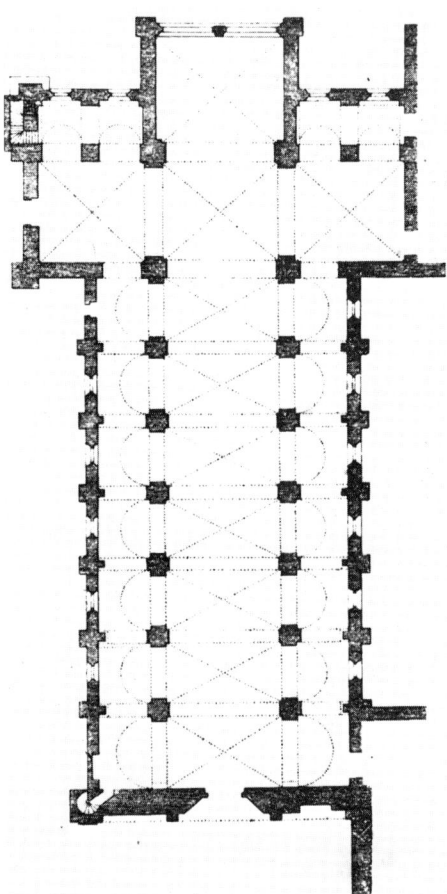

Ehem. Abteikirche Tennenbach, Bauaufnahme 1829

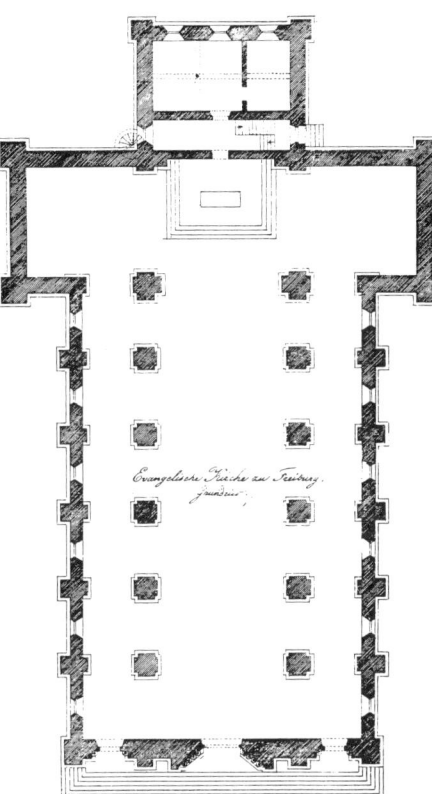

Ludwigskirche in Freiburg

Kat.-Nr. 134, 135

an anderen Orten vollzogen: Bei den von König Ludwig I. angeordneten, und ab 1828 durchgeführten „Wiederherstellungsarbeiten" am Bamberger Dom wurde dieser im Sinne der Reinheit und Ursprünglichkeit des Stiles „purifiziert"; die barocke Ausstattung wurde entfernt, zentnerweise wurden Kupfer und Bronze von Kandelabern, Altären und Denkmälern als Altmaterial verkauft[5]. Unter demselben Vorzeichen standen die Wiederherstellungsarbeiten am 1794 im Gefolge der Revolution verwüsteten Dom zu Speyer. Wenn Leo von Klenze 1819 nach einer Besichtigung des Bauwerkes „eine gewissenhafte Erhaltung alles alten und ursprünglichen des Gebäudes" forderte[6], so zeigt das, daß die Besinnung auf die nationalen Denkmale, die großen Baudenkmale des Mittelalters, zunächst Hand in Hand mit der Forderung nach ihrer Erhaltung in Ursprünglichkeit und Reinheit des Stiles ging.

Drei Beispiele in Hübschs Umgang mit historischen Bauwerken, die besonders charakteristisch für sein Verständnis der Geschichte sind, sollen im folgenden erläutert werden.

Nach dem Einzug des ersten Erzbischofs in Freiburg im Jahre 1827 sollte auch die bis dahin nur notdürftig untergebrachte evangelische Kirchengemeinde ein eigenes Gotteshaus erhalten. Auf Anregung von Weihbischof Burg sollte zu diesem Zwecke – wohl auch um Kosten zu sparen – die seit der Säkularisation im Jahre 1807 leerstehende und damit vom Verfall bedrohte ehemalige Abteikirche Tennenbach nach Freiburg versetzt werden. Hübsch, soeben in badische Dienste getreten, wurde 1828 mit der Begutachtung des Vorhabens und dann mit dem Bau betraut, Friedrich Eisenlohr (1805–1855), wie Hübsch Schüler von Friedrich Weinbrenner, fertigte im Frühjahr 1829 die Bauaufnahmepläne; mit dem Abbruch und dem Wiederaufbau in Freiburg wurde noch im selben Herbst begonnen[7].

Der als Ludwigskirche neuerstandene Bau zeigte (er wurde 1944 vollkommen zerstört) nun ganz erhebliche Unterschiede zur ehemaligen Klosterkirche, die Hübsch jedoch im Einzelnen erläutert[8]: Er wollte weder als „Antiquar" gelten noch „zufällige Unregelmäßigkeiten" übernehmen. Insbesondere verzichtete er auf die Wiederverwendung aller gotischen Ergänzungen des Baues: auf den Turm, auf das reich verzierte Chorfenster und die Fenster der Seitenschiffe sowie auf große Teile der Vorderfront. Alles das wurde von ihm im Sinne der Stilreinheit „byzantinisch", d. h. romanisch ersetzt bzw. ergänzt. Aus Gründen der Zweckmäßigkeit und der neuen Bestimmung der (jetzt evangelischen) Kirche, verzichtete Hübsch auch auf die Nebenchöre, trennte den Hauptchor als Sakristei durch eine Querwand ab, verkürzte den ganzen Bau um ein Joch, verbreiterte das Mittelschiff um vier Fuß und glich die Seitenschiffwölbung der des Mittelschiffes an. Alles dies geschah in einer Selbstverständlichkeit als Lösung der doppelten Aufgabe: ein nationales Monument bewahren und für einen neuen Zweck ein Gehäuse schaffen.

Vor einer gänzlich anderen Aufgabe stand Hübsch bei den Restaurierungsarbeiten am Konstanzer Münster seit 1844, die seiner Aufsicht unterstanden[9]. Einerseits hatte sich nämlich in den zurückliegenden Jahren ein klarer definiertes Verständnis von Denkmalpflege herausgebildet – darauf wird weiter unten noch einzugehen sein –, welches sich in einer Anordnung von 1845 derart niederschlug, „daß die Reparatur ... der ausgesprochen allerhöchsten Intention gemäß, sich in den Hauptformen wie im Einzelnen streng nach dem vorhandenen Alten richte"[10].

Andererseits stand Hübsch selbst den Werken gotischer Architektur seit den zwanziger Jahren mit zunehmender Abneigung gegenüber. Es seien „mehr Kunst-Stücke als Kunst-Werke", und er hatte den Eindruck, daß der gotische Baumeister sich in „Einzelheiten zersplittere, um an einem Bau möglichst viele und schwierige Meisterstücke der Steinmetzenkunst anzubringen". Ein gotisches Bauwerk war für ihn ein „stachlichtes confuses Aggregat"[11].

Zur Westfront des Konstanzer Münsters war eine grundsätzliche Entscheidung über die Gestalt des neuen Turmoberbaues gefordert. Zum Verständnis der Ausgangssituation seien zunächst kurz die wichtigsten Schritte ihrer Entstehung genannt: Für die bis gegen Ende des 14. Jahrhunderts errichteten unvollendeten Westtürme waren von Hans Böblinger 1435 zwei gotische Turmhelme entworfen, stattderen war aber zwischen 1495 und 1511 nur ein Mittelturm nach den Plänen seines Sohnes Lux errichtet worden[12]. Als dieser kurz vor seiner Vollendung niederbrannte beschloß zwar das Domkapital einen eintürmigen Wiederaufbau, aber man hatte offenbar gleichzeitig auch nochmals an die Errichtung einer Zweiturmfront gedacht. Die Arbeiten gediehen dann nicht weit über die breitgelagerte Plattform hinaus, so daß die Westfront fortan nur durch niedrige Helme und ein später hinzugefügtes Wachhaus in deren Mitte bekrönt war.

Als im Jahre 1851 über die Neugestaltung des Turmoberbaues zu entscheiden war, stand Hübsch der Sache offenbar zwiespältig gegenüber. „Der Ausbau der Hauptfacade war in architectonischer Beziehung eine sehr undankbare Aufgabe, weil hier zweierlei sehr verschieden gestaltete Parthien bereits vorhanden waren, wovon die eine nicht mehr mit der anderen in Harmonie gesetzt werden konnte. Von dem ersten – als romanische Basilika angelegten Bau – stehen noch zwei massige, fast fensterlose Thürme"[13]. Hatte Hübsch wohl im Sinne des „Ursprünglichen" an die Wiederherstellung einer Doppelturmfront durch den Bau zweier Turmhelme gedacht? Dem stand aber schon die deutliche Betonung der Mitte durch die zwei mit dem Bau von Lux Böblinger errichteten kräftigen Strebepfeiler entgegen. Und wie hätten die neuen Helme aussehen sollen? Ein „reiner Stil" war hier nicht mehr herzustellen, eine „Harmonie" konnte nicht mehr erzeugt werden. Das aber war für Hübsch die „architektonische Aufgabe". So konnte er auch mit dem zu errichtenden mittleren Turmhelm nicht zufrieden sein; er experimentierte herum; noch während des Baues wurde die Planung geändert, und dem Achtort des Helmes ein zweites Geschoß von 16 Fuß Höhe hinzugefügt[14].

Weit größere Möglichkeiten zur Verwirklichung seiner architektonischen Vorstellungen waren Hübsch bei den Westbauarbeiten am Dom in Speyer gegeben. Nicht nur, daß hier ein „nationales Monument" von wirklich überragender historischer, und das heißt eben auch politischer Bedeutung entsprechende Forderungen stellte, auch der „Bauherr" König Ludwig I von Bayern trachtete, dem Bau seine alte Größe und Erhabenheit wiederzugeben. Vor allen Dingen aber kam die Architektur des salischen Domes, kam sein Stil Hübschs Vorstellungen von einer künftigen Sakralarchitektur sehr entgegen.

Die Geschichte der Arbeiten am Speyerer Dom seit seiner ersten großen Zerstörung im Orleanschen Krieg 1689 ist oftmals und unter verschiedenen Aspekten dargestellt worden[15], so daß an dieser Stelle darauf verzichtet werden kann. Jedoch muß über einen Aspekt der Vorgeschichte der neuerlichen Planungen für

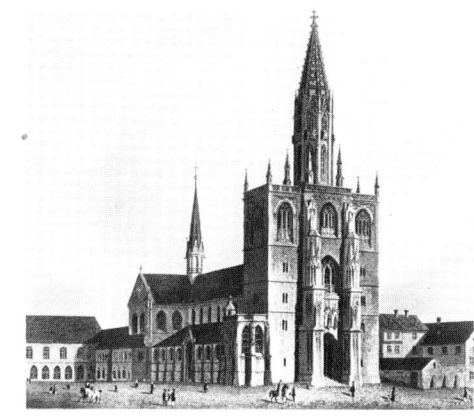

Münster in Konstanz, Turm von H. Hübsch

Dom zu Speyer, Zustand 1840

den Westbau in Speyer ab 1845 kurz berichtet werden: Der erste Schritt zu diesen Arbeiten war mit der Ausmalung des Dominneren und der Neumannschen Vorhalle durch Johann Schraudolph durch eine persönliche Initiative Ludwigs I. getan[16]. Den Kronprinzen Ludwig hatte es bei einer Romreise Anfang 1818 schon in den Kreis der Nazarener gezogen[17], und er fühlte sich besonders den Vorstellungen von Peter Cornelius über die künftige Aufgabe der Kunst zugetan. So holte er ihn 1819 nach München, und in der Folgezeit wurden in der Residenzstadt die neuen Kirchenbauten durch die Historienmaler Peter Cornelius und Heinrich Hess mit großen Bilderzyklen ausgeschmückt. Im Juli 1843 begab sich der König, begleitet durch Hess und Schraudolph, der in München als Gehilfe und Mitarbeiter von Cornelius und Hess tätig war, sowie durch seinen Architekten Friedrich von Gärtner, auf Reisen, um auch außerhalb der Residenz einen geeigneten Bau für eine entsprechende Bildausstattung auszuwählen[18]. Der Bamberger Dom, den er gerade erst von allen jüngeren Zutaten hatte „reinigen" lassen, stand zur Wahl und der Dom zu Speyer. Der Widerspruch, den wir zwischen Ludwigs früherem Befehl, „alle öffentlichen Kunstwerke, insbesondere Kirchen und andere Gebäude keine Veränderungen mehr erfahren" zu lassen und sie „in ihrer Originalität zu erhalten"[19], der Purifizierung des Bamberger Domes und der Überlegung, ihn nun mit Historienbildern auszustatten, erkennen mögen, existierte aber für Ludwig und seine künstlerische Umgebung nicht; eine solche Ausschmückung konnte nur eine Bereicherung des nationalen Monumentes sein. – Die Wahl zur Ausmalung fiel auf Speyer, wohl wegen der geeigneteren Wandflächen, die dann schließlich durch Abschlagen von Gesimsen und Vermauern von Fenstern noch vergrößert worden sind. Ludwig erklärte, aus dem Dom tretend, dem mit Kapitel und Regierungsbeamten in der Vorhalle wartenden Bischof: „Ich habe mich entschlossen, den Dom malen zu lassen – 1845 wird angefangen"[20].

Mit dieser Entscheidung trat der Dom neuerlich in das öffentliche Interesse; sein völliger Wiederaufbau unter Beseitigung des allenthalben als Unglück angesehenen Neumannschen Torsos im Westen beschäftigte in der Folgezeit viele Köpfe. August von Voit, der ab 1831 als Zivilbauinspektor in Speyer auch für die Bauunterhaltung des Speyrer Domes verantwortlich und 1841 als Nachfolger Gärtners zum Professor für Baukunst an die Akademie nach München berufen worden war, legte dem König 1845 seine Pläne vor und bewarb sich um die Übertragung der Aufgabe, wurde aber abgewiesen mit dem Hinweis, des Königs Vertrauen gehöre Gärtner, dem schon die Aufsicht über Restaurierungsarbeiten in Speyer seit 1840 oblag[21]. Daß Gärtner eigene Pläne für einen neuen Westbau in Speyer entwickelt hatte, ist wohl nicht anzunehmen. Dennoch wollte Hübsch, der sich nach späterem eigenen Bekunden bereits seit 1846 mit der Frage beschäftigte, „wie der westliche Theil dieses herrlichen Monuments … am schönsten in seiner ursprünglichen Gestalt und Vollendung hergestellt werden könnte", sich zu „Lebzeiten seines Freundes Gärtner" nicht mit eigenen Vorschlägen dem König „zudrängen"[22]. So verging noch eine Reihe von Jahren – Gärtner starb 1847, Ludwig dankte 1848 zu Gunsten seines Sohnes Maximilian II. ab – bis der Speyrer Bischof Nicolaus Weis 1852 Hübsch zur Erstellung eines Gutachtens über den Westbau aufforderte, das dieser am 4. November 1852 abgab, und in dem er die Grundgedanken und alle wesentlichen Details seiner Vorstellungen niederlegte[23]. Ob die Initiative auch diesmal wieder von Ludwig ausging wissen wir nicht, aber er blieb auch nach seiner Abdankung die treibende Kraft und hatte alle Mühe, die Vorstellungen Hübschs im Baukunstausschuß in München durchzusetzen und seinen Sohn Maximilian II, dem als Regenten die letzte Entscheidung zustand, zur Zustimmung zu bewegen. Auch mußten neuerliche Vorschläge Voits noch einmal negativ beschieden werden.

1854 wurde mit den Bauarbeiten an den westlichen Türmen begonnen, und 1855 legte Hübsch seine überarbeiteten Pläne für den Westbau vor, nebst einer „Erklärung zu dem Restaurationsplane des Kaiser Domes zu Speyer", die zusammen mit einer farbigen Lithographie für den „Verein zur Wiederherstellung der Vorderseite des Kaiserdomes in Speyer", d. h. um Spenden zur Finanzierung des Westbaues werben sollte[24].

Im Gutachten von 1852, in der Erklärung von 1855 und in zahlreichen Briefen Hübschs an Ludwig[25] sowie in einem Aufsatz von Rudolf Wiegmann im Deutschen Kunstblatt von 1855[26], in dem er die Vorstellungen Hübschs zur „Wiederherstellung des Domes zu Speyer" darstellt, finden wir nicht nur die Begründungen für viele – später oftmals kritisierte – Details des neuen Westbaus, wir spüren auch den Geist, aus dem sie gegeben waren. Der Neumannsche Westbau mit seiner „willkürlichen Abweichung von dem ursprünglichen Plane" und seinen „häßlichen Formen", seinen „unser Auge beleidigenden Auswüchsen einer sinn- und gedankenlosen Afterkunst" müsse weichen, „die Restauration ... im rein romanischen Style und nach seiner ursprünglichen Gestalt" sei „eine ästhetische Notwendigkeit". Dabei suche er sich „gewissenhaft an die ursprüngliche Hauptgestaltung zu halten" aber „von der Voraussetzung ausgehend, daß für die Hauptfacade wohl eine reichere Gliederung und Verzierung sich geziemt". Der vordere Giebel, von dem Hübsch wohl wußte, daß er dem salischen Bau nicht angehörte, sei notwendig, weil ohne ihn die Fassade „eher einen Palast, als eine Kirche mit hohem Mittelschiffe anzeigen" würde. „Die abwechselnde Quaderschichtung von rothem und gelbem Sandstein", die er von dem nördlichen Arm des Querhauses übernehme, habe er „noch ein wenig gesteigert, um die gar so festungsartige Einförmigkeit der Mauerflächen etwas zu beleben". Auch könnte das „an allen romanischen Kirchen beliebte große Radfenster" nicht gefehlt haben.

Hübsch war überzeugt davon, daß der neue Westbau „den größten Einfluß auf unsere Kirchenbauten ausüben" werde. „Er wird zeigen, daß der romanische (oder byzantinische) Baustyl, der eigentlich nur eine Fortsetzung ... des altchristlichen Baustyls ist, sehr würdige Kirchen hinstellte"[27]. Sich selbst sah er in seinem jahrelangen Streben um einen neuen Kirchenbau bestätigt: „Ich sehe dieß als den Glanzpunkt meiner Künstlerlaufbahn an, daß ich mit der Vollendung des würdigsten Monuments deutscher Vergangenheit betraut werden soll", schrieb er im März 1853 an Ludwig I.

Weitgehend war sich die Zeit einig darin, daß der Neumannsche Westbau in seiner torsohaften Form ein Fremdkörper sei und einem Neubau weichen sollte; er war nicht „alt und ursprünglich". Ein Neubau aber konnte sich nur an dem bestehenden „romanischen" orientieren, mußte verbessern und verdeutlichen und das Ganze zur „Vollendung" führen, so wie die Ausmalung durch Schraudolph ein Stück „Vollendung" des Kirchenbaues war[28].

Für Hübsch beruhte die Ableitung des neuen Westbaus aus dem „Romanischen"

Dom zu Speyer, salischer Westbau nach einer Zeichnung aus dem Jahre 1606

Kat.-Nr. 133

Dom zu Speyer, Westbau von H. Hübsch

Bestand heraus auf der geistigen Konzeption der Unteilbarkeit, der einheitlichen „Vollendung" des „würdigsten Monuments deutscher Vergangenheit"[29]. Eine „antiquarische" Rekonstruktion des salischen Westbaues mit seinen „Zufälligkeiten" wäre nach seiner Auffassung – und nicht nur nach seiner – dem Anspruch, daß „der Speyrer Kaiser-Dom noch viel mehr von allgemein deutscher Bedeutung ist, als der Cölner Dom", nicht gerecht geworden. Auch ist ein „antiquarischer", d. h. streng nach dem historischen Vorbild errichteter Neubau in seiner Zeit nicht denkbar, ebensowenig wie ein Neubau in stilistischer, d. h. geistiger Distanz zum erhaltenen Monument. Insoweit geht die Bewertung von Georg Dehio, der den Bau einen „mißbehaglichen Bestard" nennt, „weder archäologisch treu noch künstlerisch frei"[30], an der Sache vorbei. Sicher, Hübsch hatte sich mit diesem Bau ein ganzes Stück von den Prinzipien, die seinen bisherigen Werken zugrunde lagen, entfernt, hatte dem Romanischen Neu-Romanisches angefügt. Für den Theoretiker war der neue Rundbogenstil die zeitgemäße Weiterentwicklung des Altchristlichen, für den Konvertiten – Hübsch konvertierte 1850 nach schwerer Krankheit in Rom – war jetzt als Fortsetzung des altchristlichen der romanische Baustil in Deutschland der würdige Ausgangspunkt für den neuen Kirchenbau.

Gleichwohl wurde Kritik schon vor Vollendung des Westbaues laut, und nicht nur aus dem Kreis um die Münchner Baukunstkommission, deren Intrigen Hübsch fürchtete. Rudolf Wiegmann war zum Beispiel mit der Steigerung des Motives der abwechselnden roten und gelben Quaderschichten durch „übereckgestellte röthliche Quadratbinder in horizontalen und vertikalen Linien längs der Lissenen, Gurtungen und Fensterumrahmungen" ... „weniger einverstanden"[31]. Und Hübschs Freund und früherer Reisegefährte Johann Friedrich Böhmer fühlte sich bei der Fassade mehr an italienische Kirchen erinnert als an deutsche, beklagte, daß von der „älteren Originalfacade keine Ansicht bekannt" sei, und fragte, ob sich nicht doch irgendwo eine erhalten haben könnte[32]. Aus dieser Frage klingt ein für Hübsch untaugliches, ein „antiquarisches" Denkmalverständnis. Aber Böhmer hatte diese Frage schon früher aufgeworfen als er, 1853 zur Mitarbeit im Dombauverein aufgefordert, ablehnte mit dem Hinweis, „daß ich mich doch nicht geneigt (fühle), für den Ausbau der dortigen Domfacade mitzuwirken. Diese ist wegen der baulichen Erhaltung der Kirche nicht nöthig und wird auch nicht gleich der Bemalung auf die Massen wirken, sondern nur auf die Sachverständigen. Andererseits ist mir das künstlerische Schönthun mit kirchlichen Dingen, wie man es bei vornehmer Übercultur findet, ausnehmend zuwider"[33]. Außer der Kritik an der kirchlichen Baupolitik Ludwigs wird in diesen Sätzen ein neues Denkmal-, ein neues Denkmalpflegeverständnis deutlich, das sich in den zurückliegenden Jahren herausgebildet hatte. Neben die nationalgeschichtlich begründete Forderung nach Erhaltung alles „Alten und Ursprünglichen", wie sie etwa Klenze 1819 formuliert hatte, war eine zweite, eine kunstgeschichtlich-wissenschaftliche getreten, die sich z. B. in der Forderung des ersten preußischen Konservators Ferdinand von Quast nach Erhaltung sowohl des ursprünglichen Bauwerkes als auch seiner geschichtlich sprechenden Veränderungen widerspiegelt[34].

Mit einem solchen Denkmalverständnis war die Grundlage für unsere heutige Denkmalpflege gelegt, die ihre Wurzeln aber in der Vorstellung vom Nationaldenkmal, in den Altertums- und Geschichtsvereinen der einzelnen Länder und

Gemeinden und deren Zusammenschluß 1851 zu einem deutschen Gesamtverein hat, und die um die Mitte des Jahrhunderts zur Ernennung von staatlichen Konservatoren in einer Reihe von Ländern führte, von Ferdinand von Quast 1843 in Preußen, August von Bayer 1853 in Baden und Konrad Dietrich Haßler 1858 in Württemberg etwa[35].

Daß ein solches Denkmalpflegeverständnis aber auch einen Widerspruch in sich birgt, zeigt die bis heute andauernde Diskussion um den richtigen Umgang vor allen Dingen mit dem Baudenkmal. Schließt die Erhaltung des Ursprünglichen und der geschichtlich sprechenden Veränderungen zurückliegender Zeiten nicht die später geschichtlich sprechenden Veränderungen unserer Zeit aus? Und drängt nicht manche historische Veränderung das Ursprüngliche ungebührlich weit in den Hintergrund? Die Auseinandersetzungen um den Speyrer Dom in den folgenden Jahrzehnten bis hin zur großen Restaurierung 1957–1971 belegen die Spannungen dieser Widersprüche. Unsere Zeit hat die Schraudolphsche Ausmalung weitgehend entfernt, hat große Teile des barocken Wiederaufbaues und auch z. B. den auf Hübsch zurückgehenden Ostgiebel beseitigt und den Bau seiner „ursprünglichen" Gestalt wieder angenähert. Und es gab schließlich ernsthafte Stimmen, die den Westbau von Hübsch zugunsten einer „salischen" Rekonstruktion aufgeben wollten. Es wurde kontrovers diskutiert, mit Recht; und es wurde hier verändernd, dort erhaltend entschieden, und das ist gut so.

Der Widerspruch in der Natur der Sache fordert die ständige Auseinandersetzung, die immer neue Entscheidung. Die Entscheidung aber wird das Verständnis der Zeit widerspiegeln – nun, das ist leicht gesagt: Auch dieses hat seine Widersprüche. Der Sorge um das Alte, das unseren historischen Standort in Erinnerung hält, steht das notwendig Neue gegenüber. Es geht um den Ausgleich, es kann nicht das „Alles oder Nichts" geben. Das gilt für uns Heutige ebenso wie für das 19. Jahrhundert, dem man mit einem Vorwurf von dem „Schauplatz rigoroser Architekten-Denkmalpflege" nicht gerecht werden kann[36].   Wulf Schirmer

Anmerkungen

1 zusammengestellt bei Göricke, Kirchenbauten, a. o. 123 ff. – vgl. Valdenaire, Hübsch, a. o.

2 Albert Schwartzenberger, Der Dom zu Speyer, Neustadt a. d. H. 1903, Bd. 2, 321.

3 Karl Friedrich Schinkel, Entwurf zu einer Begräbniß Kapelle für Ihre Majestät die Hochselige Königin Luise von Preußen, in: Alfred von Wolzogen, Aus Schinkels Nachlaß, Bd. 3, Berlin 1863, 154 f.

4 Hübsch, Bauwerke, a. o. 13.

5 Cornelius Gurlitt, Die deutsche Kunst seit 1800, Berlin 1924, 189.

6 Franz Xaver Remling, Neuere Geschichte der Bischofe zu Speyer, Speyer 1867, 84, Anm.

7 Göricke, Kirchenbauten, a. o. 124 f. – Valdenaire, Hübsch, a. o. 34 f.

8 Hübsch, Bauwerke, a. o. 12 f.

9 Göricke, Kirchenbauten, a. o. 128 f. – Valdenaire, Hübsch, a. o. 48 f.

10 GLA 422/1551, vgl. Göricke, Kirchenbauten, a. o. 128.

11 Hübsch, Bauwerke, a. o. 3 f.

12 zum Stand der Forschung: Konrad Hecht, Hans Böblingers Konstanzer Pergamentriß, in: Ulm und Oberschwaben. Bd. 44; 1982, 253 f.

13 GLA 422/1552, vgl. Göricke, Kirchenbauten, a. o. 132.

14 Hecht, Böblinger, a. o. 263 f. – vgl. auch: Alexander von Knorre, Turmvollendungen deutscher gotischer Kirchen im 19. Jahrhundert, Köln 1974, 98 f.

15 vgl. Hans Erich Kubach, Walter Haas, Der Dom zu Speyer, München 1972.

16 Albert Verbeek, Zur spätnazarenischen Ausmalung des Speyerer Domes 1846–1854, in: 900 Jahre Speyerer Dom, Speyer 1961, 138 f.

133 Dom zu Speyer, Westbau von Heinrich Hübsch

17 Dort machte auch Hübsch erste Bekanntschaft mit Ludwig.

18 Verbeek, Ausmalung a. o. 141.

19 ebenda 140. – vgl. G. Lill, Denkmalpflege in Bayern, Bericht des Landesamtes für Denkmalpflege 1932/33, 10.

20 ebenda 141.

21 Hans-Jürgen Kotzur, Forschungen zum Leben und Werk des Architekten August von Voit, (Diss) Heidelberg 1977, Bd. 2, 194 f. – Oswald Hederer, Friedrich von Gärtner 1792–1847, München 1976, 212 f.

22 Bericht Hübschs an Bischof Weis vom 4. 11. 1852, BGHA III, Fasz. 87/4/2, oftmals zitiert.

23 ebenda. – vgl. Göricke, Kirchenbauten, a. o. 134 f.

24 vgl. Wulf Schirmer, Eine Skizze für eine Westfassade des Domes zu Speyer, in: Mitt.Hist.Ver. Pfalz, Bd. 67, 1969, 375 f.

25 vgl. Göricke, Kirchenbauten, a. o. 133 f.

26 Rudolf Wiegmann, Die Wiederherstellung des Domes zu Speyer, in: Deutsches Kunstblatt, 1855, 324 f.

27 Bericht 1852.

28 vgl. hierzu auch Michael Bringmann, Studien zur neuromanischen Architektur in Deutschland, (Diss) Heidelberg 1968, 23.

29 Schreiben an Ludwig vom 27. 2. 1853, – vgl. Göricke, Kirchenbauten, a. o. 138.

30 Georg Dehio, Geschichte der Deutschen Kunst, Berlin und Leipzig, Bd. 1, 1919, 116.

31 Wiegamnn, Wiederherstellung, a. o. 325.

32 Johannes Janssen, Böhmers Leben, Briefe und kleinere Schriften, Freiburg 1868, Bd. 2, 162. – wiedergegeben bei Göricke, Kirchenbauten, a. o. 146.

33 Janssen, Böhmer, a. o. 366. – Göricke, Kirchenbauten, a. o. 133.

34 vgl. zu Quast: Julius Kohte, Ferdinand von Quast (1807–1877), in: Deutsche Kunst und Denkmalpflege, 35. Jg. 1977, 114 f.

35 vgl. hierzu z. B. Hubert Krins, Die Gründung der staatlichen Denkmalpflege in Baden und Württemberg, in: Denkmalpflege in Baden-Württemberg, Sonderheft 2/1983, 34 f.

36 ebenda 41.

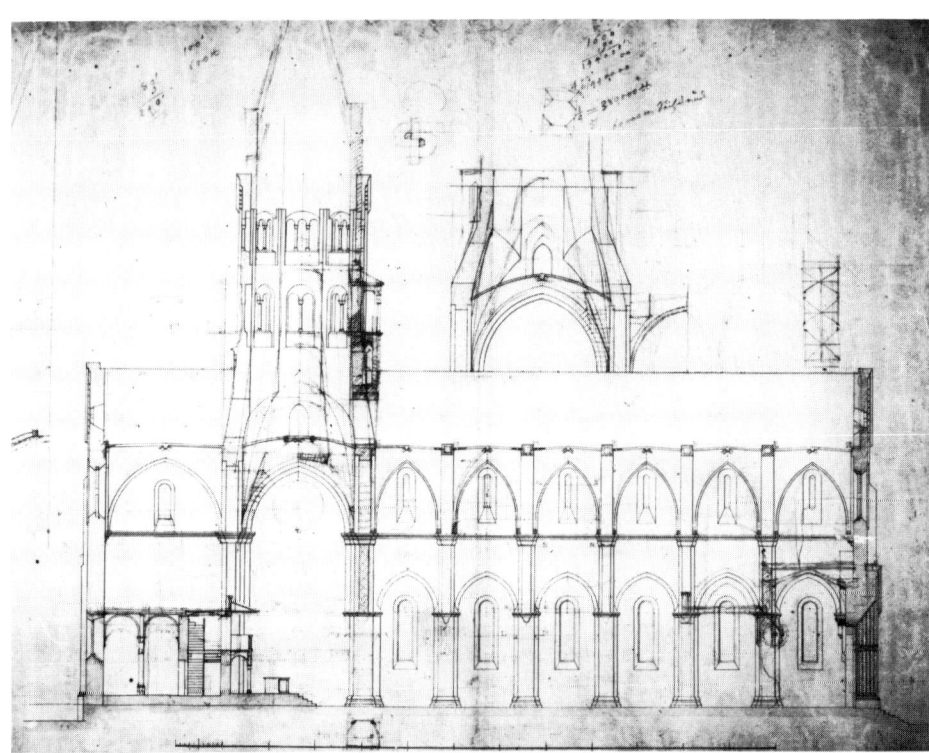

132
Ludwigskirche in Freiburg, Längsschnitt mit Varianten zum Turmansatz, Tuschezeichnung, angelegt, mit Bleistiftkorrekturen, Ingrespapier, 48,6 × 66,5 cm, gebunden in eine Mappe, bez. „Freiburg. / Pläne über die nach Freiburg überführte / Klosterkirche von Thennenbach. / 1821.". GLA, G Freiburg 12.

133 (Farbtafel S. 180/181)
Dom zu Speyer mit neuem Westbau von Hübsch, perspektivische Außenansicht. Farbige Lithographie, in: Altchristliche Kirchen, Tafel 51.

134
Kloster Tennenbach, perspektivische Vorderansicht, sign. C. Frommel / 1825.", Pinsel in Sepia über Bleistift, laviert, Karton, 40,3 × 52,4 cm. SKK, PKI 553-5.

135 (rechte Seite)
„Evangelische Kirche zu Freiburg. Hh aedif. 1829.–38. / (Wurde von Kloster Thennenbach nach Freiburg versetzt.) / Hübsch inv.", Lithographie, in: Bauwerke, 1. Folge, Tafel 3 (Ausschnitt).

Evangelische Kirche zu Freiburg i/h. aedif. 1829–38.
(Wurde von Kloster Thennenbach nach Freiburg versetzt.)
Hübsch inv.

Heinrich Hübsch als Konstrukteur

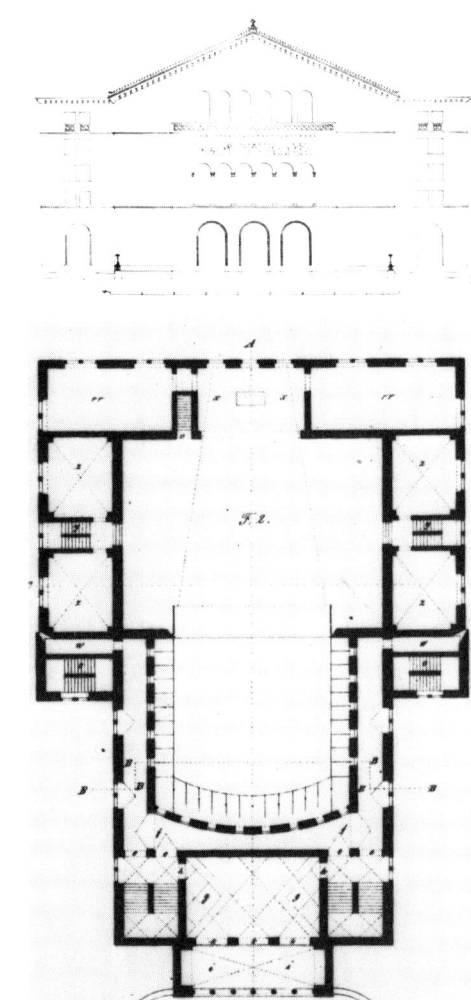

Zu Beginn des 19. Jahrhunderts treten erstmals in der Baukonstruktion Theorie, Experiment und Praxis in eine enge Wechselbeziehung. Die theoretische Mechanik, zuvor eine Wissenschaft ohne Verbindung zur Baupraxis, war seit der Mitte des 18. Jahrhunderts für die Lösung praktischer Aufgaben herangezogen worden[1]. Nun begründen C. A. Coulomb[2] und L. Navier[3] die Baustatik als wissenschaftliche Grundlage für die Bemessung und Formgebung von Bauwerken. Die neuzeitliche Baukonstruktionslehre entsteht[4].

Die Einführung der abstrakt-wissenschaftlichen Denkweise in die Baukunst, aber auch die völlig neuen Möglichkeiten des Baustoffs Eisen, der nun in großen Mengen zur Verfügung steht, regen das konstruktive Denken ungemein an. Die Beschäftigung mit bautechnischen Fragen spiegelt sich in zahllosen Veröffentlichungen wieder. In diesem Prozeß, der zu einer Aufspaltung des Berufs des Baumeisters in den des Ingenieurs und den des Architekten führt, sind es zunächst vor allem Architekten wie Heinrich Hübsch, Georg Moller und Georg Ludwig Friedrich Laves, die mit neuen Vorschlägen und Überlegungen die weitere Entwicklung anregen.

Mit dem Fischbauchträger von Laves und der Netzwerkkuppel über dem Mainzer Dom von Moller entstehen wegweisende Tragwerksformen, die bereits weitgehend optimiert sind[5]. Die beiden wichtigsten konstruktiven Neuerungen von Heinrich Hübsch, die in diesem Zusammenhang zu nennen sind, sind sein Entwurf einer eisernen Dachkonstruktion für ein Theater und seine Erfindung einer neuen Methode zur Formbestimmung von Wölbkonstruktionen.

Den „Entwurf zu einem Theater mit eiserner Dachrüstung" stellte Hübsch 1825 in einer besonderen Buchveröffentlichung vor. Die Ausführung des gesamten Dachtragwerks in Eisen sollte die Brandgefahr mindern. Da Eisen noch ein sehr teurer Baustoff war, entwickelte Hübsch eine materialsparende Konstruktion, die gleich mehrere Neuerungen aufwies. „Die Festigkeit meiner Construction beruht nicht auf einer allzugroßen Genauigkeit der einzelnen Stücke; dieselben sind überdies ganz einfach, und die kostspielige Verbindungsart durch Schrauben ist gänzlich vermieden. Die hauptsächliche Ersparung aber besteht darin, daß die Dachrüstung zum größten Theil aus Eisendraht construirt wird, welcher bekanntlich in neueren Zeiten mit so außerordentlichem Vortheil bei Brücken angewendet worden, und hier nicht weniger vortheilhaft ist"[6].

Neu an der vorgeschlagenen Konstruktion war zunächst, daß die Dachfläche aus einem Drahtnetz bestehen sollte. Zwischen steife eiserne Sparren mit 3 m Abstand sollten anstelle der Pfetten Drähte gespannt werden, „welche von Sparren zu Sparren flache Kettenlinien bilden ... und diese werden wieder in die Quere mit schwächeren Drähten durchflochten"[7]. Das so gebildete Netz mit einer Maschenweite von 30 × 60 cm sollte mit Kupferblech oder Ziegel eingedeckt werden. Nach Hübschs Berechnungen wäre für diese Netzkonstruktion im Vergleich zu steifen Eisenpfetten nur der achtzigste Teil des Materials (und der sechsunddreißigste der Kosten) erforderlich gewesen.

Hübsch erwähnt, daß noch während seiner Arbeit an diesem Entwurf auch Wiebeking – allerdings ohne nähere Angaben – den Vorschlag gemacht habe, bei

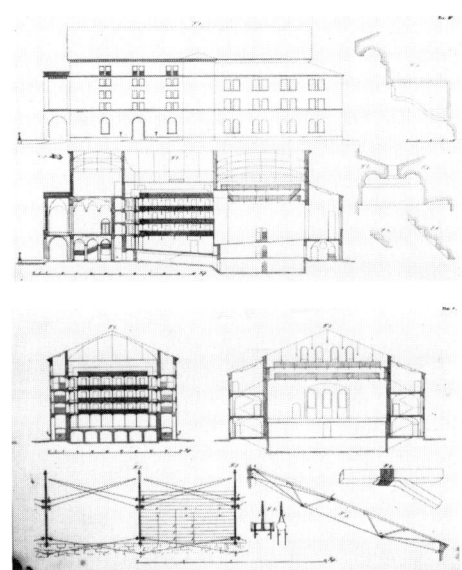

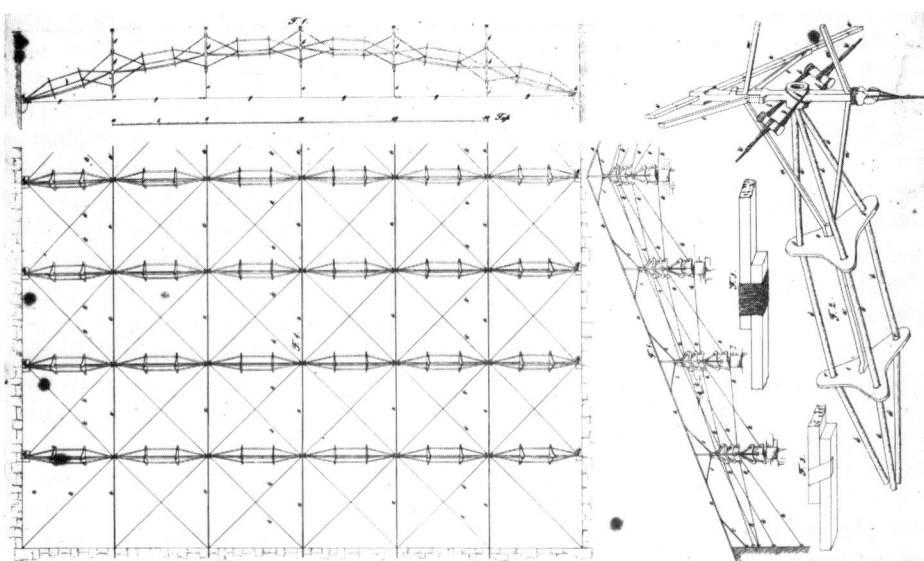

Entwurf zu einem Theater mit eiserner Dachrüstung, Tafel II–VI

Theaterdächern anstelle der Pfetten Drähte zu spannen[8]. Nicht bekannt war ihm offensichtlich, daß nur kurz zuvor, im Dezember 1824, der österreichische Ingenieur Friedrich Schnirch ebenfalls den Entwurf eines Theaters mit eisernem Hängedach veröffentlicht hatte[9].

Die Originalität von Hübschs Entwurf beschränkt sich jedoch keineswegs auf die Anwendung des Hängeprinzips. Eine neue konstruktive Lösung stellt auch die Ausbildung der Dachsparren über den Anbauten des Theaters dar. Sie bestehen aus schmiedeeisernen Vierkantstäben, die mit einem Drahtseil unterspannt sind – meines Wissens das früheste Beispiel eines unterspannten Balkens überhaupt[10].

Mit den seilverspannten Bogenbindern der Dächer des Bühnenhauses und des Zuschauerraums erfand Hübsch eine Konstruktionsweise, deren Möglichkeiten erst in jüngster Zeit wieder erkannt und genutzt worden sind. Zugrunde liegt das Konstruktionsprinzip, das auch Moller bei der Entwicklung seiner Gitterwerke befolgte[11]: Die Bögen sind aus möglichst kurzen Druckstäben zusammengesetzt, „weil nämlich die Stärke der Streben im umgekehrten Verhältnisse der Quadrate ihrer Längen und im geraden der Biquadrate ihrer Durchmesser stehen"[12].

Die Bogenbinder des Bühnendachs (Spannweite 18 m) verlaufen parallel zum First, diejenigen des Zuschauerraums quer dazu. Jeder Bogen besteht aus sechs Stücken, die gelenkig miteinander verbunden sind. Die jeweils drei schmiedeeisernen Rundstäbe jedes Bogenstücks werden von zwei dreieckigen gußeisernen Platten zusammengehalten. Die zusammengebogenen Stabenden stecken in trichterförmigen Vertiefungen der senkrechten Stäbe, die über die Bogen hinausragen und die eisernen Dachsparren tragen. Es „bedarf keines weiteren Zusammenhaltes: denn die Enden der Stangen pressen sich von selbst zusammen, und die trichterförmige Vertiefung … dient mehr dazu, das Ausgleiten der ganzen

185

Strebe zu verhindern, als das Auseinanderfallen der drei einzelnen Stangen. Die Löcher in den Dreiecken brauchen nicht eng anzuschließen, weil die Stangen nur nach außen drücken. Daher müssen die überstehenden Ecken so stark sein, um diesem Druck zu widerstehen"[13].

Die Bogenbinder werden durch ein Zugband zusammengehalten, das den Bogenschub aufnimmt, und sind mit Drahtseilen gegeneinander verspannt. Eine weitere Aussteifung hätten die Dreiecksverbände der Streben bewirkt, welche die senkrechten Stäbe in ihrer Lage halten sollen.

Der Idee nach stellt die ganze Konstruktion bereits eine Art von Tensegrity-System dar. Sicherlich wäre sie in dieser Form nicht realisierbar gewesen. Manche Details, wie die Anschlüsse mit Drahtwickelungen, sind noch nicht gelöst. Die Anordnung der Seilverspannung trägt nicht der ungleichen Lastverteilung Rechnung, die durch die Form der Bögen – flache Kreissegmente – bewirkt würde. Immerhin aber demonstriert dieser Entwurf erstmals, daß mit relativ dünnen Druckstäben und räumlichen Seilverspannungen leichte und steife Tragwerke gebaut werden können.

Erwähnt sei noch, daß der Schnürboden und die Decke des Zuschauerraums aus horizontalen Drahtnetzen bestehen sollten, die von der Dachkonstruktion abgehängt waren.

Der Architekt Heinrich Hübsch verschreibt sich dem Teufel, Karikatur in Anspielung auf seine gewagten Gewölbekonstruktionen, M. v. Schwind

1838 veröffentlichte Heinrich Hübsch eine fünf Jahre zuvor entwickelte „Methode zur Bestimmung der erforderlichen Bogen- und Widerlags-Stärken bei jeder Gattung und Zusammenstellung von Gewölben mittelst eines graphischen Verfahrens"[14]. Die Methode basiert letztlich auf der Entdeckung Robert Hookes, daß die Kettenlinie durch ihre Umkehrung zur Auffindung optimaler, nur auf Druck beanspruchter Wölbkonstruktionen dienen kann[15]. Mit der Kettenlinie wird diejenige Kurve bezeichnet, die eine an beiden Enden hängende Kette oder Schnur unter Eigengewicht beschreibt. Ebenso wie bei der hängenden Kette nur Zugkräfte auftreten, treten bei Bögen und Gewölben, die der auf den Kopf gestellten Kettenlinie folgen, nur axiale Druckkräfte auf. Aus einigen Andeutungen geht hervor, daß Hübsch sich mit verschiedenen Abhandlungen zu dieser Wölbungstheorie, die übrigens zeitweis heftig umstritten war[16], befaßt hat. Genauere Angaben fehlen leider.

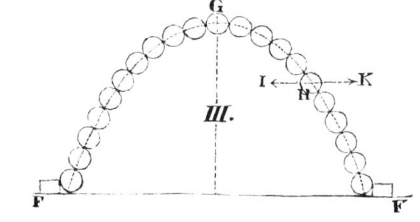

Darstellung der Stützlinientheorie

Hübsch demonstriert zunächst das Prinzip der Umkehrung der Kettenlinie mit den Steinen eines Damespiels, die, auf einer zunächst waagerechten, dann in die Senkrechte gedrehten Fläche bogenförmig nach der Kettenlinie angeordnet, in labilem Gleichgewicht verharren müßten. Er erklärt dann, daß nicht nur die Stützlinie der Wölbung selbst, sondern auch diejenige des Widerlagers bestimmt werden müsse und daß außerdem die „gemeine" Kettenlinie mit der Stützlinie der meisten Wölbkonstruktionen nicht übereinstimme, weil diese nur selten durchgehend gleich dick und schwer seien. Die mathematische Ermittlung der Kettenlinie lehnt er für die Baupraxis als zu kompliziert ab. Sie sei im Entwurfsprozeß, in dem architektonisch-künstlerische und konstruktive Gesichtspunkte schrittweise aufeinander abgestimmt werden müßten, viel zu zeitraubend: „Diese Schwierigkeit quälte mich lange, bis ich mir endlich ein graphisches Verfahren ausdachte, wel-

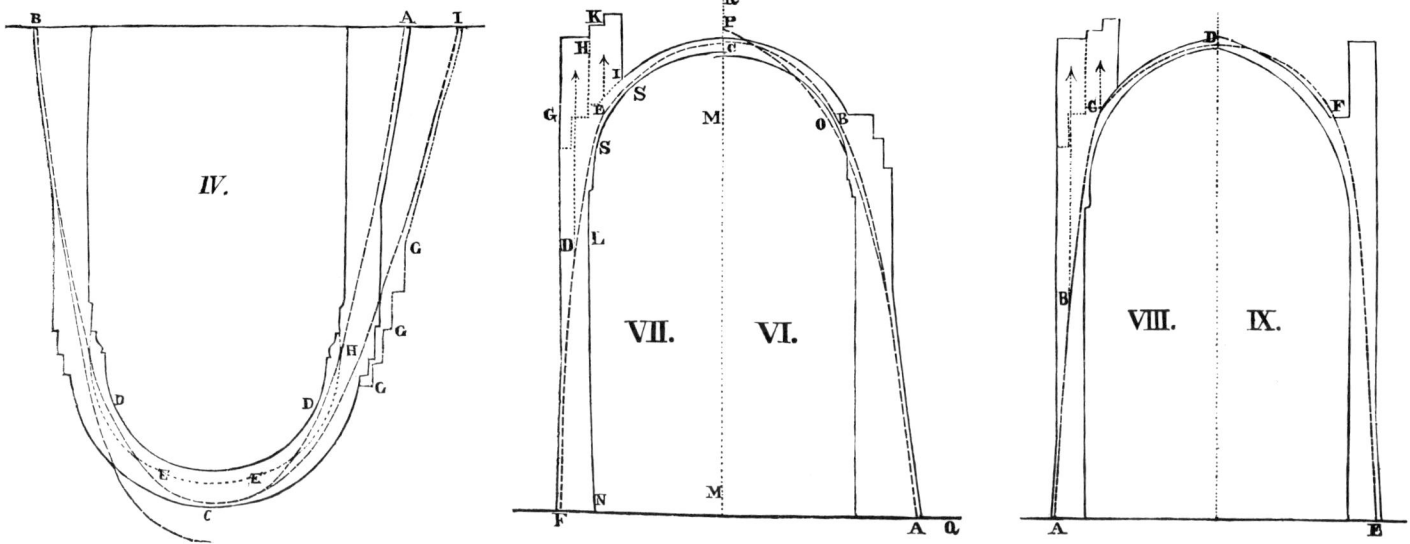

Untersuchungen verschiedener Wölbformen u. -Konstruktionen mit Hilfe von Hängemodellen

ches zwar keine streng geometrische Construction, aber so einfach als untrüglich ist. Ich ... bediene mich nun dieser Methode (deren meines Wissens noch nirgends anderwärts erwähnt ist) mit großem Vortheil bei meinen Entwürfen zu gewölbten Gebäuden. Ich finde hierin ein sicheres Mittel, um in ganz kurzer Zeit das Profil eines Gebäudes so zu gestalten, daß mit dem Minimum von Material und mit möglichster Schonung der Räumlichkeit die Aufgabe gelöst werden kann"[17].

Hübsch heftete an ein senkrecht stehendes Zeichenbrett auf dem Kopf stehende Schnittzeichnungen. Über die Zeichnungen hing er Schnüre, die in regelmäßigen Abständen mit kleinen Schlingen versehen waren. In die Schlingen wurden Gewichte gehängt, die dem Gewicht des jeweiligen Wölbungsabschnitts entsprachen. Mit Hilfe dieser einfachen Hängeversuche änderte und verbesserte er die Formen seiner Entwürfe und simulierte bestimmte Lastfälle bis zum Einsturz. Er galt als eingetreten, wenn die Schnurkurve aus dem Gebäudeprofil (Wölbung, Pfeiler und Widerlager) heraustrat. Die detaillierten Beschreibungen einzelner Versuche belegen die Effektivität der neuen Formfindungsmethode. So führt Hübsch vor, wie gemauerte Auflasten am Wölbungsfuß, die den Wölbungsschub in die Senkrechte umlenken, schlankere Konstruktionen (bzw. weiter gespannte Wölbungen oder insgesamt höhere Bauten) ermöglichen.

Kat.-Nr. 109–131 Nach seiner Formfindungsmethode entwarf Hübsch mehrere Kirchen (Bischofskathedrale in Rottenburg, Kirche in Bulach bei Karlsruhe, katholische Kirche und evangelische Kirche in Karlsruhe, Kirche in Bietigheim). Für den ersten Bau, die Kat.-Nr. 109–115 Kirche in Bulach, errichtete er zunächst einen Versuchsbau im Maßstab 1 : 2 und nahm eine Reihe von Belastungsversuchen vor – auch das wohl eine Neuheit. Die Ziegelwölbung des Versuchsbaus war 10 m hoch und 45 cm dick und stand etwa 1/2 m vor einem Gebäude, von dessen Fenstern aus die Belastungsversuche

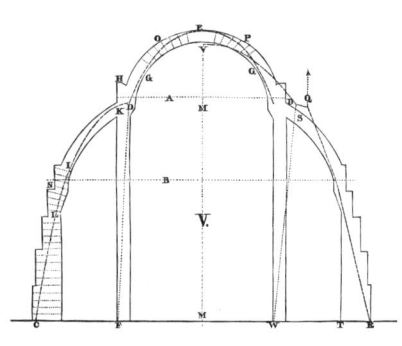
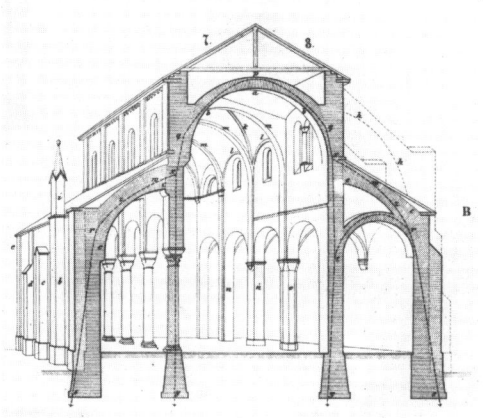
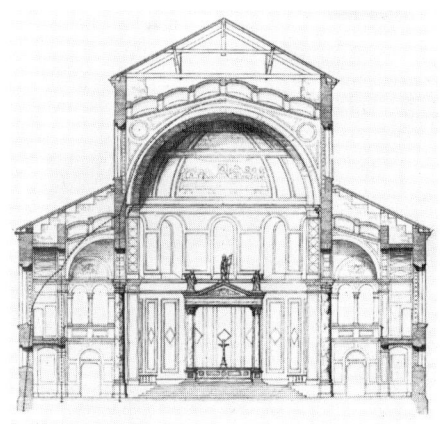

überprüft werden konnten. Sie ergaben, daß beim Hauptbogen die Scheitellast maximal ein Achtel seines Eigengewichts betragen konnte, während die gesamte Konstruktion einer flächigen Belastung des ganzen Hauptbogens von maximal einem Drittel seines Eigengewichts standhielt.

Genauere Vorstellungen von den Belastungen, die bei diesem Modellversuch zur Erzielung wirklichkeitsnaher Ergebnisse erforderlich gewesen wären, fehlten noch. Die Beobachtung des Versuchs ermöglichte es Hübsch jedoch offensichtlich, mit Hilfe seines konstruktiv-statischen Gefühls und seiner praktischen Berufserfahrung zu einer richtigen Beurteilung zu kommen. Außerdem waren bei der Formfindung des Versuchsbaus die Lastannahmen für das Hängemodell vereinfacht worden: Die durch das äußere Profil gehende Schnur war durchgehend mit gleichen Gewichten beschwert (und die Schnüre innerhalb der Pfeilerprofile erhielten wegen der Schlankheit der Pfeiler gar keine Gewichte). Hübsch erhielt damit, wie er betont, eine Sicherheitsreserve für die Standfestigkeit des ausgeführten Baus durch das Gewicht der Übermauerungen der Widerlager und das der Dächer darüber, die im Hängeversuch unberücksichtigt blieben. Sie mußten eine Verbesserung des Tragverhaltens bewirken[18].

Bei der Einwölbung der Bulacher Kirche verwendete Hübsch ein neuartiges Wölbsystem aus flachen, zur Mitte ansteigenden Quertonnen[19], die keinerlei Schub auf die Außenmauern ausüben. Die Gurtbögen verdicken sich an der Oberseite zum Scheitel hin, damit die Stützlinie nicht zu nahe an den Bogenrand gerät. Die Bögen und die Aufmauerungen, die die Hauptbalken des Dachs tragen, sind zur Gewichtsverminderung hohl gemauert.

Auch bei der Erfindung der eben beschriebenen Formfindungsmethode hatte Hübsch, ohne es zu ahnen, bereits Vorläufer. Schon 1748 hatte Giovanni Poleni mit einem ähnlich einfachen, mit Gewichten belasteten Hängemodell die Standfestigkeit der Peterskuppel in Rom überprüft[20]. 1772 hatte J. E. Silberschlag sogar schon vorgeschlagen, beim Entwurf von Kirchengewölben dreidimensionale Hängemodelle aus Netzen zu verwenden[21]. Dennoch bleibt Hübsch der erste, der diese Methode konsequent beim Entwurf von Wölbkonstruktionen angewendet hat. Die damit erreichbare Formoptimierung ermöglichte bedeutende Materialeinsparungen. Auf das Erscheinungsbild von Hübschs Bauten wirkte sich das neue Entwurfsverfahren freilich nicht aus. Entsprechende formale Schlußfolgerungen zu ziehen, blieb anderen vorbehalten: in der Theorie dem Außenseiter Wilhelm Tappe, der bereits zwei Jahrzehnte früher gefordert hatte, alle Gebäude nach der Kettenlinie zu wölben[22]; in der Praxis Antoni Gaudi, der erstmals bei der architektonischen Gestaltung den experimentell ermittelten Konstruktionsformen folgte.

Rainer Graefe

Anmerkungen

1 Als früheste Beispiele gelten die in den Jahren 1742–43 durchgeführten statischen Untersuchungen der Peterskirche in Rom von Le Seur, Jacquier und Boscovich und von Poleni (Hans Straub, Die Geschichte der Bauingenieurkunst, Basel/Stuttgart 1964, 146 f.)

2 C. A. Coulomb, Essais sur une application des règles de maximis et minimis à quelques problèmes de statique relatifs à l'architecture, 1773.

3 L. Navier, Resumé des leçons données à l'école des ponts et chuassées sur l'application de la mécanique à l'établissement des constructions et des machines, 1826.

4 beispielsweise: W. Gilly, Handbuch der Landbaukunst, 1797; J. B. Rondelet, Traité théorique et pratique de l'art de bâtir, 1812 f.

5 vgl. Straub, a. o., Einleitung, 179 f.; Christian Schädlich, Das Eisen in der Architektur des 19. Jahrhunderts, Habilitationsschrift der Fakultät Architektur der Hochschule für Architektur und Bauwesen Weimar, 1966 (Typoskript), 49 f.

6 Heinrich Hübsch, Entwurf zu einem Theater mit eiserner Dachrüstung, Frankfurt am Main 1825, 19.

7 ebendort.

8 ebendort 25, Anmerkung.

9 Friedrich Schnirch ließ sich seine Hängedachkonstruktion 1825 patentieren und

wandte sie in den folgenden Jahren bei einigen Wohnhäusern an, von denen eines erhalten ist. (Ivo Hruban, Suspension roofs for housing and civic buildings invented in Czechoslovakia 1824, in: Zbornik. Vlaknové Konstrukcie, Bratislava 1975, 5 f.).

10 William Fairbairn entwickelte 1830 unterspannte Gußeisenträger (W. Fairbairn, Der eiserne Träger, Braunschweig 1859, 45 f.). R. Wiegmann wies 1839 in seiner Schrift „Über die Konstruktion von Kettenbrücken nach dem Dreiecksystem und deren Anwendung auf Dachverbindungen", in der verschiedene unterspannte Balkenkonstruktionen vorgestellt werden, im Vorwort nachdrücklich auf die Erfindung von Hübsch hin.

11 vgl. Chr. Schädlich, a. o. 50.

12 Hübsch, Theater, a. o. 19.

13 ebendort 23.

14 Heinrich Hübsch, Bau-Werke, Karlsruhe 1838, 40 f.

15 Rainer Graefe, Kettenlinie und Stützlinie, in: Baukultur 1/1983, 4 f.

16 vgl. etwa: Carl Friedrich Meerwein, Beytrag zur richtigen Beurteilung der Eigenschaften und der Wirkungen der Gewölbe, Frankfurt am Main 1802, 193 f. – Schinkel klagte noch in den Notizen für ein Architektonisches Lehrbuch: „Das Schwierigste scheint die Ausmittlung der Gewölb-Stärke u der Stärke der Wiederlagen, nach anschaulich statisch u ästhetischen Principien. Die mathematischen Theorien helfen

hierzu nicht vollkommen, denn was die Wissenschaft heraus bringt wird nicht immer der unmittelbaren Anschauung einleuchtend ohne vorhergegangene Reihe von Begriffen u übrigens sind die Theorien der Gewölbe noch sehr schwankend und vielfältig" (G. Peschken, Das Architektonische Lehrbuch, Berlin 1979, 55).

17 Hübsch, Bau-Werke, 44.

18 ebendort, 46 und 54. Zum Hängeversuch für die Bischofskathedrale in Rottenburg bemerkt Hübsch: „Der Quer-Durchschnitt ist ganz nach denselben Grundsätzen, wie jener der Bulacher Kirche construiert; doch konnte hier den Pfeilern, vermöge der großen senkrechten Belastung, welche das Gewicht des 58 Fuß breiten Mittel-Schiff-Gewölbes auf sie ausübt, füglich der Widerstand gegen den Seiten-Schub der die Tribünen tragenden Gewölbe zugemuthet werden, wie man sich durch die Anwendung der beschwerten Schnur überzeugen wird" (Bau-Werke, 58).

19 zu möglichen Vorbildern: Joachim Göricke, Die Kirchenbauten des Architekten Heinrich Hübsch, (Diss) Karlsruhe 1974, Anm. 142.

20 R. Graefe, a. o. 7.

21 Joh. E. Silberschlag, Ausführliche Abhandlung der Hydrotechnik oder des Wasserbaus, Leipzig 1772/73, 265.

22 Wilhelm Tappe, Darstellung einer neuen äußerst wenig Holz erfordernden und höchstfeuersichern Bauart, 8 Hefte, Essen und Duisburg 1818–1823.

Die Darstellung der Bauten Heinrich Hübschs in seinen Publikationen und ihre Zeichner

Einen großen Teil seiner kirchlichen und profanen Großbauten hat Hübsch zu Lebzeiten selbst publiziert. Im September 1838 erschienen zwei Hefte der „Bauwerke von Heinrich Hübsch" in einem ca. 65 × 51 cm messenden Großformat „mit einem besonderen Text in Quart", der die Erläuterungen enthält. Der Tafelband umfaßt nach einem Dedikationsblatt und einem Vorwort des Verfassers zwölf lithographierte Tafeln, die „lauter öffentliche und vorzugsweise die neuesten Gebäude" darstellen, wie Hübsch im Vorwort erläutert.

Die Tafeln zeigen – von drei offenbar später eingefügten, ausgesprochenen Schaublättern abgesehen – eine sehr schlichte, einfach die rein lineare Bauzeichnung umsetzende Art der Darstellung. Die orthogonalen Grundriß-, Ansichts-, Schnitt- und Detailzeichnungen werden ergänzt durch wenige, ebenfalls als schlichte Strichzeichnungen gegebene perspektivische Innenraumdarstellungen. Kat.-Nr. 24, 39, 91

Hübsch glaubt in seinem Vorwort ausdrücklich auf die durch Verwendung echter Backsteine und Quader erzielte „monumantale Opulenz" seiner Bauten hinweisen zu müssen, damit sie „in ihrer prunklosen Darstellung nicht allzusehr gegen die Eleganz und einschmeichelnde Behandlung, womit jetzt gewöhnlich architektonische Entwürfe publicirt werden, im Nachteil stehen".

Die Mehrzahl der Blätter stammt von Hübschs Schüler Jakob Hochstetter[1], dem späteren Bauleiter des Bulacher Kirchenbaus. Sieben der zwölf Tafeln sind von ihm signiert und in den Jahren 1837/38 entstanden (Tafeln 1, 2, 4, 5, 7, 10, 12), ebenso mag die einzige nicht signierte Tafel 11 mit dem Mannheimer Zollgebäude ihm zugeschrieben werden. Eines der Blätter, Tafel 6, mit verschiedenen Dorfkirchen ist signiert „Ziegenhain/Ingenieureleve gez.", zeigt aber die gleiche Darstellungstechnik wie die anderen Blätter.

Drei perspektivische Schaublätter (Tafeln 3, 8 u. 9) fallen völlig heraus mit ihrer wahrhaften „Opulenz" – nun auch in der Darstellung. Die Tafeln 8 und 9, Außen- bzw. Innenperspektiven der projektierten Kathedralkirche zu Rottenburg, sind „F. Eisenlohr" signiert. Die Tafel 3, die Ludwigskirche in Freiburg darstellend, ist nicht signiert, aber mit der sehr malerischen Darstellung der Rottenburg-Tafeln so übereinstimmend, daß an der Autorschaft Eisenlohrs kein Zweifel bestehen kann. Kat.-Nr. 122, 123
Kat.-Nr. 135

Friedrich Eisenlohr, Schüler von Christoph Arnold in Freiburg und später von Weinbrenner, war unter Hübschs Leitung maßgeblich an der Translozierung der Tennenbacher Klosterkirche als Ludwigskirche nach Freiburg beteiligt. Später Nachfolger Hübschs am Polytechnikum wird er vor allem als Architekt der Bauten für die badischen Staatsbahnen bekannt[2]. Mit Hübsch verband ihn ein religiös motiviertes, starkes Interesse am Kirchenbau, den er allerdings im gotischen Sinne erneuern wollte.

Eisenlohrs repräsentative Lithographien in Hübschs „Bauwerken" zeigen die Bauten in betonter Körperhaftigkeit. Bei den Außenperspektiven wird diese durch die starke Schrägansicht noch unterstrichen; kräftige Schlagschatten steigern die monumentale Wirkung. Die sehr malerische Auffassung dieser Blätter verzichtet auf eine starke Linierung der Gebäudekanten. Diese werden mehr durch das Zusammenstoßen verschieden schattierter Flächen erzeugt, wodurch ganz weich modulierte Übergänge entstehen. Trotz der malerischen Darstellungstechnik – bewegter Wolkenhimmel, Reflexe auf den Wandflächen – ist gleichzeitig eine hohe Detailgenauigkeit vor allem bei der Bauornamentik erreicht.

Kat.-Nr. 137
Kat.-Nr. 136

Eine drei Hefte umfassende zweite Folge seiner „Bauwerke" publizierte Hübsch 1850. Sie enthält im ersten Heft fünf Tafeln zur Kunsthalle in Karlsruhe und ein Blatt zur Kirche in Bulach, im zweiten Heft vier Blätter zur Trinkhalle in Baden-Baden und zwei Blätter zum Pavillon im Museumsgarten in Karlsruhe und im dritten Heft sechs Tafeln zum Karlsruher Hoftheater. Alle Tafeln dieser zweiten Folge zeigen eine großzügigere und repräsentativere Darstellungsweise, insbesondere bei den perspektivischen Schaublättern. Im Gegensatz zu den Tafeln der ersten Folge nennt nun keines der Blätter den Zeichner. Die Annahme aber, daß

Kat.-Nr. 100
Kat.-Nr. 56
Kat.-Nr. 71

diese Blätter und vor allem die qualitätvollen Perspektiven von Heinrich Hübsch selbst gezeichnet wurden, widerlegen drei Tafelvorlagen, die sich im Institut für Baugeschichte der Universität Karlsruhe befinden: Die Zeichnung zur Trinkhalle ist links unten mit „August Blum Carlsruhe 1851" signiert und datiert. Der Pavillon im Museumsgarten wurde ebenfalls von Blum signiert. Das Blatt das die Kunsthalle zeigt, ist weder signiert noch datiert, aber stilistisch eindeutig ihm zuzuweisen.

Blum war Schüler am Polytechnikum und hat bei Hübsch Architektur studiert. Der katholische Geistliche und Dichter Heinrich Hansjakob charakterisierte ihn 1886 folgendermaßen: „Dreizehn Jahre alt, kommt er ans Polytechnikum nach Karlsruhe und ist bald der beste Schüler im Architekturzeichnen. Er wirft sich auf die Gotik, zeichnet in den Ferien alle gotischen Kirchen des Landes und wird ein so vorzüglicher Architekt, daß er als Lehrer am Polytechnikum in Aussicht genommen war, wenn er – das Examen hätte machen wollen. Dazu war er aber nicht zu bringen, Dinge aufs Examen zu studieren, die ihm nicht behagten. Er wird Privatarchitekt, baut Villen in Baden-Baden, hat hohes Ansehen als Künstler, aber selten Geld, weil er nur arbeitet, wenn ihn sein Genius treibt. So lebt er, solid, ledig und arm, trinkt meist nur Kaffee, raucht Zigarren und bummelt in Gottes schöner Natur. Hat er Geld, so kommt er von Zeit zu Zeit nach Hasle (Haslach), besucht Schulkameraden und streift durch Berg und Tal. So wird er ein Fünfziger und stirbt 1876"[3].

Im Gegensatz zu Hübsch, der seine Bauten mit Vorliebe in Frontalansicht zeigte, wählte sein Schüler eine andere Perspektive. Die Gebäude sind alle in Übereckansicht zu sehen und wirken dadurch massiver, da der ganze Baukörper spürbar

Kat.-Nr. 100

wird. Auf der Zeichnung der Trinkhalle kommt diese Darstellungsart am stärksten zur Geltung. Die Schauseite des Bauwerks fluchtet nach hinten, links im Vordergrund des Bildes ragt die Schmalwand empor. Die Einzelheiten der Fassadengestaltung sind allerdings wie bei Hübsch präzise herausgearbeitet und sogar die Struktur der verwendeten Materialien ist zu erkennen. Das Flair der Kurstadt wird durch die lustwandelnden Menschen veranschaulicht.

Kat.-Nr. 71

Diese idyllische Biedermeier-Staffage begegnet uns auch bei der Zeichnung der Kunsthalle, die sich in ähnlicher Perspektive präsentiert, wenn auch die Schaufront wesentlich mehr in den Vordergrund gerückt ist. Die Gliederung und Plastizität der Fassade wird wie bei der Trinkhalle durch Weißhöhungen hervorgeho-

DAS NEUE THEATER ZU CARLSRUHE.

136
Hoftheater in Karlsruhe, perspektivi-
sche Außenansicht, Lithographie, in:
Bauwerke, 2. Folge, 3. Heft, Bl. 1.

137
Katholische Kirche St. Cyriakus in Bulach, perspektivische Vorderansicht, Lithographie, in: Bauwerke, 2. Folge, 1. Heft, Bl. 6.

ben. Die Ornamentik, auf die Hübsch großen Wert legte, ist deutlich wiedergegeben. Am linken Bildrand sind ein Teil des Botanischen Gartens und die Rückfront
des Hoftheaters zu sehen, und auf der rechten Seite schließt sich das schlichte
Nachbargebäude an die Kunsthalle an, so daß diese nicht isoliert sondern in
ihrem städtebaulichen Zusammenhang erscheint.

Die dritte Originalzeichnung von Blum zeigt den schon 1905 wieder abgebroche-   Kat.-Nr. 56
nen Pavillon der Museumsgesellschaft im Erbprinzengarten. Der zierliche Backsteinbau erscheint hier in gewohnter Perspektive in einer reizvollen Gartenanlage; am linken Bildrand sieht man im Hintergrund die Stephanskirche. Die nach
dieser Zeichnung angefertigte Lithographie ergänzt dann noch das übliche Beiwerk der sich unterhaltenden Personen in Biedermeierkleidung und gibt damit
eine gute Vorstellung von dem beschaulichen Leben in der badischen Residenz.

Zu den Lithographien des Hoftheaters und der Kirche in Bulach existieren die   Kat.-Nr. 136
Vorlagen nicht mehr. Die veröffentlichen Blätter weisen jedoch in Stil und Darstellungsweise eine starke Ähnlichkeit mit den Zeichnungen Blums auf, so daß
man davon ausgehen kann, daß auch sie nach Vorlagen von seiner Hand gefer-
tigt wurden. Besonders wirkungsvoll ist die Ansicht der Kirche in Bulach. Der   Kat.-Nr. 137
Baukörper der dreischiffigen Basilika schiebt sich wuchtig in die Bildmitte, so daß
die Front mit dem Hauptportal vor dem Betrachter aufragt. Die Längsseite erscheint stark perspektivisch verkürzt, von einem der beiden Türme ist nur noch
die Spitze über Dach zu sehen. Jeweils parallel zur Längsseite stehen Bäume,
links im Hintergrund von ihnen liegt halbverdeckt ein Gutshof, vor dem sich Land-
leute unterhalten. Ist dies nur nebensächliches Beiwerk, so steigert es doch die
Monumentalität der Architektur. Die Größenverhältnisse läßt der Künstler noch
einmal zur Wirkung kommen, indem er in den Eingang der Kirche eine bäuerlich
gekleidete Frau mit ihrem Kind stellt, an deren Maßstab gemessen sich die Ni-
schenfigur der Muttergottes über dem Portal gewaltig ausnimmt.

Heinrich Hübsch hat diese Art der Darstellung seiner Architektur durch seinen
Schüler offenbar geschätzt, auch wenn sie von seiner eigenen abweicht. In der
Tat erweist sich Blum als Architekturzeichner von Rang, der die Proportionen der
Gebäude sicher erfaßt. Im Unterschied zu Hübsch setzt Blum die Bauwerke in
Beziehung zu ihrer Umwelt, indem er sie mit einer reichen Staffage versieht und
ihnen durch die Wiedergabe ihrer Umgebung einen bestimmten Standort zuweist.
Vergleicht man die Lithographie des Hoftheaters aus den „Bauwerken" mit dem   Kat.-Nr. 136
Entwurf Hübschs zu diesem Bauwerk, wird das sehr deutlich. Der romatische Ar-   Kat.-Nr. 50
chitekt zeichnet den Theaterbau isoliert in ganz dezenten Farben und schwachen
Bleistiftstrichen, so daß er fast schwerelos erscheint. Die Körperhaftigkeit der Architektur und ihre Monumentalität wird erst in der Darstellungsweise Blums spür-
bar.

Die heute leider nicht mehr vorhandenen Zeichnungen zu seiner letzten Publika-   Kat.-Nr. 133
tion „Die altchristlichen Kirchen", hat Hübsch wohl zum größten Teil selbst angefertigt. Zumindest erinnern die perspektivischen Ansichten der Lithographien, die
nun auch mit Staffage ausgestattet sind, im Stil stark an seine Griechenland-
zeichnungen. Jedoch wirken auch diese Lithographien in ihrer blassen Farbgebung und zarten Linienführung wesentlich zurückhaltender als die Blum'schen
Blätter.

Der Rezensent der Publikation kritisiert das auch 1860 in der Zeitschrift für Bauwesen: „Wir können nicht gerade sagen, daß der malerische Effekt dieser Zeichnungen durch diese Art der Polychromie gesteigert würde". An anderer Stelle meint er: „In der Auffassung und charakteristischen Darstellung der Kunstformen ist unser Hr. Verf. nicht ganz zuverlässig"[4]. Hübsch hat darauf dem Rezensenten an gleicher Stelle geantwortet, indem er sich auf die Kritik am Aussehen eines Kapitells bezog: „Meine Detailzeichnung dieses Capitäls (s. Fig. 12 auf Pl. XX) giebt dagegen dasselbe so getreu wieder, als es mein Auge nur erkennen konnte, das übrigens durch die wiederholten Besuche der Antiken und christlichen Monumente hinlänglich geschärft sein dürfte, um die Details nicht ‚unzuverlässig' aufzunehmen"[5]. Diese Aussage läßt nicht nur die Gewissenhaftigkeit Hübschs beim Zeichnen erkennen, sondern macht es durchaus wahrscheinlich, daß die meisten Vorlagen zu den Lithographien in den „Altchristlichen Kirchen" von seiner Hand stammen.

Abschließend sei noch vermerkt, daß Hübsch einer zweiten Ausgabe seiner „Altchristlichen Kirchen" von 1862 einen umfangreichen Anhang (Tafel L.–LXIII.) anfügt, auf denen er eigene ausgeführte und projektierte Sakralbauten vorstellt, die er offenbar als legitime Nachfolger der altchristlichen Kirchen ansah. Dabei zeigt

Kat.-Nr. 109

eine perspektivische Ansicht der Bulacher Kirche im Detail einige Abweichungen von der entsprechenden Perspektive Blums, die das ausgeführte Bauwerk darstellt, während das Blatt von Hübsch wohl auf ein früheres Planungsstadium zurückgreift.

Peter Pretsch

Anmerkungen

1 Thomas Catiau, Jakob Hochstetter, in: Badische Biographien, 4. Teil Karlsruhe 1891, 187 f.

2 Alfred Woltmann, Friedrich Eisenlohr, in: Badische Biographien, 1. Teil, Karlsruhe 1875, 220 f. Fridericiana, Heft 18, Karlsruhe 1975, 43 f.

3 Hansjakob, Heinrich, Bauernblut, Stuttgart 1911, 264. August Blum wurde am 25. 9. 1821 in Haslach i. K. geboren und ist am 5. 3. 1876 in Baden-Baden gestorben. (Freundl. Mitteilung von Herrn Manfred Hildenbrand, Hofstetten).

4 Zeitschrift für Bauwesen, 10. Jg., Berlin 1860, 139.

5 Zeitschrift für Bauwesen, a.a.O., S. 297.

Bibliographie

Monographien von Heinrich Hübsch:

Über Griechische Architectur, Heidelberg 1822.

Franz Heger und Heinrich Hübsch: Malerische Ansichten von Athen, Darmstadt 1823.

Architectonische Verzierungen für Künstler und Handwerker, 1. Heft, Frankfurt a. M. 1823.

Über Griechische Architectur, zweite mit einer Vertheidigung gegen Herrn A. Hirt vermehrte Ausgabe, Heidelberg 1824.

Entwurf zu einem Theater mit eiserner Dachrüstung, Frankfurt a. M. 1825.

In welchem Style sollen wir bauen?, Karlsruhe 1828.

Bauwerke von Heinrich Hübsch, (1. Folge) 1. und 2. Heft, mit einem besonderen Text in Quart, Tafelband, Karlsruhe und Baden 1838. – Textband, Karlsruhe o. J. (1838?). – 2. Folge, 1., 2. und 3. Heft, Karlsruhe o. J. (1852).

Die Architectur und ihr Verhältniß zur heutigen Malerei und Sculptur, Stuttgart und Tübingen 1847.

Die Altchristlichen Kirchen nach den Baudenkmalen und älteren Beschreibungen und der Einfluss des altchristlichen Baustyls auf den Kirchenbau aller späterer Perioden, Karlsruhe, in Lieferungen ab 1858. – Das Gesamtwerk liegt 1862 vor.

Ausgewählte Literatur:

Karl Zell, Heinrich Hübsch, Sein Leben und seine Werke, in: Historisch-Politische Blätter für das katholische Deutschland, Bd. 53, 1864, 253 f.

Alfred Woltmann, Heinrich Hübsch, in: Badische Biographien, Bd. 1, Heidelberg 1875, 394–400.

Fredegar Mone, Die bildenden Künste im Großherzogthum Baden, Bd. 19, 1. und 2. Heft, Speyer 1896; 3. und 4. Heft, Speyer 1897.

Fritz Hirsch, Heinrich Hübsch, in: Thieme-Becker, Allgemeines Lexikon der bildenden Künstler, Bd. 18, 1925, 50–52.

Arthur Valdenaire, Heinrich Hübsch, Eine Studie zur Baukunst der Romantik, Karlsruhe 1926; dasselbe in: Zeitschrift für die Geschichte des Oberrheins, Bd. 39 (1926), 421–444; 527–556; Bd. 40 (1927), 181–206.

Friedrich Oswald/Volker Plagemann, Die ehemalige Benediktinerabtei in Neustadt am Main. Zur Baugeschichte und zur Restauration durch Heinrich Hübsch, in: Würzburger Diözesangesichtsblätter 30 (1968), 228–250.

Gernot Vilmar, Heinrich Hübsch, in: Neue Deutsche Biographie, Bd. 9, Berlin 1972, 723 f.

Joachim Göricke, Die Kirchenbauten des Architekten Heinrich Hübsch, (Diss.) Karlsruhe 1974 (= Studien zur Bauforschung 8, o. O. 1974).

Wulf Schirmer und Joachim Göricke, Architekten der Fridericiana, in: Fridericiana, Heft 18 (1975), 31–42.

Dagmar Waskönig, Konstruktionen eines zeitgemäßen Stils zu Beginn der Industrialisierung in Deutschland, Historisches Denken in H. Hübschs Theorie des Rundbogenstils (1828), in: „Geschichte allein ist zeitgemäß", Historismus in Deutschland, Gießen 1978, 93–105.

Wulf Schirmer, Die Architekten des 19. Jahrhunderts – Von der Schule Weinbrenners bis Hermann Billing, in: Karlsruher Beiträge Nr. 1 (1981), 63–101.

Bernhard Klein, Heinrich Hübsch und die evangelische Ludwigskirche, Anmerkungen zur Rekonstruktion der Zisterzienser-Klosterkirche Tennenbach in Freiburg im Breisgau, in: Zeitschrift des Breisgau-Geschichtsvereins („Schau-ins-Land"), 101. Jahresheft (1982), 275–298.

Barry Bergdoll, Archaeology vs. History: Heinrich Hübsch's Critique of Neoclassicism and the Beginnings of Historicism in German Architectural Theory, in: Oxford Art Journal 5 (1982), H. 2, 3–12.

Wulf Schirmer, Einige Bemerkungen zu Heinrich Hübsch und zu dieser Schrift, Nachwort zu: Heinrich Hübsch, In welchem Style sollen wir bauen?, Reprint der Ausgabe 1828, Karlsruhe 1983.

Nachweis der Textabbildungen

Seite 10:
Heinrich Hübsch, Portrait von Johann Anton Ramboux, Blei. 18,4 × 13,5 cm, bez.: Archit. Hübsch. Hessisches Landesmuseum Darmstadt, HZ 4288. Photo Hess. Landesmus. Darmstadt.
Seite 12:
Ansicht der neuen Brücke und der sogen. alten Post Weinheim, Aquarell aus einem Album „Erinnerungen an die Pfalz – Weinheim an der Bergstraße 1865–1871". Firmenarchiv Carl Freudenberg Weinheim. Photo Stadtarchiv Weinheim.

Seite 13:
Weinheim nach einer Lithographie von Julius Naeher. Heimatmuseum Weinheim.
Photo Stadtbildstelle Karlsruhe.
Seite 16:
Haus Bahnhofstraße 5 Weinheim. Photo Friedrich Kopetzky Ober-Abtsteinach.
Seite 17:
Haus Bergstraße 67 Weinheim. Photo Friedrich Kopetzky Ober-Abtsteinach.
Seite 18:
Haus Hauptstraße 44 Weinheim. Photo Friedrich Kopetzky Ober-Abtsteinach.
Katholische Stadtkirche Weinheim, Zeichnung von Architekt Manfred Meier.
Stadtarchiv Weinheim. Photo Stadtbildstelle Karlsruhe.
Seite 19:
Dürre-Schule Weinheim. Photo Friedrich Kopetzky Absteinach.
Seite 20:
Denkmal für Heinrich Hübsch von Friedrich Moest. Photo Stadtarchiv Karlsruhe,
XIV b Nr. 550.
Seite 25:
Weinbrenner mit Schülern. Nach: Arthur Valdenaire, Friedrich Weinbrenner,
Karlsruhe ^{2}1926, ^{3}1976, Abb. 250.
Seite 27:
Deutsche Künstlergesellschaft in Rom, Peter von Hess 1823. Feder, aquarelliert,
31,8 × 40,0 cm, bez.: Heß 1823. Stadtmuseum München, VII a/407. Nach: Es ist
nur ein Rom in der Welt, Ausstellungskatalog Darmstadt 1977, Abb. 29.
Seite 28:
Koebel mit Hübsch (links) und Heger (rechts), Johann Carl Barth. Blei, 12,3 ×
19,2 cm, auf der Rückseite beschr.: Heger Goebel Hübsch badische Architekten.
Hessisches Landesmuseum Darmstadt, HZ 580. Nach: Hans Geller, Die Bildnisse
der Deutschen Künstler in Rom 1800–1830, Berlin 1952, Abb. 235.
Heinrich Hübsch, Portrait von Carl Philipp Fohr, 1817/18. Blei, 13,1 × 10,8 cm,
unter dem Blatt beschr.: Architekt Hübsch aus Weimar. Kurpfälzisches Museum
Heidelberg. Nach: Geller, Bildnisse a. o. Abb. 192.
Seite 29:
Fohrs Grab an der Cestius-Pyramide in Rom, Heinrich Hübsch. Blei und Feder,
25,5 × 19,8 cm. Städelsches Kunstinstitut Frankfurt/M. Nach: Kuno Graf von Har-
denberg/Edmund Schilling, Karl Philipp Fohr, Freiburg 1925, Abb. S. 32.
Fohr mit Freunden in einer Osteria vor Rom, Heinrich Hübsch. Feder aquarelliert,
12,2 × 23,3 cm. Kupferstichkabinett Dresden. Nach: Hardenberg/Schilling, Fohr
a. o. Abb. S. 28.
Seite 31:
S. Sabina in Rom, Heinrich Hübsch (Figurenzeichnungen von Carl Philipp Fohr).
Blei. Städelsches Kunstinstitut Frankfurt/M., 124. Photo Städelsches Kunst-
institut.
S. Giuliana bei Perugia, Heinrich Hübsch. Blei, bez.: Hübsch. Städelsches Kunst-
institut Frankfurt/M. Nach: Joachim Göricke, Die Kirchenbauten des Architekten
Heinrich Hübsch, Ms. Diss. Karlsruhe 1974, Abb. 3.0.9.
Seite 45:
Sybillentempel in Tivoli, Original SKK, IV 5159–7. Nach: Arthur Valdenaire, Fried-

rich Weinbrenner, Karlsruhe ²1926, ³1976, Abb. 11.
Seite 49:
Musterentwurf für ein Gefängnis in Hannover. Original Stadtarchiv Karlsruhe, XV 1180. Nach Valdenaire, Weinbrenner a. o. Abb. 54.
Seite 52:
Palazzo Medici Florenz, nach altem Photo Edizione Alinari 2992, IfB.
Seite 54:
Finanzkanzlei Karlsruhe, Stich unbez., Stadtarchiv Karlsruhe, XIVa 831.
Seite 56:
Polytechnische Schule Karlsruhe, nach Bauwerke I, Tafel 4.
Seite 57:
Polytechnische Schule Karlsruhe, nach Photo IfB.
Seite 59:
Hoftheater Karlsruhe, Original SKK, 1944–19. Photo SKK.
Seite 61:
Ruine des Hoftheaters Karlsruhe, nach Dia v. 27. 12. 59, Nachlaß Kölmel, IfB.
Seite 62:
Amalienschlößchen Karlsruhe, Original GLA, G K'he 11. Photo IfB.
Seite 80:
Karrikatur von Moritz von Schwind, bez. „empfehlen Euer Excellenz hoher Protection diese wenigen Pläne". Feder in Dunkelbraun über Bleistift, Papier, 28,0 × 21,2 cm. SKK, 1950–1. Photo SKK.
Seite 82:
Geplante Erweiterung der Kunsthalle Karlsruhe, bez.: „AUSBAU DER GROSSH. HUNSTHALLE / IN KARLSRUHE. / Grundriss vom I. Stock . . . / II. Stock.", sign. u. dat. „Dr. Josef Durm / Karlsruhe, den 10 July 1890". Tuschezeichnung, angelegt, Karton, 59,8 × 40,0 cm. Staatl. Hochbauamt I. Photo IfB.
Seite 83:
Ausbau der Kunsthalle Karlsruhe, bez.: „AUSBAU . . . [wie vor]. / ANSICHT NACH DER WALDSTRASSE.", sign. u. dat. „Dr. Josef Durm. / Karlsruhe, den 10 July 1890.". Tuschezeichnung, angelegt, Karton, 38,2 × 55,7 cm. Staatl. Hochbauamt I. Photo IfB.
Ausbau der Kunsthalle Karlsruhe, bez.: „AUSBAU . . . [wie vor]. / ANSICHT NACH NORDEN.", sign. u. dat. „Dr. Josef Durm / Karlsruhe, den 10 July 1890". Tuschezeichnung, angelegt, Karton, 40,0 × 59,7 cm. Staatl. Hochbauamt I. Photo IfB.
Seite 85:
‚Thoma-Kapelle', nach Photo SKK.
Seite 86:
Ausbau der Kunsthalle, Plan Nr. 661. Architekturbüro Prof. Heinz Mohl, Lichtpause 64 × 148 cm. Photo IfB.
Seite 87:
Ausbau der Kunsthalle, Plan Nr. 660. Architekturbüro Prof. Heinz Mohl, Lichtpause 61 × 148 cm. Photo SKK.
Seite 101:
Orangerie Karlsruhe, Skizze zur Fassadengestaltung (Ausschnitt). Bleistift, Karton, 48,7 × 67,0 cm. IfB o. Inv.Nr. Photo IfB.

Seite 103:
Italienischer Garten des Botanischen Gartens Karlsruhe. Tuschezeichnung, angelegt, Papier, 28,7 × 81,0 cm. IfB o. Inv.Nr. Photo IfB.
Seite 104:
Die Schlösser Muskau (Projekt), nach: Hermann Fürst von Pückler-Muskau, Andeutungen über Landschaftsgärtnerei, Stuttgart 1834, Tafel XX.
Gewächshaus Syon, nach: Georg Kohlmaier/Barna Sartory, Das Glashaus, München 1981, Abb. 609.
Orangenhaus, nach: M. Neumann, Grundsätze und Erfahrungen über die Anlegung, Erhaltung und Pflege von Glashäusern aller Art, Ausgabe Weimar 1852, Tafel V, Fig. 28.
Seite 105:
Glashaus im Botanischen Garten Karlsruhe (Ausschnitt). Tuschezeichnung, angelegt, Papier, 43,7 × 33,4 cm. IfB o. Inv.Nr. Photo IfB.
Seite 122:
Stift Göttweig, nach: Bruno Grimschitz, Lucas von Hildebrandt, Wien 1932, Abb. 144.
Seite 123:
Zuchthaus Bruchsal. Stich unbez., GLA I/B Bruchsal 5. Photo GLA.
Seite 124:
Findelhaus Florenz, nach: Peter Murray, Architektur der Renaissance, Stuttgart 1975, Abb. 7.
Seite 127:
Dampfbad Baden-Baden, Bauaufnahme 1909. Pläne wohl im Staatl. Hochbauamt. Photo IfB.
Seite 129:
Universitätsbauten Heidelberg, „Situationsplan...". Tuschezeichnung, angelegt, mit Bleistifteinskizzierungen, Karton, 72,0 × 54,0 cm. GLA, G Heidelberg 52. Photo IfB.
Seite 142:
Packhofspeicher Berlin, nach: Carl Friedrich Schinkel, Sammlung Architektonischer Entwürfe, Berlin 1858, Tafel 151.
Seite 143:
Schauspielhaus Hamburg, nach: Schinkel, Entwürfe a. o. Tafel 147.
Seite 144:
Luisenplatz Berlin, nach: Schinkel, Entwürfe a. o. Tafel 147.
Seite 146:
Staatsbibliothek München, nach: Oswald Herderer, Friedrich von Gärtner, München 1976, Abb. 68.
Seite 147:
Bauakademie Berlin, nach: Schinkel, Entwürfe a. o. Tafel 121.
Seite 148:
Krankenhaus Friedrichshain Berlin, nach: Zeitschrift für Bauwesen, 1875, Bl. 25a.
Seite 149:
Universitätsbibliothek Kiel, Fassadenriß im Landesbauamt Kiel.

Seite 150:
Kunstgewerbemuseum Berlin, nach: Festschrift zur Eröffnung des Kunstgewerbe-Museums, Berlin 1881, 65.
Friedrich Werdersches Gymnasium Berlin, nach: Zeitschrift für Bauwesen, 1878, Bl. 7.
Seite 174:
Ehem. Abteikirche Tennenbach, Grundriß nach der Bauaufnahme von Friedrich Eisenlohr 1829. Nach: Franz Xaver Kraus, Die Kunstdenkmäler des Großherzogtums Baden, Bd. 6, Tl. 1, Landkreis Freiburg, Tübingen Leipzig 1904, 232, Fig. 92.
Seite 175:
Ludwigskirche Freiburg, Grundriß. Nach: Hübsch, Bauwerke I, a. o. Tafel 3.
Seite 176:
Münster in Konstanz, Stahlstich von L. Thümmling nach einer Zeichnung von C. Dyckerhoff 1856. Photo J. Göricke.
Seite 177:
Dom zu Speyer, Westbau von Ignaz Michael Neumann, Blei aquarelliert, 37,5 × 42,0 cm, um 1840. Historisches Museum Speyer, BS 3048. Photo Hist.Mus. Speyer.
Seite 178:
Dom zu Speyer, salischer Westbau, nach einer Zeichnung aus dem Jahre 1606. Nach: Philipp Weindel, Der Dom zu Speyer, Speyer 1970, Abb. S. 21.
Seite 179:
Dom zu Speyer, Westbau von Heinrich Hübsch. Nach: Wilhelm Meyer-Schwartau, Der Dom zu Speyer, Berlin 1893, Tafel 8.
Seite 184:
„Haupt=Façade", nach: Heinrich Hübsch, Entwurf zu einem Theater mit eiserner Dachrüstung, Frankfurt am Main 1825, Tafel II.
„Grundriß des zweiten Stockwerks", nach: Hübsch, Theater a. o., Ausschnitt aus Tafel III.
Seite 185:
„Seiten=Façade, Längendurchschnitt nach der Linie AA auf Tafel III", Profile. Nach: Hübsch, Theater a. o. Tafel IV.
„Querdurchschnitt nach der Linie BB auf Tafel III. Querdurchschnitt nach der Linie CC auf Tafel III. Dachconstruction über den Seitenbäuen". Nach: Hübsch, Theater a. o. Tafel V.
„Dachconstruction über der Bühne." Nach: Hübsch, Theater a. o. Tafel VI.
Seite 186:
Der Architekt Heinrich Hübsch verschreibt sich dem Teufel, Moritz von Schwind, 1842/43. Feder in Braun über Bleistift auf hellgrauem Papier (aufgezogen), 27,7 × 41,9 cm. SKK 1935–73.
Darstellung der Stützlinientheorie, nach: Hübsch, Bauwerke I, Text, Karlsruhe o. O. (1838?), 2. Heft, 43.
Seite 187:
Fig. IV nach: Hübsch, Bauwerke a. o. 44.
Fig. VII/VI nach: Hübsch, Bauwerke a. o. 48.
Fig. VIII/IX nach: Hübsch, Bauwerke a. o. 49.

Seite 188:
Fig. V nach: Hübsch, Bauwerke a. o. 46.
Statische Gliederung des überwölbten mehrschiffigen Raumes mit Zwischenunterstützungen, Strebepfeilern und Strebebogen. Nach: Heinrich Hübsch, Altchristliche Kirchen, Karlsruhe 1862, Tafel 1, Fig. 7. u. 8.
Entwurf einer evangelischen Kirche für Karlsruhe, Querschnitt, nach: Hübsch, Altchristliche Kirchen, a. o. Tafel 59, Fig. 3.

Photonachweis

Badisches Generallandesarchiv Karlsruhe:
Kat.-Nr. 33–38, 55, 57–62, 67–70, 72–74, 88–90, 92–97, 99, 104–108, 116–121, 124–132

Bildstelle der Stadt Karlsruhe:
Kat.-Nr. 13, 14, 25; Textabbildungen S. 13, 18

Hessisches Landesmuseum Darmstadt:
Kat.-Nr. 1

Historisches Museum Speyer:
Textabbildung S. 177

Institut für Baugeschichte der Universität Karlsruhe:
Kat.-Nr. 1, 5–11, 15, 16, 18, 20–24, 39–41, 48, 49, 51, 56, 71, 75–87, 91, 98, 100–103, 109–115, 122, 123, 133, 135–137; Textabbildungen S. 48, 62, 82, 83, 86, 101, 102, 105, 127, 129, 142–150, 195

Friedrich Kopetzky, Ober-Abtsteinach:
Kat.-Nr. 2–4; Textabbildungen S. 16–19

Staatliche Kunsthalle Karlsruhe:
Kat-Nr. 17, 19, 26–32, 42–47, 50, 52–54, 63–66, 134; Textabbildungen S. 59, 80, 85, 87, 186

Stadtarchiv Weinheim:
Textabbildung S. 12

Städelsches Kunstinstitut Frankfurt/M.:
Textabbildung S. 31

**Kunst und Kultur
in Karlsruhe**

Fotografik: Medaille 1722
zur Grundsteinlegung des
Karlsruher Schlosses,
schwarzfigurige Trinkschale,
attisch, ca. 550 v. Chr.,
beides im Badischen
Landesmuseum, Schloß.
(Titelseite des gleich-
namigen Prospektes).

Kunst und Kultur in Karlsruhe... die Sie selbst miterleben können!

**Besuchen Sie die Stadt Karlsruhe,
lernen Sie ihre Kunst und ihr reich-
haltiges kulturelles Programm
kennen. Mit ihrer einmaligen Fächer-
anlage wurde ihr Kunst und
Phantasie schon in die Wiege gelegt.
Ihr neues Staatstheater, ihre Privat-
theater, ihre zahlreichen Museen,
Galerien und Sammlungen, ihre mit
Kunstwerken und Denkmälern
geschmückten Gärten und Parks
laden Sie dazu ein.
Ein Kennenlernen lohnt sich.**

Informationen und Prospekte – auch
über das Angebot DB-Städtetouren
Karlsruhe – Ihre Wochenendresidenz,
durch den Verkehrsverein,
Bahnhofsplatz 6, 7500 Karlsruhe,
Telefon (0721) 387085 oder das
Kulturreferat der Stadt Karlsruhe im
Rathaus.